Aurrera!

THE BASQUE SERIES

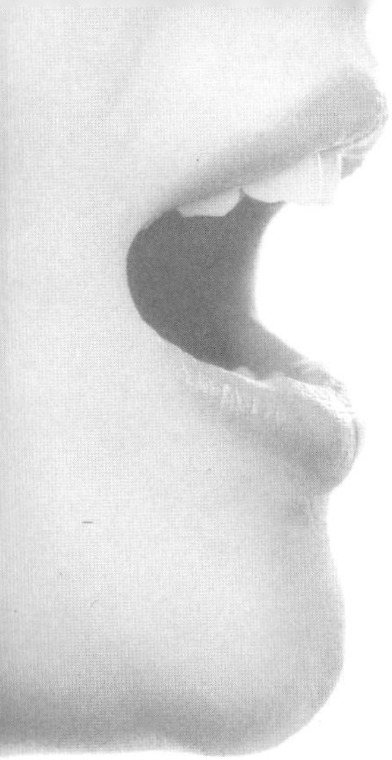

Aurrera!

A TEXTBOOK FOR STUDYING BASQUE

VOLUME 2

Linda White

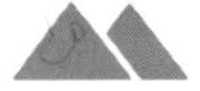

UNIVERSITY OF NEVADA PRESS

RENO & LAS VEGAS

The Basque Series
University of Nevada Press, Reno, Nevada 89557 USA

Manufactured in the United States of America
Design by Kathleen Szawiola

Library of Congress Cataloging-in-Publication Data
White, Linda, 1949–
Aurrera! : a textbook for studying Basque / Linda White.
p. cm. — (The Basque series)
Includes index.
ISBN 978-0-87417-799-2 (set hardcover: alk. paper)
ISBN 978-0-87417-726-8 (vol. 1 hardcover : alk. paper)
ISBN 978-0-87417-784-8 (vol. 2 hardcover: alk. paper)
1. Basque language—Textbooks for foreign speakers—English. I. Title. II. Series.
PH5035.W55 2008
499'.9282421—dc22 2008016123

The paper used in this book is a recycled stock made from 30 percent post-consumer waste materials, certified by FSC, and meets the requirements of American National Standard for Information Sciences—Permanence of Paper for Printed Library Materials, ANSI/NISO Z39.48-1992 (R2002).
Binding materials were selected for strength and durability.

FIRST PRINTING
19 18 17 16 15 14 13 12 11 10
5 4 3 2 1

This book is dedicated to
all of my Basque-American friends,
but especially to
Ann Louise Amestoy,
Kate Camino,
and Marc Ugalde.

Contents

Preface

I have written this text for the hyphenated Basques of the world who are more comfortable in English than any other language. They are the descendants of immigrants who started new lives in English-speaking countries, whose families made difficult and practical decisions about which language the children would use in their everyday lives. In my fourteen years as a teacher of Basque at the University of Nevada, Reno, I discovered that a great many of my students shared this experience and wanted to reconnect through language to their older relatives and the culture of their people back in Euskadi. This book is intended to give the children, grandchildren, and great-grandchildren of those immigrants the opportunity to acquire a basic familiarity with the language of their ancestors.

The book is designed to be used either in a classroom setting or by an individual studying independently. Each lesson covers some fundamentals of the language and reinforces them with written and oral exercises. In a classroom, the presence of a skilled teacher will enhance the learning experience. For individuals who have no access to classroom instruction and who may be a bit rusty about grammatical terminology, I have made a point of explaining concepts and terms in clear, everyday language. Such independent learners will find the written exercises helpful in developing their knowledge of Basque. In all cases, answers to the exercises are included at the end of each chapter. I urge readers who long for in-depth discussions of grammatical points or the precision of linguistic terminology to refer to Alan King's marvelous book, *The Basque Language.*

The Basque language as spoken in the Old Country includes several dialects with variants of pronunciation, grammar, and vocabulary. The version of Basque taught in this book is the modern Batua version approved by the Royal Academy of the Basque Language (Euskaltzaindia). Some readers may notice that the vocabulary or usages presented in this book sometimes differ from the Basque spoken by their older Basque relatives or friends. I recommend that such readers concentrate on mastering the principles presented in this book, because knowledge of Batua will allow them to move easily anywhere in the Basque-speaking world, and will also allow them to master more easily the unique peculiarities of whichever dialect may be spoken in their own community or family. Please also remember that the native speakers in your family are speaking excellent and correct Basque in their particular dialect and feel free to include as much from them as possible in your study.

The material in this volume represents the best-case scenario of the amount of Basque I have been able to impart to students over a period of two college semesters of second-year Basque. Not every class I taught was able to cover all the material presented here, so readers and teachers should not be discouraged if their progress is somewhat slower. I encourage instructors to move as quickly as their class can manage, but I also caution against the desire for speed over mastery of the material. You can expect to spend about two weeks on each chapter. In some instances, the instructor or independent student may wish to move more slowly. Don't worry—just take all the time you need to master the principles presented in each chapter before moving on.

A final note: since the publication of volume 1, the Basque language academy has made some decisions concerning the spellings of certain words that we have attempted to address in volume 2. Occasionally, you will find a spelling or word form in volume 2 that is different from that in volume 1. Please accept the version in volume 2 as the most recent and reliable.

Acknowledgments

I would like to thank the University of Nevada, Reno, for the sabbatical leave that allowed me to complete the manuscript for this book.

This textbook would also not have been possible without the varied contributions of several people. In 1981, William A. Douglass hired me to work at the Center for Basque Studies (then called the Basque Studies Program), and that event launched my pursuit of Euskara. For that, I shall always be grateful to Dr. Douglass. More recently, Joseba Zulaika, former director of the Center for Basque Studies, first encouraged me to organize my teaching materials for a four-semester correspondence course, and he later supported my request for a sabbatical that allowed me to revise the materials and finish writing a considerable amount of new text to incorporate into this book. Without his enthusiasm, this textbook would not exist.

Before I could write the book, I had to learn the language, and in the early 1980s, Gorka Aulestia, professor of Basque language and literature, made the commitment to meet with me twice a week for private lessons over a period of two years. Later, as we worked together on the *Basque-English, English-Basque Dictionary,* our lessons became less formal but were nonetheless ongoing for many years. One of his favorite sayings was "aurrera, beti aurrera," meaning "onward, ever onward." His words were the inspiration for the title of this textbook. Dr. Aulestia's generous contribution of time and his personal dedication to the Basque language ensured that I would come away with my own love of Euskara, and for that I offer him my deepest gratitude.

Over the years, many others have assisted me in practicing Euskara, but those who spent the most time at it were Jasone Astola Madariaga, Javier Cillero Goiriastuena, and Mariasun Landa Etxebeste. Their contributions to my Basque-language skills also made it possible for me to pursue a Ph.D. in Basque literature. I also owe a debt of gratitude to Nere Amenabar, who spent long hours proofreading much of the Basque-language material, and once again to Dr. Javier Cillero Goiriastuena for his invaluable assistance in preparing this text for publication. They have contributed to all that is good in this text. As for any inaccuracies, the fault lies solely with me.

Another colleague who also studied Euskara, Jill Berner, has been a consistent and encouraging friend and coworker throughout the long process of learning the language, teaching it, compiling materials, and finally producing a textbook. Kate Camino took over the teaching of the first-year Basque classes at a time when I needed to focus on the more advanced material, and her input, as she implemented early drafts in the classroom, has been invaluable. *Mila esker denei.*

Also, a heartfelt thank-you to my editor and friend, Sara Vélez Mallea, who truly made this publication a reality.

How to Use This Book

It is my hope that this textbook will provide an easy route to communication in Euskara. This text is not a comprehensive descriptive grammar, and for that reason I suggest the user also acquire Alan King's book, *The Basque Language,* as well as the *Basque-English, English-Basque Dictionary* that Gorka Aulestia and I published, in order to satisfy those moments when the immediate desire to learn more about a subject is paramount. *Aurrera!* is intended to provide a step-by-step learning experience. This means that material is presented in amounts that, while challenging for the neophyte, will not overload the student with too much information.

The vocabulary and grammar that appear in each chapter are designed to build upon the contents of the previous chapter, so the student will achieve the best results by following the lessons in the order given. Every chapter begins with a text, in either dialogue or story form. The lines of the text are numbered so the student can quickly find the corresponding line in the English equivalent provided in the answer section at the end of the chapter. Experienced instructors will find many ways to include the opening text in classroom activities. However, those students who are learning on their own may appreciate a few suggestions in this area.

The dialogue texts can be practiced as memorized exercises, especially early on when the lines are short enough to lend themselves to memorization. Repeat them aloud several times until you can read them without stumbling over any word. It helps to focus on one section of the text at a time, because it's easier to master a small piece than to tackle the whole. You may also assign a companion to read one part of the dialogue while you produce your part from memory. After you have studied the chapter, you may gain additional practice by attempting to give the English equivalents of the dialogues and the texts without looking at the translations. If you desire a more difficult challenge, work from the English equivalents and try to produce the Basque lines.

The **Hitz eta esaldi berriak** (New words and phrases) sections consist of lists of words used in the initial text along with other vocabulary and phrases that will be encountered in the drills and activities of each chapter. Chapters often contain two and sometimes three separate texts, and most will be followed by a word list, unless all the words in that text have already appeared in a previous list. Various methods for studying vocabulary are offered throughout the book. A combination of methods often works best, so try out different activities while studying vocabulary. For many beginners, Basque words appear quite difficult at first, because there are so few similarities to English, except for the few borrowed words you will encounter. Allow yourself sufficient time for studying vocabulary, and quiz yourself (from Basque to English at first, and then from English to Basque) as you study each list. There is also a glossary at the end of the book with definitions of all the Basque words in the textbook.

Where drills are provided, they will be most useful if the student performs them repeatedly over time. For the benefit of the student undertaking self-study, I have made an effort to clearly explain how the drills work. Pay special attention to the introduction of drills in chapter 1 so that you can become familiar with their purpose and format. And remember that a good study plan includes reading the entire drill aloud a few times before covering one column and generating your own responses. Practice and repetition are the keys to mastering a language. From my own language-learning experiences, I have found that devoting thirty minutes a day to study helps immensely.

You can also create your own audio study practice by recording some of the drills yourself. Remember to allow enough time between lines for your response. If you do this, you should include the model, a cue, then a pause of about four seconds, and then the correct response. After the response, include another pause of about four seconds to allow yourself time to repeat the correct response. Thus, you will have two chances to produce the correct response, once on your own and then again after hearing the response on the recorded medium. Some students may worry that their pronunciation errors will be internalized. However, if you have no native speaker to record for you, your own voice is better than no practice at all. And making your own audio study aid provides a great deal of oral practice in itself. More than once, I discovered that after creating my own drill tape, I sailed through the drills themselves, because I had learned so much by my own recordings.

Throughout each chapter, new material is presented, followed by activities. Answers to most of the activities are provided at the end of the chapter. It is up to you to attempt the activities before looking at the answers. However, this feature will be extremely helpful in cases where the activity feels too difficult to attempt without guidance. In that case, you may peek at the answers before completing the activity, just to make sure you're on the right track.

You will also see abbreviations in the vocabulary lists, drills, and answer keys as follows:

adj. adjective
adv. adverb
fam. familiar
lit. literally
n. noun
pl. plural
poss. possessive
sing. singular
v. verb

Aurrera, beti aurrera! Onward, ever onward!

Pronunciation Guide

Before addressing pronunciation, let me say that Basque speakers will make great efforts to understand your attempts to speak their language. Do not be afraid to engage others in conversation. If you are misunderstood, try writing what you want to say in order to clarify your meaning. This method is also likely to elicit a very friendly pronunciation lesson from your listener. Enjoy your language-learning experience, and do not become silent for fear of making a mistake.

For those who prefer a much more complete discussion of the letters, sounds, and stress of the Basque language, see Gorka Aulestia's *Basque-English Dictionary* (Reno: University of Nevada Press, 1989) in which he includes a lengthy section about these matters (pp. a19–a100). Also, Euskaltzaindia's Web site (http://www.euskaltzaindia.net) offers a wealth of information for the instructor who can read Euskara.

For the purposes of the beginning student, however, this brief introduction to the alphabet and sounds of the Basque language should suffice.

Pronunciation for Beginners

There are three aspects of pronunciation that strongly affect comprehension, the ability of learners to understand Basque speakers, and the ability of Basque speakers to understand statements made by beginning students. These aspects are embodied by consonants, vowels, and stress.

In Euskara, the word for alphabet is **alfabetoa.** Basque uses the Roman alphabet, just as we do in English. For example:

Single Letter	*Basque*	*Pronunciation Approximation*
a	**a** (ah)	c*a*r
b	**be** (beh)	*b*ack
d	**de** (deh)	*d*ate
e	**e** (eh)	l*e*t
f	**efe** (eh-feh)	*f*ear
g	**ge** (geh)	*g*ut
h	**hatxe** (ah-cheh)	*h*igh in the North; silent in the South
i	**i** (ee)	chlor*i*ne
j	**yota** (yo-tah); **jota** (ho-tah)	*y*es; *h*op; varies with dialectical/generational speakers
k	**ka** (kah)	*k*ey
l	**ele** (eh-leh)	*l*eave
m	**eme** (eh-meh)	*m*oney
n	**ene** (eh-neh)	*n*ote
ñ	**eñe** (eh-nyeh)	u*n*ion
o	**o** (oh)	b*o*at
p	**pe** (peh)	*p*it
r	**erre** (eh-rreh)	ki*dd*ies
s	**ese** (eh-seh)	*s*ay
t	**te** (teh)	*t*aste
u	**u** (oo)	b*oo*t
x	**ixa** (ee-shah)	dis*h*
z	**zeta** (seh-tah)	le*ss*

The compound letter **rr** is strongly trilled in Euskara. The single **r** can also be trilled, as in **barkatu** (excuse me). Between vowels, however, the single **r** is usually pronounced like a flap, where the tongue lightly touches the alveolar ridge behind the front teeth. The sound of the double *d* in the word *kiddie* is a flap, when pronounced by most American speakers.

There is no buzzing *z* sound in Basque. The *z* is pronounced like a double *ss* in English. When two **zs** occur in proximity as in **Ez zara hemengoa** (You are not from here), the combination resembles *etssada*.

There are also pairs of letters that are treated as indivisible units. For example:

Compound Letters	*Basque*	*Pronunciation Approximation*
dd	**de-bikoitza**	(deh-bee-koy-tsa) *Aurrera!* does not contain any word spelled with **dd.**
ll	**ele-bikoitza**	(eh-leh-bee-koy-tsa) **makillaje** (makeup) like the *lli* combination in *million*
rr	**erre-bikoitza**	(eh-rreh-bee-koy-tsa) **berri** (new) like a strongly trilled *r* in Spanish
ts	**te-ese**	(teh-eh-seh) **atso** (old woman) similar to the underlined portion of not show*time*
tt	**te-bikoitza**	(teh-bee-koy-tsa) **pottoka** (Basque pony) palatalized *t*; try to pronounce the *ch* of *choke* with surface of your tongue pressed against the roof of your mouth
tx	**te-ixa**	(teh-ee-shah) **etxe** (house) similar to the underlined portion of *forget Chet*
tz	**te-zeta**	(teh-seh-tah) **atzo** (yesterday) like the *ts* in *fatso*

Diphthongs	*Basque*	*Pronunciation Approximation*
ai	**a i**	my, high, lie
ei	**e i**	*say*
oi	**o i**	boy
ui	**u i**	*week*
au	**a u**	cow, pout
eu	**e u**	pay oodles
ou	**o u**	owe, boat

The letters *c, q, v, w,* and *y* are not considered part of the Basque alphabet, but they do appear in Basque texts, usually as part of foreign words or names of countries. Some double letter combinations (**dd, ll, rr, tt**) and other pairings (**ts, tx, tz**) are treated as if they were one letter. They are not separated when a word is hyphenated.

It is often said that Basque vowels are pronounced like the vowels in Spanish, but be aware that Basque speakers on the French side of the border often pronounce their vowels as they are pronounced in French. This is especially noticeable in the vowel **u,** often perceived by English speakers as the *ee* in *see.*

Between vowels, the letters **b, d, g,** and single **r** are often pronounced so softly they might as well be silent. The word **dago** (he/she is) can sound like **dao, gero** like **geo.**

The Question of Stress

Stress in Euskara is a complicated topic because it can vary from dialect to dialect, and even words within a dialect may have the stress shifted to a different syllable in certain circumstances. In Gipuzkoan, for example, a two-syllable word such as **ardo** (wine) usually carries the stress on the first syllable: **AR-do.** In words of three syllables or more, the stress is usually on the second syllable, as in **mesedez** (please): **me-SE-dez.** However, when *wine* is pluralized as **ardoak,** the two-syllable word becomes a three-syllable word and the stress moves to the second syllable: **ar-DO-ak.** These complexities cannot be addressed completely or even very well in a book designed for self-teaching. Therefore, until students have a reliable dialectal speaker upon whom to pattern their stress peaks, I suggest that you emulate speakers from the North Basque Country (the French side of the border) who often sound as though every syllable receives the same stress. I advise my classroom students to adopt this method when pronouncing Euskara, especially when they are unsure of Gipuzkoan, Bizkaian, or other dialectal stress.

Aurrera!

CHAPTER ONE

What Are You Doing?

Dialogue

Zertan ari zara?

1. **Goxo eta Xurga banpiroaren etxean daude.**
2. **Xurga etzanda dago hilkutxan.**
3. **Goxo zutik dago hilkutxa ondoan.**
4. **Telebista ikusten ari dira.**
5. GOXO: **Xurga, zertan ari zara?**
6. XURGA: **Telebista ikusten ari naiz.**
7. **Oso film barregarria transmititzen ari dira.**
8. G: **Gustatzen zaizkizu film barregarriak?**
9. X: **Bai, bai, asko gustatzen zaizkit. Gustatzen zait barre egitea.**
10. G: **Gustatzen zaizkizu gerlazko filmak?**
11. X: **Ez, ez zaizkit gustatzen, ikusi eta gero triste nagoelako.**
12. G: **Ulertzen dut. Niri ere ez zait gustatzen gerla eta heriotza ikustea.**
13. **Eta beldurrezko filmak?**
14. X: **A, bai! Gustatzen zaizkit!**
15. **Horrelako film bat ematen ari dira laugarren kanalean.**
16. **(kanala aldatzen) Begira.**
17. G: **Zer beldurgarria!**
18. **Emagaldu hori droga saltzen ari da.**
19. **Zer emakume lotsagabea! Jendearen odola zikintzen ari da drogekin!**
20. X: **Oso delitu serioa da banpiroaren munduan.**

21. G: **Detektibeen telesaioan arlo berari buruz hitz egin dute gaur goizean.**
22. **Ai ene! Hamaikak dira! Albistegia ikusi nahi dut.**
23. **(telebistako gida ikusten) Badaukazu kablea?**
24. X: **Ez, kablea ez. Baina satelitea bai!**
25. **Kanala aldatzen ari naiz.**
26. **Albistegia elkarrekin ikusi ahal dugu. Sartu hilkutxara!**

Hitz eta esaldi berriak

Zertan ari zara?	What are you doing?
barregarri	funny
transmititu/transmititzen	transmitted, broadcast; to broadcast
barre egin/barre egiten	laughed, to laugh
heriotza	death
beldurrezko	scary, frightening, horror (movies) (made of scary stuff)
kanal	channel
beldurgarri	scary, frightening
emagaldu	prostitute (lit.: lost woman)
galdu/galtzen	lost, to lose
droga	drug
salerosketa	buying and selling, dealing
lotsagabe	shameless, without shame
gabe	without
zikindu/zikintzen	soiled, polluted, to soil, to dirty, to pollute
mundu	world
arlo	subject
albistegi	newscast
kable	cable
satelite	satellite

aharrausi	yawn
aharrausi egin/egiten	yawned, to yawn
arrantzale	fisherman
alkandora	shirt
arrano	eagle
eseki/esekitzen	hanged, hung, to hang, to hang up, to hang out
kamomila	chamomile (tea)
lorontzi	flowerpot
apalategi	shelving unit, shelf, bookcase
prakak	pants, trousers
tripa	stomach, belly
min	pain
tripako min	a stomachache
puru	cigar
tabako	tobacco
barik	without; instead of
kabiar	caviar
dastatu/dastatzen	tasted, to taste
kokaina	cocaine
laranjazko	orange, made of oranges
zumo	juice
ibili/ibiltzen	walked, to walk

Present progressive with **ari naiz**

In English, the present participle is the *-ing* form of the verb. In Basque, however, we'll use the term "present participle" to describe the form of the main verb we will use to make the present tenses. It won't always translate as *-ing* in English.

Observe the following sentence pairs:

I eat lunch every day.	I am eating lunch right now.

We never eat breakfast.	We're not eating breakfast at the moment.
She cleans the house every week.	She's cleaning the house today.

The sentences on the left are habitual or repeated actions. They are samples of the habitual present tense (compound present), which we studied in *Aurrera!* vol. 1, chapter 13. The sentences on the right are present progressive (continuous present)—that is, the action is in progress as we speak. This tense is often referred to by Basque speakers as the "**ari naiz**" form.

Responding to **Zertan ari zara? Zer egiten ari zara?** (What are you doing?)

We use the **ari naiz** construction to talk about what we are doing right this very moment. Even if the main verb is transitive (and therefore usually takes **ukan** as an auxiliary verb), in the present progressive it takes **ari izan.**

Q: **Zer egiten ari zara oraintxe bertan?**	What are you doing right now?
A: **Hitz egiten ari naiz.**	I'm talking.
Jaten ari naiz.	I'm eating.
Edaten ari naiz.	I'm drinking.
Ikasten ari naiz.	I'm studying.
Ezer ez.	Nothing.
Q: **Zer egiten ari da Xurga orain?**	What is Xurga doing now?
A: **Lo egiten ari da.**	He's sleeping.
Pentsatzen ari da.	He's thinking.
Hilkutxa garbitzen ari da.	He's cleaning his coffin.
Q: **Abesten ari zarete?**	Are you (pl.) singing?
A: **Bai, abesten ari gara.**	Yes, we're singing.
Ez, ez gara abesten ari.	No, we are not singing.
Q: **Aharrausi egiten ari dira?**	Are they yawning?
A: **Bai, aharrausi egiten ari dira.**	Yes, they're yawning.
Ez, ez dira aharrausi egiten ari.	No, they're not yawning.

Notice the differences below between the habitual present and the present progressive. Although in Basque conversation you might eliminate the pronouns (**ni, zu,** etc.), I have included them here to illustrate the lack of ergative markers with the present progressive.

Habitual Present (or Compound Present)	*Present Progressive (or Continuous Present)*
Egunero nik kotxea gidatzen dut.	**Orain ni kotxea gidatzen ari naiz.**
Every day I drive the car.	Now I am driving the car.

NOTE: In the present progressive, **ni** no longer needs the ergative **-k,** because the auxiliary verb is now **naiz** (**izan**), not **dut** (**ukan**).

Arrantzaleek beti gogor lan egiten dute.	**Orain arrantzaleak gogor lan egiten ari dira.**
The fishermen always work hard.	The fishermen are working hard now.
Inoiz ez dugu egunkaria irakurtzen.	**Ez gara orain egunkaria irakurtzen ari.**
We never read the newspaper.	We are not reading the newspaper now.
Nire aita beti egongelan eserita dago.	**Oraintxe bertan nire aita esertzen ari da.**
My father always sits in the living room.	Right now my father is sitting down.

ACTIVITY 1.1 ■ SUBSTITUTION / TRANSFORMATION DRILL

Model:

Ni telebista ikusten ari naiz. I am watching television.

Cues:

zu	**Zu telebista ikusten ari zara.**
gu	**Gu telebista ikusten ari gara.**
zuek	**Zuek telebista ikusten ari zarete.**
Itsaso	**Itsaso telebista ikusten ari da.**

detektibeak	**Detektibeak telebista ikusten ari dira.**
ni	**Ni telebista ikusten ari naiz.**

Model:

Gu ez gara egunkaria irakurtzen ari. We are not reading the newspaper.

Cues:

ni	**Ni ez naiz egunkaria irakurtzen ari.**
zuek	**Zuek ez zarete egunkaria irakurtzen ari.**
arrantzaleak	**Arrantzaleak ez dira egunkaria irakurtzen ari.**
sorgina	**Sorgina ez da egunkaria irakurtzen ari.**
zu	**Zu ez zara egunkaria irakurtzen ari.**
gu	**Gu ez gara egunkaria irakurtzen ari.**

ACTIVITY 1.2 ■ RESPONDING TO QUESTIONS

If studying in a group setting, students should form a circle. One student will begin by asking the student on the right, **Zertan ari zara?** "What are you doing?" The responder will use one of the present-tense verb forms below as in the model, and then that student will become the questioner, asking the next student **Zertan ari zara?** Continue around the circle.

If studying alone, say the question aloud for every cue, then give each response in turn.

Model:

Zertan ari zara?

Response:

Ni jaten ari naiz. Or **Jaten ari naiz.**

Zertan ari zara?

jaten	**Jaten ari naiz.**
esnea edaten	**Esnea edaten ari naiz.**
telebista ikusten	**Telebista ikusten ari naiz.**
euskara ikasten	**Euskara ikasten ari naiz.**
lo egiten	**Lo egiten ari naiz.**
etxea garbitzen	**Etxea garbitzen ari naiz.**

abesten	**Abesten ari naiz.**
pentsatzen	**Pentsatzen ari naiz.**
kotxea gidatzen	**Kotxea gidatzen ari naiz.**
hegaz egiten	**Hegaz egiten ari naiz.**
ohea egiten	**Ohea egiten ari naiz.**
aharrausi egiten	**Aharrausi egiten ari naiz.**
alkandora esekitzen	**Alkandora esekitzen ari naiz.**

ACTIVITY 1.3 ■ MORE QUESTION PRACTICE WITH PRESENT PROGRESSIVES

Using the cues in activity 1.2, repeat the exercise aloud using the following questions:

Zertan ari zarete?	Respond with **gu.**
jaten	**Gu jaten ari gara,** etc.
Zer egiten ari dira?	Respond with **haiek.**
Esnea edaten	**Haiek esnea edaten ari dira,** etc.
Zer egiten ari da sorgina?	Respond with **sorgina.**
Hegaz egiten	**Sorgina hegaz egiten ari da.**

ACTIVITY 1.4 ■ BUILDING SENTENCES IN THE AFFIRMATIVE

Using the subjects and present participles below, write simple sentences in the present progressive.

1. **ni / hitz egiten**
2. **Mikel eta Miren / entzuten**
3. **gu / abesten**
4. **Edurne / idazten**
5. **arrantzalea / pentsatzen**
6. **zu / lo egiten**

7. **ni / gidatzen**
8. **Iker eta Gorka / jaten**
9. **irakaslea / atea irekiten**
10. **zuek / alkandora garbitzen**

ACTIVITY 1.5 ■ BUILDING SENTENCES IN THE NEGATIVE

Using the subjects and present participles below, write simple sentences in the present progressive in the negative.

1. **zuek / ez / amets egiten**
2. **otsogizonak / ez / odola edaten**
3. **ama / ez / apala garbitzen**
4. **Xurga / ez / sorginarekin hitz egiten**
5. **gu / ez / kimika ikasten**
6. **ni / ez / kamamila edaten**
7. **zu / ez / gure dirua hartzen**
8. **taxistak / ez / puruak erretzen**
9. **ikaslea / ez / hitz berriak ikasten**
10. **ni / ez / oheratzen**

ACTIVITY 1.6 ■ TRANSFORMING HABITUAL PRESENT INTO PRESENT PROGRESSIVE

The following sentences are in the habitual present (compound present). Rewrite them in the present progressive, then give the English equivalents of your new sentences.

1. **Maitek arrano bat ikusten du.**
2. **Guk kotxeak gidatzen ditugu.**
3. **Zuek ez duzue hegaz egiten!**
4. **Amak ohea egiten du.**
5. **Arrantzaleak oheratzen dira.**
6. **Nik azterketa idazten dut.**

ACTIVITY 1.7 ■ TRANSFORMING PRESENT PROGRESSIVE INTO HABITUAL PRESENT

These sentences are in the present progressive. Rewrite them in the habitual present (compound present).

1. **Edurne arropa esekitzen ari da.**
2. **Mikel telebista ikusten ari da.**
3. **Gu kimika ikasten ari gara.**
4. **Zu egunkaria irakurtzen ari zara.**
5. **Noiz etortzen ari zarete?**
6. **Ni esaldia ezabatzen ari naiz.**

ACTIVITY 1.8 ■ COMPREHENSION / TRANSLATION

Give English equivalents for the following statements:

1. **Ez dut kaferik nahi. Kamamila edaten ari naiz.**
2. **Aharrausi egiten ari zara! Oheratu!**
3. **Lapurra lorontzia apalategitik hartzen ari da. Gure dirua lorontzian dago!**
4. **Arrantzalearen emaztea alkandora eta prakak garbitzen ari da.**
5. **Momentu honetan gosaltzen ari gara. Zerbait jan nahi al duzue?**
6. **Tripako mina daukazu? Sendagilearengana joan behar duzu!**
7. **Puruak, zigarroak . . . tabako asko sartzen ari dira maletetan.**

ACTIVITY 1.9 ■ FORMING THE NEGATIVE

Rewrite the following sentences as negatives:

1. **Gu kafea erosten ari gara.**
2. **Sorgina pozoia saltzen ari da.**
3. **Banpiroa lorontzia apalategian ipintzen ari da.**
4. **Baserritarrak oiloak hiltzen ari dira.**

5. **Zuek esaldiak idazten ari zarete.**
6. **Arrano handiak hegaz egiten ari dira.**
7. **Ikasle ingelesak koadernoa hartzen ari dira.**
8. **Joseren emaztea kamamila edaten ari da.**
9. **Arrantzale nagusia arrainak saltzen ari da.**
10. **Norbait abesten ari da.**

Using the partitive with **gabe** (without)

There are two ways to say *without* in Euskara: **gabe** and **barik.** Let's begin with **gabe,** as used with the partitive form of the noun. We studied the partitive in chapter 8 of *Aurrera!* vol. 1.

Lagunik gabe gaude.	We are without friends.
Garagardorik gabe irten dira.	They left without beer.
Haur haiek amarik gabe bizi dira.	Those children live without a mother.
Kotxerik gabe ezin dut Californiara joan.	Without a car I cannot go to California.

Or **gabe** can be used with the basic verb (the form used as an infinitive, a simple command, and a past participle).

Jan gabe lanera joan zara.
You went to work without eating.
Hilkutxatik irten gabe Xurga Banpiroak telebista ikusten du.
Without leaving his coffin Xurga the Vampire watches television.
Euskara ikasiko dugu Euskadin egon gabe.
We will learn Euskara without being in Euskadi.

Notice that the verb in English is the gerund or *-ing* form, but Euskara uses the basic form (infinitive, past participle, simple command).

Remember that **gabe** follows the verb or noun in Euskara. As English speakers, we try to put it in front because that's how we use *without.*

For now, we will practice only with **gabe.** However, you should be aware of **barik.** It also follows the noun or verb, but the noun is just the bare word, not the partitive -**[r]ik** form. If your family uses **barik,** you will want to do so as well.

Lagun barik gaude.
We are without friends.
Garagardo barik irten dira.
They left without beer.
Haur haiek ama barik bizi dira.
Those children live without a mother.
Kotxe barik ezin dut Californiara joan.
Without a car I cannot go to California.
Jan barik lanera joan zara.
You went to work without eating.
Hilkutxatik irten barik Xurga Banpiroak telebista ikusten du.
Without leaving his coffin Xurga the Vampire watches television.
Euskara ikasiko dugu Euskadin egon barik.
We will learn Euskara without being in Euskadi.

NOTE: The word **barik** has another meaning as well. It is used to express *instead of.*

ACTIVITY 1.10 ■ SAYING *WITHOUT*

You are such an optimist! No matter how little you have, you are determined to be happy. Follow the pattern in the example to create sentences that say "I will be happy without . . ." It will be helpful to write out this exercise and then check your accuracy in the Answers section before practicing aloud.

Cue:

Alaskara joan

Model:

Pozik egongo naiz Alaskara joan gabe. I will be happy without going to Alaska.

Cue:

dirua

Model:

Pozik egongo naiz dirurik gabe. I will be happy without money.

NOTE: In the cue, **diru** carries the marker **-a,** but you must remove the marker and attach the partitive ending.

1. **kabiarra dastatu**
2. **sendagilearengana joan**
3. **kreditu-txartelak**
4. **kokaina** [this word ends in **-a;** attach the partitive after the **-a**]
5. **dibortziatu** [as a verb]
6. **sardexka** [this word ends in **-a**]
7. **tripako min**
8. **teleberriak ikusi**
9. **ordenadore berri bat erosi**
10. **makilajea**
11. **laranjazko zumo**
12. **Madrilera hegaz egin**

ACTIVITY 1.11 ■ COMPREHENSION / TRANSLATION

Give English equivalents for the sentences you created in activity 1.10.

Dialogue

Zer ordutan transmititzen dute albistegia?

1. **Xurga eta Goxo telebista ikusten ari dira.**
2. XURGA: **(kanala aldatzen) Non dago albistegia?**
3. **Ez nago pozik albistegirik gabe.**
4. GOXO: **Zer ordutan transmititzen dute albistegia?**
5. **Begira, ez da agertzen telebista gidan.**

6. X: Eta pantailan ere ez! Hor dago kanala, baina albistegirik gabe.
7. Ez dut kirolari sexyrik ikusi nahi.
8. G: (telefonoa hartzen) Deituko dut.
9. Telebistako estazioko gerentearekin hitz egingo dut.
10. Kaixo! Zer ordutan agertuko da albistegia?
11. X: (jakingura) Zer esaten ari da gerentea?
12. G: Isilik! (entzuten)
13. Beno, zer ordutan transmitituko duzue? (entzuten)
14. Bale. Pixkat deprimituta gaude, baina ulertzen dugu. Mila esker. Agur.
15. X: Ez, ez dut ulertzen. Zer esan du gerenteak?
16. Noiz transmitituko du albistegia?
17. G: Normalean hamaiketan transmititzen dute, baina gaur, desastre handia gertatu da erdialdean.
18. Gasolindegi bat lehertu da.
19. Anbulantzia asko enparantzan daude, eta komisaldegia jendez beteta dago.
20. X: Ai ene! Zer desastre! Zer triste! Ardo gehiago behar dut. Zuk ere bai?
21. G: Ez, ez dut nahi gehiago.
22. X: Zertara joan da jendea komisaldegira?
23. G: Informazioa ematera. Bi funtzionariok kamioi handi eta berde bat ikusi dute gasolindegian, eta haiek esan dute kamioia elurretako erraketaz beteta egon dela.
24. X: Elurretako erraketaz beteta? Zertarako erakarri ditu kamioigidariak horrelako gauzak?
25. Nor ausartu da gasolindegia lehertzera?
26. G: Ez dakit. Albistegia ikusi behar dugu dena jakiteko.
27. X: Zer tragedia. Zer gertatzen ari da gaurko munduan?
28. Eta zer ordutan transmitituko dute albistegia?
29. G: Gerenteak esan du hamaika t'erdietan ikusiko dugula.
30. Dena ulertuko dugu ikusi eta gero.

Hitz eta esaldi berriak

kirolari	athlete
sexy	sexy
saltzaile	salesperson
gerente	manager
parke	park
xarmagarri	charming
Zer ordutan?	At what time?
gehiago	more
gutxiago	less, fewer
gutxi	few, a little bit
erdialde	center, downtown
konforme	agreed
gasolindegi	gas station, petrol station
anbulatorio	medical clinic
pasealeku	walkway, street
enparantza	square, town square
kanposantu	cemetery [lit.: holy ground]
portu	port
aireportu	airport
txinera	Chinese language
komisaldegi	police station
inprimagailu	printer
funtzionario	official, functionary, civil servant
deprimituta	depressed
Zertara?	Why? For what purpose?
ausartu/ausartzen	dared, to dare
jangela	dining room
terraza	terrace
dutxatu/dutxatzen	showered, to shower
irabiatu/irabiatzen	to shake, to beat (eggs), to mix, to stir

kiroldenda	sports store
elurretako erraketak	snowshoes
Zertarako?	Why? For what purpose?
esekigailu	hanger
toaila	towel
xaboi	soap
xaboitsu	soapy
pintza	clothespin
elur-bola	snowball
bainatu/bainatzen	bathed, to bathe
egia esan (esaten)	told the truth, to tell the truth
asmo	intention
asmoa daukat	I have the intention, I intend
gogo	desire
gogoa daukat	I have a desire
txukundu/txukuntzen	tidied, cleaned, to tidy (up), to clean
josi/josten	sewed, sewn, to sew
patata	potato
zuritu/zuritzen	peeled, to peel [lit.: to whiten]
kamioi	truck
kanpotar	outsider, stranger, foreigner
saski	basket
lisatu/lisatzen	ironed, pressed, to iron, to press (with an iron)
pasaporte	passport
gona	skirt
betaurrekoak	sunglasses

Responding to **Zer ordutan?** (At what time?)

Now that we can answer "What time is it?" on the hour, let's learn how to answer "At what time?"(**Zer ordutan?**) or "When?" (**Noiz?**)

The case we are using to tell time with is the inessive, the same one we use to say "in the house" or "at home."

As a quick reminder, here is the inessive used with the noun *house*.

Singular

etxea	the house
etxean	in the house

Plural

etxeak	the houses
etxeetan	in the houses

Now observe the following examples:

at 3:00	**hiruretan**
at 4:00	**lauretan**
at 5:00	**bostetan**
at 6:00	**seietan**
at 7:00	**zazpietan**
at 8:00	**zortzietan**
at 9:00	**bederatzietan**
at 10:00	**hamarretan**
at 11:00	**hamaiketan**
at 12:00	**hamabietan**

There are two exceptions to the pattern above. In order to express "at one o'clock" and "at two o'clock" the word **ordu** (hour) is used.

at 1:00	**ordu batean**
at 2:00	**ordu bietan**

You are literally saying "at one hour" and "at two hours."

at noon	**eguerdian**
at midnight	**gauerdian**
right now	**oraintxe**

Etorri nire etxera!	Come to my house!
Zer ordutan?	At what time?
Ordu batean.	At one o'clock.
Joan unibertsitatera!	Go to the university!
Noiz?	When?
Oraintxe bertan!	Right now!

SAYING "AT HALF PAST . . ." AND "AT QUARTER PAST . . ."

Hiru eta erdiak dira.	It's half past three. It's three thirty.
Hiru eta erdietan.	At half past three. At three thirty.
Zortzi eta erdiak dira.	It's half past eight. It's eight thirty.
Zortzi eta erdietan.	At half past eight. At eight thirty.
Ordu bat eta erdiak dira.	It's half past one. It's one thirty.
Ordu bat eta erdietan.	At half past one. At one thirty.

NOTE: In *Aurrera!* vol. 1, we wrote **hiru t'erdiak, zortzi t'erdiak, ordubat t'erdiak,** and so on, where the **t'** represented **eta.** The new rule does away with the abbreviation. However, you may still pronounce the expression as if it were abbreviated.

SAYING "QUARTER PAST" THE HOUR

Laurak eta laurden dira.	It's quarter past four. It's four fifteen.
Laurak eta laurdenetan.	At quarter past four. At four fifteen.
Seiak eta laurden dira.	It's quarter past six. It's six fifteen.
Seiak eta laurdenetan.	At quarter past six. At six fifteen.
Ordu biak eta laurden dira.	It's quarter past two. It's two fifteen.
Ordu biak eta laurdenetan.	At quarter past two. At two fifteen.

ACTIVITY 1.12 ■ AT WHAT TIME?

Transform the time expressions below to answer the question **Zer ordutan?**

1. **Hamaikak dira.**
2. **Bost eta erdiak dira.**
3. **Ordu bat eta laurden dira.**
4. **Seiak dira.**
5. **Bederatzi eta erdiak dira.**
6. **Hamabiak eta laurden dira.**
7. **Zazpi eta erdiak dira.**
8. **Goizeko laurak dira.**
9. **Hamarrak dira.**
10. **Zortziak eta laurden dira.**

ACTIVITY 1.13 ■ ZER ORDUTAN?

Answer the question **Zer ordutan?** as directed. Spell out all numbers.

1. at 6:20
2. at 4:05
3. at 12:15
4. at 9:25
5. at 1:10
6. at 10:05
7. at 2:20
8. at 8:15

■ Zer ordutan? Saying "at five minutes to," "at ten before," etc. ■

Zer ordutan joango gara?	At what time will we go?
Hirurak bost gutxitan.	At five minutes to three. At two fifty-five.

Notice how the expression in Euskara can be translated two ways in English!

Hirurak hamar gutxitan.	At ten minutes to three. At two fifty.
Hirurak laurden gutxitan.	At fifteen minutes to three. At two forty-five.
Hirurak hogei gutxitan.	At twenty minutes to three. At two forty.
Hirurak hogeita bost gutxitan.	At twenty-five minutes to three. At two thirty-five.
Laurak bost gutxitan.	At five minutes to four. At three fifty-five.
Bostak hamar gutxitan.	At ten minutes to five. At four fifty.
Seiak laurden gutxitan.	At fifteen minutes to six. At five forty-five.
Zazpiak hogei gutxitan.	At twenty minutes to seven. At six forty.
Zortziak hogeita bost gutxitan.	At twenty-five minutes to eight. At seven thirty-five.
Bederatziak bost gutxitan.	At five minutes to nine. At eight fifty-five.
Hamarrak hamar gutxitan.	At ten minutes to ten. At nine fifty.
Hamaikak laurden gutxitan.	At fifteen minutes to eleven. At ten forty-five.
Hamabiak hogei gutxitan.	At twenty minutes to twelve. At eleven forty.
Ordu bat hogeita bost gutxitan.	At twenty-five minutes to one. At twelve thirty-five.
Ordu biak bost gutxitan.	At five minutes to two. At one fifty-five.

ACTIVITY 1.14 ■ PRACTICING THE TIME

Use a clock or draw one to illustrate as you give the time from the top of the hour backward by five-minute intervals. You may want to write out the exercise first, but be sure to practice aloud. In a classroom, have one student announce "at two o'clock," then have the next student announce "at five minutes to two," and so on until the group reaches one thirty. Do this for every hour on the clock.

■ Making comparisons: **gehiago** (more) and **gutxiago** (less/fewer) ■

In order to say "more" or "less" (or "fewer") of something—that is, to express an amount—Euskara uses **gehiago** or **gutxiago** after the bare noun. For example:

Klase honetan, ikasle gutxiago edukiko duzu.
You will have fewer students in this class.

Notice that "fewer students" is plural in English but singular in Euskara.

Denbora gehiago behar dut.
I need more time.
Denda batzuk daude hemen, baina erdialdean gehiago dago.
There are some shops here, but there are more downtown.
Konforme! Bihar aerobic gutxiago egingo dugu!
Agreed! Tomorrow we will do less aerobics.
Herri honek gasolindegiak dauzka, baina herri hark gasolindegi gehiago dauka.
This town has gas stations, but that town has more gas stations.
Q: **Ardo gehiago nahi duzu?** Do you want more wine?
A: **Ez, nahikoa daukat.** No, I have enough.
Ez, ez dut gehiago nahi. No, I don't want any more.
Ez, ez dut nahi gehiago. No, I don't want any more.

Q: **Nork dauka diru gutxiago, abokatuak ala taxistak?**
Who has less money, the lawyer or the taxi driver?
A: **Taxistak diru gutxiago dauka.** The taxi driver has less money.
Taxistek diru gutxiago daukate. The taxi drivers have less money.

Notice above that **gehiago** and **gutxiago** do not take plural forms in these circumstances. They are like **asko** (a lot) in that they are grammatically singular. That's why the first part of the sentence uses the verb form **dauzka** for a plural object, but the second part uses **dauka** for a singular object.

ACTIVITY 1.15 ■ GEHIAGO ETA GUTXIAGO (MORE AND LESS)

Write a sentence for each business, service, or item below, saying whether your town needs more or less of it.

Cue:
ospitaleak
Models:
Ospitale gehiago behar dugu. Or **Ospitale gutxiago behar dugu.**

1. **elizak**
2. **anbulatorioak**
3. **supermerkatuak**
4. **pasealekuak**
5. **enparantzak**
6. **dendak**
7. **gasolindegiak**
8. **hotelak**
9. **kanposantuak**
10. **ibaiak**
11. **portuak**
12. **aireportuak**
13. **etxe normalak**
14. **kutxak**

More comparisons: -ago

In order to express the augmentative (**gehiagotasuna**), Euskara appends the suffix -**ago** to adjectives and adverbs. In other words, if you want to say bigger, smaller, fatter, thinner, later, earlier, and so on, you add -**ago** to the adjective or adverb in Euskara.

NOTE: The -**ago** form of the adjective can and must be pluralized when necessary.

Kutxa hori handia da, baina hau handiagoa da.
That bank is big, but this one is bigger.
Film luzeago bat ikusi nahi dut.
I want to see a longer film.
Horiek ez dira oso handiak, baina beste hauek txikiagoak dira.
Those aren't very big, but these others are smaller.

But adverbs carry no markers, so we simply add -**ago** to the adverb form.

Zure bulegoa zikin dago, baina nirea zikinago dago!
Your office is dirty, but mine is dirtier!
Goiz heldu zarete, baina goizago heldu behar duzue.
You (pl.) have arrived early, but you must arrive earlier.

When the adverb ends in -**ta** or -**(r)ik**, those syllables are omitted when adding -**ago.**

Gaur goizean nekatuta egon naiz, baina orain nekatuago nago.
I was tired this morning, but I am more tired now.
Pozik gaude hemen, baina pozago egongo gara han.
We are happy here, but we will be happier there.

ACTIVITY 1.16 ■ BIGGER, SMALLER, FATTER, THINNER

Create compound sentences below by describing the second person, animal, or item with the augmentative form (-**ago** form) of the adjective. Give the English equivalents of your new sentences.

Cues:

Euskara zaila da. (txinera)

Response:

Euskara zaila da, baina txinera zailagoa da.

Basque is difficult, but Chinese is more difficult.

Adjectives:

1. **Zure ikasleak adimentsuak dira. (nire ikasleak)**
2. **Supermerkatuak handiak dira. (ospitaleak)**
3. **Gure auzoa polita da. (zure auzoa)**
4. **Komisaldegiak serioak dira. (kanposantuak)**
5. **Nire gurasoak altuak dira. (Edurneren gurasoak)**
6. **Film hau barregarria da. (Film hura)**
7. **Inprimagailu hau merkea da. (inprimagailu hori)**

Adverbs:

8. **Arrantzalea pozik dago. (abeslaria)**
9. **Funtzionarioak deprimituta daude. (idazkariak)**
10. **Gu animatuta gaude. (zuek)**
11. **Ni haserre nago. (Jon)**
12. **Zuek triste zaudete. (gu)**

■ Responding to **Zertara?** (For what purpose? Why?) with **-ra** on verbal noun ■

There are two ways to ask "for what purpose?" in Euskara: **zertara** and **zertarako.** In English we often use "why?" to elicit the response "in order to" or "for the purpose of," but in Euskara, as we have seen, "why?" or **zergatik?** is answered with "because" **-lako.**

Zertara? and **zertarako?** look very similar. One has the extra syllable **-ko.**

Zertara? is usually used with intransitive verbs such as **joan, etorri, heldu, ibili, irten, sartu,** etc.

Q: **Zertara sartu da Goxo hilkutxara?**
Why did Goxo get into the coffin?
A: **Telebista ikustera sartu da.**
She got in [in order] to watch television.
Q: **Zertara joan da jendea komisaldegira?**
Why did people go to the police station?
A: **Informazioa ematera joan da.**
They went to give information.

Remember, **jendea** (people) is grammatically singular in Basque.

Q: **Zertara joan zara azokara?**
Why did you go to the market?
A: **Janaria erostera joan naiz.**
I went [in order] to buy food.

Q: **Zertara zatoz elizara?**	Why do you come to church?
A: **Jaungoikoarekin hitz egitera nator.**	I come [in order] to talk with God.
Jaungoikoarekin hitz egitera.	[In order] to talk with God.
Q: **Zertara sartu da zinera?**	Why did she enter the theater?
A: **Filma ikustera.**	[In order] to see the movie.
Filma ikustera sartu da.	She entered to see the movie.
Q: **Tren geltokira al goaz? Zertara?**	We're going to the train station? Why?
A: **Trena hartzera.**	To take the train.
Trena hartzera goaz.	We're going [in order] to take the train.

Notice that we often omit "in order" in the English equivalent. Instead of "in order to take the train," we just say "to take the train." This can be misleading, because it makes us want to use an infinitive (or the basic form of the verb) in

Euskara. When we are answering "**Zertara?**" we do not use the infinitive. We use the verbal noun plus the suffix **-ra.** You can remember this suffix easily because it looks just like the **-ra** suffix we have been using with verbs of motion to indicate direction or movement to a place.

Etxera noa.	I'm going home. I'm going to the house.
Afrikara doaz.	They are going to Africa.
Ikasgelara sartu gara.	We have entered the classroom.

We also use this form to say "dare to" with the verb **ausartu.**

Ez naiz dirua hartzera ausartu.	I didn't dare take the money.
Haurrak gauza asko egitera ausartzen dira.	Children dare to do many things.

We studied verbal nouns in *Aurrera!* vol. 1 with **gustatzen zait.** We form the verbal noun by dropping the final **-n** from the present participle. Once we do that, we can add markers or suffixes and treat the word just like a noun. Hence, its name.

Hitz egiten ari naiz. I'm talking.
hitz egiten – n = hitz egite (the verbal noun, "talking" or "to talk")

Now we can attach noun markers (usually the singular) to the verbal noun.

Hitz egitea gustatzen zait. I like to talk. I like talking.

But in order to answer **Zertara?** we attach **-ra** to the verbal noun.

hitz egite + ra = hitz egitera (in order to talk, with the intention)
Zertara zoaz unibertsitatera? Why do you go to the university?
Lagunekin hitz egitera noa. I go to talk with my friends. I go with the intention of talking to my friends.

NOTE: Our rule about sentence order still applies. The Question Word and Verb stay together [**Zertara zoaz . . . ?**] and the Answer to the Question Word and Verb stay together [**hitz egitera noa**].

ACTIVITY 1.17 ■ ZERTARA?

The purpose of this exercise is to identify the present participle from the basic verb, then transform the present participle into the verbal noun, and then to the form that answers **Zertara?**

Model:

Zertara zoaz jangelara?

Cue:

jan

Responses:

jaten (present participle)

jate (verbal noun)

jatera (in order to eat, with the intention of eating)

Model	Cue
1. **Zertara doa Jon terrazara?**	**kalea ikusi**
2. **Zertara joan zara bainugelara?**	**dutxatu**
3. **Zertara zatoz sukaldera?**	**txokolatea irabiatu**
4. **Zertara doaz Finlandiara?**	**elurrezko gizona egin**
5. **Zertara joango zarete kiroldendara?**	**elurretako erraketak erosi**

■ Zertarako? (For what purpose? Why?): "in order to . . ." . . . -teko / . . . -tzeko ■

Zertarako? has the same English equivalent as **Zertara?**: "Why?" or "For what purpose?" However, the verb that follows **Zertarako?** is a transitive verb, or one that takes an object. Observe the following examples:

Q: **Zertarako jaten dugu?**	Why do we eat? For what purpose do we eat?
A: **Bizitzeko.**	[In order] to live.
Bizitzeko jaten dugu.	We eat [in order] to live.
Q: **Zertarako erosi dituzue esekigailu horiek?**	Why did you (pl.) buy those hangers?

A: **Arropa esekitzeko.**	[In order] to hang up the clothes.
Arropa esekitzeko erosi ditugu.	We bought them [in order] to hang up the clothes.

Q: **Zertarako behar duzu toaila?**	Why do you need the towel?
A: **Ilea lehortzeko.**	[In order] to dry my hair.

Remember that *hair* in Euskara does not use the possessive *my.* Everyone assumes that you are drying your own hair. If you plan to dry someone else's hair, then you would use a possessive to indicate whose hair you plan to dry.

Q: **Dirua behar duzu? Zertarako?**	You need money? What for?
A: **Londresera joateko.**	[In order] to go to London.
Londresera joateko behar dut.	I need it [in order] to go to London.
Londresera joateko dirua behar dut.	I need money [in order] to go to London.
Dirua behar dut Londresera joateko.	I need money [in order] to go to London.

ACTIVITY 1.18 ■ ZERTARAKO?

Answer the following questions with the short response you are likely to use in real life.

Model:

Zertarako behar duzu dirua?

Cue:

alokairua ordaindu

Response:

Alokairua ordaintzeko!

1. **Zertarako behar duzu ur xaboitsua?**
   zorua garbitu
2. **Zertarako behar dituzu pintzak?**
   arropa zabaldu
3. **Zertarako behar duzu elurra?**
   elur-bolak egin

4. **Zertarako behar duzu koilara?**
   txokolatea irabiatu
5. **Zertarako behar duzu toaila?**
   ilea lehortu
6. **Zertarako behar duzu bainugela?**
   dutxatu

Verbal noun + -ko with certain words: Prest nago . . . -teko (-tzeko)

In addition, the verbal noun + **-ko** is habitually used in conjunction with certain verbs. One of the most useful is **prest egon** (to be ready). The verbal noun + **-ko** is also referred to in some teaching methods as the "**-teko / -tzeko**" form. Its use is not limited to responding to questions with **Zertarako?** However, such sentences could be viewed as supplying the answer to an unasked question.

Prest nago!	I'm ready!
Prest? Zertarako?	Ready? For what?
Prest nago lan egiteko!	I'm ready to work!
Prest nago afaria prestatzeko!	I'm ready to fix dinner!
Prest nago txakurra bainatzeko!	I'm ready to give the dog a bath (to bathe the dog)!
Prest nago egia esateko!	I'm ready to tell the truth!

Here are some other words with which the verbal noun + **-ko** is used.

Txakurra erosteko asmoa daukat.	I intend to buy a dog.
Ez daukat ikasteko asmoa.	I do not intend to study.
Afaltzeko ordua da.	It's time to eat dinner.
Ez da telebista ikusteko ordua.	It's not time to watch television.
Zinera joateko gogoa daukat.	I have a desire to go to the movies.
Ez daukat logela txukuntzeko gogorik.	I have no desire to tidy up my bedroom.

ACTIVITY 1.19 ■ PRACTICE WITH THE VERBAL NOUN + -KO

Below are some statements about what we need to do, followed by the question **Prest zaude?** (Are you ready?). Answer that you are ready to do what needs to be done.

Model:

Logelak txukundu behar ditugu! Prest zaude?

Response:

Bai, prest nago logelak txukuntzeko.

1. **Alkandora urdinak josi behar ditugu. Prest zaude?**
2. **Patatak zuritu behar ditugu. Prest zaude?**
3. **Elurrezko gizona egin behar dugu! Prest zaude?**
4. **Kamioia gidatu behar dugu kanposantura. Prest zaude?**
5. **Banpiroaren hilkutxa aurkitu behar dugu! Prest zaude?**
6. **Kanpotarrekin hitz egin behar dugu! Prest zaude?**

ACTIVITY 1.20 ■ COMPREHENSION / TRANSLATION

Give English equivalents for the following sentences:

1. **Kirolari hau kiroldendara joan da elurretako erraketak erostera.**
2. **Dendari altu eta politak lan egiten du denda hartan.**
3. **Kirolaria futbolaria da, eta oso famatua gainera.**
4. **Dendari adimentsuak elurrezko gizonak egin nahi ditu mendian kirolari famatuarekin.**
5. **Baina dendariaren amonak arropa-saski bat eta pintza batzuk behar ditu.**
6. **Zertarako? Arropa zabaltzeko!**
7. **Gainera aitonak sukaldeko zorua garbitu behar du, baina ez dauka xaboirik.**
8. **Horregatik aitona terrazan eserita dago.**
9. **Amonak aitona ikusi du terrazan, eta orain amona haserre dago!**
10. **Horregatik amona mendira joango da dendari eta kirolariekin!**

ANSWERS

ENGLISH EQUIVALENT OF **ZERTAN ARI ZARA?** (WHAT ARE YOU DOING?)

1. Goxo and Xurga are in the vampire's house.
2. Xurga is lying in his coffin.
3. Goxo is standing next to the coffin.
4. They are watching television.
5. GOXO: Xurga, what are you doing?
6. XURGA: I'm watching television.
7. They are broadcasting a very funny movie.
8. G: Do you like funny movies?
9. X: Yes, yes, I like them a lot. I like laughing.
10. G: Do you like war movies?
11. X: No, I don't like them, because I'm sad after I see them.
12. G: I understand. I don't like seeing death and war either.
13. And horror movies?
14. X: Oh, yes! I like them.
15. They're showing a movie like that on channel four.
16. (changing the channel) Look.
17. G: How scary!
18. That prostitute is dealing drugs.
19. What a shameless woman! She's polluting people's blood with drugs!
20. X: It's a very serious crime in the world of vampires.
21. G: They talked about the same subject on the detectives' series this morning.
22. Oh, my! It's eleven o'clock! I want to see the newscast.
23. (looking at the television guide) Do you have cable?
24. X: No, not cable. But [I do have] a satellite dish!
25. I'm changing the channel.
26. We can watch the newscast together. Get into the coffin!

ACTIVITY 1.4 ■ BUILDING SENTENCES IN THE AFFIRMATIVE

1. **Ni hitz egiten ari naiz. Hitz egiten ari naiz.**
2. **Mikel eta Miren entzuten ari dira.**
3. **Gu abesten ari gara. Abesten ari gara.**
4. **Edurne idazten ari da.**
5. **Arrantzalea pentsatzen ari da.**
6. **Zu lo egiten ari zara. Lo egiten ari zara.**
7. **Ni gidatzen ari naiz. Gidatzen ari naiz.**
8. **Iker eta Gorka jaten ari dira.**
9. **Irakaslea atea irekiten ari da.**
10. **Zuek alkandora garbitzen ari zarete. Alkandora garbitzen ari zarete.**

ACTIVITY 1.5 ■ BUILDING SENTENCES IN THE NEGATIVE

1. **Zuek ez zarete amets egiten ari.**
2. **Otsogizonak ez dira odola edaten ari.**
3. **Ama ez da apala garbitzen ari.**
4. **Xurga ez da sorginarekin hitz egiten ari.**
5. **Gu ez gara kimika ikasten ari.**
6. **Ni ez naiz kamamila edaten ari.**
7. **Zu ez zara gure dirua hartzen ari.**
8. **Taxistak ez dira puruak erretzen ari.**
9. **Ikaslea ez da hitz berriak ikasten ari.**
10. **Ni ez naiz oheratzen ari.**

ACTIVITY 1.6 ■ TRANSFORMING HABITUAL PRESENT INTO PRESENT PROGRESSIVE

1. **Maite arrano bat ikusten ari da.** Maite is looking at an eagle.
2. **Gu kotxeak gidatzen ari gara.** We are driving cars.
3. **Zuek ez zarete hegaz egiten ari!** You (pl.) are not flying!
4. **Ama ohea egiten ari da.** Mother is making the bed.

5. **Arrantzaleak oheratzen ari dira.** The fishermen are going to bed.
6. **Ni azterketa idazten ari naiz.** I am taking (writing) the exam.

ACTIVITY 1.7 ■ TRANSFORMING PRESENT PROGRESSIVE INTO HABITUAL PRESENT

1. **Edurnek arropa esekitzen du.**
2. **Mikelek telebista ikusten du.**
3. **Guk kimika ikasten dugu.**
4. **Zuk egunkaria irakurtzen duzu.**
5. **Noiz etortzen zarete?**
6. **Nik esaldia ezabatzen dut.**

ACTIVITY 1.8 ■ COMPREHENSION / TRANSLATION

1. I don't want any coffee. I'm drinking chamomile tea.
2. You are yawning! Go to bed!
3. The thief is taking the flowerpot from the shelf. Our money is in the flowerpot!
4. The fisherman's wife is cleaning the shirt and trousers.
5. At this moment we are having breakfast. Do you (pl.) want something to eat?
6. Do you have a stomachache? You must go to the doctor!
7. Cigars, cigarettes . . . they are putting a lot of tobacco in their suitcases.

ACTIVITY 1.9 ■ FORMING THE NEGATIVE

1. **Gu ez gara kafea erosten ari.**
2. **Sorgina ez da pozoia saltzen ari.**
3. **Banpiroa ez da lorontzia apalategian ipintzen ari.**
4. **Baserritarrak ez dira oiloak hiltzen ari.**
5. **Zuek ez zarete esaldiak idazten ari.**
6. **Arrano handiak ez dira hegaz egiten ari.**
7. **Ikasle ingelesak ez dira koadernoa hartzen ari.**
8. **Joseren emaztea ez da kamamila edaten ari.**

9. Arrantzale nagusia ez da arrainak saltzen ari.

10. Inor ez da abesten ari.

ACTIVITY 1.10 ■ SAYING *WITHOUT*

1. Pozik egongo naiz kabiarra dastatu gabe.

2. Pozik egongo naiz sendagilearengana joan gabe.

3. Pozik egongo naiz kreditu-txartelik gabe.

4. Pozik egongo naiz kokainarik gabe.

5. Pozik egongo naiz dibortziatu gabe.

6. Pozik egongo naiz sardexkarik gabe.

7. Pozik egongo naiz tripako minik gabe.

8. Pozik egongo naiz teleberriak ikusi gabe.

9. Pozik egongo naiz ordenadore berri bat erosi gabe.

10. Pozik egongo naiz makilajerik gabe.

11. Pozik egongo naiz laranjazko zumorik gabe.

12. Pozik egongo naiz Madrilera hegaz egin gabe.

ACTIVITY 1.11 ■ COMPREHENSION / TRANSLATION

1. I will be happy without tasting caviar.
2. I will be happy without going to the doctor.
3. I will be happy without any credit cards.
4. I will be happy without cocaine.
5. I will be happy without getting divorced.
6. I will be happy without a fork.
7. I will be happy without a stomachache.
8. I will be happy without seeing the television news.
9. I will be happy without buying a new computer.
10. I will be happy without any makeup.
11. I will be happy without any orange juice.
12. I will be happy without flying to Madrid.

ENGLISH EQUIVALENT OF ZER ORDUTAN TRANSMITITZEN DUTE ALBISTEGIA? (AT WHAT TIME DO THEY BROADCAST THE NEWS?)

1. Xurga and Goxo are watching television.
2. X: (changing the channel) Where is the news?
3. I'm not happy without the news.
4. G: At what time do they broadcast the news?
5. Look, it doesn't appear in the television guide / listing.
6. X: And not on the screen either! There is the channel, but without the news.
7. I don't want to watch sexy athletes.
8. G: (picking up the phone) I will call.
9. I will talk with the television station manager.
10. Hello! At what time does the news appear?
11. X: (curious) What is the manager saying?
12. G: Quiet! (listening)
13. Well, at what time will you (pl.) broadcast it? (listening)
14. Fine. We're a little depressed, but we understand. Thanks a lot. Good-bye.
15. X: No, I don't understand. What did the manager say?
16. When will he broadcast the news?
17. G: Normally they broadcast it at eleven, but today there has been a big disaster downtown [lit.: a big disaster has happened downtown].
18. A gasoline station has exploded.
19. There are a lot of ambulances in the town square, and the police station is full of people.
20. X: Oh, my! What a disaster! How sad! I need more wine. You, too?
21. G: No, I don't want any more.
22. X: Why [for what purpose] did the people go to the police station?
23. G: To give information. Two civil servants saw a big green truck at the gas station, and they said that the truck is full of snowshoes.

24. X: Full of snowshoes? Why [for what purpose] would the truck driver carry those things?
25. Who would dare to blow up the gas station?
26. G: I don't know. We have to watch the news in order to know everything.
27. X: What a tragedy. What's happening in the world today?
28. And at what time will they broadcast the news?
29. G: The manager said that we will see it at eleven thirty.
30. We will understand everything after we see it [after seeing it].

ACTIVITY 1.12 ■ AT WHAT TIME?

1. **Hamaiketan.**
2. **Bost eta erdietan.**
3. **Ordu bat eta laurdenetan.**
4. **Seietan.**
5. **Bederatzi eta erdietan.**
6. **Hamabiak eta laurdenetan.**
7. **Zazpi eta erdietan.**
8. **Goizeko lauretan.**
9. **Hamarretan.**
10. **Zortziak eta laurdenetan.**

ACTIVITY 1.13 ■ ZER ORDUTAN?

1. **Seiak eta hogeian.**
2. **Laurak eta bostean.**
3. **Hamabiak eta laurdenetan.**
4. **Bederatziak eta hogeitabostean.**
5. **Ordu bat eta hamarrean.**
6. **Hamarrak eta bostean.**
7. **Ordu biak eta hogeian.**
8. **Zortziak eta laurdenetan.**

ACTIVITY 1.15 ■ GEHIAGO ETA GUTXIAGO (MORE AND LESS)

1. **Eliza gehiago behar dugu. Eliza gutxiago behar dugu.**
2. **Anbulatorio gehiago behar dugu. Anbulatorio gutxiago behar dugu.**
3. **Supermerkatu gehiago behar dugu. Supermerkatu gutxiago behar dugu.**
4. **Pasealeku gehiago behar dugu. Pasealeku gutxiago behar dugu.**
5. **Enparantza gehiago behar dugu. Enparantza gutxiago behar dugu.**
6. **Denda gehiago behar dugu. Denda gutxiago behar dugu.**
7. **Gasolindegi gehiago behar dugu. Gasolindegi gutxiago behar dugu.**
8. **Hotel gehiago behar dugu. Hotel gutxiago behar dugu.**
9. **Kanposantu gehiago behar dugu. Kanposantu gutxiago behar dugu.**
10. **Ibai gehiago behar dugu. Ibai gutxiago behar dugu.**
11. **Portu gehiago behar dugu. Portu gutxiago behar dugu.**
12. **Aireportu gehiago behar dugu. Aireportu gutxiago behar dugu.**
13. **Etxe normal gehiago behar dugu. Etxe normal gutxiago behar dugu.**
14. **Kutxa gehiago behar dugu. Kutxa gutxiago behar dugu.**

ACTIVITY 1.16 ■ BIGGER, SMALLER, FATTER, THINNER

Adjectives:

1. **Zure ikasleak adimentsuak dira, baina nire ikasleak adimentsuagoak dira.**
   Your students are smart, but my students are smarter.
2. **Supermerkatuak handiak dira, baina ospitaleak handiagoak dira.**
   Supermarkets are big, but hospitals are bigger.
3. **Gure auzoa polita da, baina zure auzoa politagoa da.**
   Our neighborhood is pretty, but your neighborhood is prettier.
4. **Komisaldegiak serioak dira, baina kanposantuak serioagoak dira.**
   Police stations are serious, but cemeteries are more serious.

5. **Nire gurasoak altuak dira, baina Edurneren gurasoak altuagoak dira.**
   My parents are tall, but Edurne's parents are taller.
6. **Film hau barregarria da, baina film hura barregarriagoa da.**
   This movie is funny, but that movie is funnier.
7. **Inprimagailu hau merkea da, baina inprimagailu hori merkeagoa da.**
   This printer is cheap, but that printer is cheaper.

Adverbs:

8. **Arrantzalea pozik dago, baina abeslaria pozago dago.**
   The fisherman is happy, but the singer is happier.
9. **Funtzionarioak deprimituta daude, baina idazkariak deprimituago daude.**
   The officials are depressed, but the secretaries are more depressed.
10. **Gu animatuta gaude, baina zuek animatuago zaudete.**
    We are excited, but you (pl.) are more excited.
11. **Ni haserre nago, baina Jon haserreago dago.**
    I am angry, but Jon is angrier.
12. **Zuek triste zaudete, baina gu tristeago gaude.**
    You (pl.) are sad, but we are sadder.

ACTIVITY 1.17 ■ ZERTARA?

1. **kalea ikusten; kalea ikuste; kalea ikustera**
2. **dutxatzen; dutxatze; dutxatzera**
3. **txokolatea irabiatzen; txokolatea irabiatze; txokolatea irabiatzera**
4. **elurrezko gizona egiten; elurrezko gizona egite; elurrezko gizona egitera**
5. **elurretako erraketak erosten; elurretako erraketak eroste; elurretako erraketak erostera**

ACTIVITY 1.18 ■ ZERTARAKO?

1. **zorua garbitzeko**
2. **arropa zabaltzeko**

3. **elur-bolak egiteko**
4. **txokolatea irabiatzeko**
5. **ilea lehortzeko**
6. **dutxatzeko**

ACTIVITY 1.19 ■ PRACTICE WITH THE VERBAL NOUN + -KO

1. **Bai, prest nago alkandora urdinak josteko.**
2. **Bai, prest nago patatak zuritzeko.**
3. **Bai, prest nago elurrezko gizona egiteko.**
4. **Bai, prest nago kamioia gidatzeko kanposantura.**
5. **Bai, prest nago banpiroaren hilkutxa aurkitzeko.**
6. **Bai, prest nago kanpotarrekin hitz egiteko.**

ACTIVITY 1.20 ■ COMPREHENSION / TRANSLATION

1. This athlete has gone to the sports store to buy snowshoes.
2. A tall, pretty shopkeeper works in that store.
3. The athlete is a soccer player and [is] very famous besides.
4. The intelligent shopkeeper wants to make snowmen in the mountains [on the mountain] with the famous soccer player.
5. But the shopkeeper's grandmother needs a laundry basket and some clothespins.
6. For what purpose? In order to hang out the clothes!
7. Furthermore, Grandfather must clean the kitchen floor, but he doesn't have any soap.
8. For that reason Grandpa is sitting on the terrace.
9. Grandma has seen Grandpa on the terrace, and now Grandma is angry!
10. That's why Grandma will go to the mountains with the shopkeeper and the athlete.

CHAPTER TWO

I Saw You. Did You See Me?

Dialogue

Lapurrek ez naute ikusi

1. **Lapurrek Goxoren kukijak lapurtu dituzte.**
2. **Goxo haien bila dabil.**
3. **Mutil bat ikusten du kalean eta berarekin hitz egiten du.**

4. GOXO: **Barkatu! Turismo bulegoan egon zara hiruretan?**
5. **Han ikusi zaitut.**
6. MUTILA: **Ez, oker zaude. Zuk ez nauzu ikusi.**
7. **Hiruretan eskolan egon naiz.**
8. G: **Beno, lauretan ikusi zaitut.**
9. **Zinean lan egiten duzu, ezta? Zinean usaindu zaitut.**
10. M: **Zortzi urte dauzkat. Ez dut lan egiten.**
11. **Beharbada zuk usaindu nauzu, batzuetan zinera noalako.**
12. **Baina nik zu ezagutzen zaitudala uste dut.**
13. **Haitzulo batean bizi zara, ezta?**
14. G: **(nahastuta) Bai, haitzuloan bizi naiz.**
15. M: **Haitzuloko sorgina zara! Eta nik oihanean ikusi zaitut!**
16. **Amak eta biok paseoa eman dugu oihanean.**
17. **Guk gizon susmagarri batzuk haitzulo aurrean ikusi ditugu.**
18. **Eskuetan, kukijak.**
19. **Guk ikusi ditugu, baina haiek ez gaituzte ikusi.**
20. G: **Nire kukijak hartu dituzte. Badakizu non dauden gizon horiek?**
21. M: **Bai, horixe! Kukijak garrantzitsuak dira.**
22. **Goazen lapurrak harrapatzera.**

Hitz eta esaldi berriak

lapur	thief, robber, bank robber
lapurtu	stole, stolen, to steal
kukija, kukia	cookie [This word is used by North American Basques but does not appear in Euskaltzaindia's *Hiztegi batua.*]
turismo	tourism
bulego	office
hiruretan	at three o'clock
oker	mistaken
lauretan	at four o'clock
usaindu	smelled, to smell
urte	year
noalako	because I go
ezagutu	knew, met, to know, to meet
ezagutzen	know(s) (an acquaintance)
nahastuta	confused
paseoa eman	took a walk, to take a walk
susmagarri	suspicious
goazen	let's go
jo	hit, to hit
jotzen	hit(s)
mindu	hurt (one's feelings), to hurt (one's feelings)
psikiatra	psychiatrist
zoroetxe	mental hospital, insane asylum
inora ez	nowhere, not (to) anywhere
lapurretan	in the act of stealing
ekonomista	economist
txintxarri	baby rattle

eraman	took, carried, to take (somewhere), to carry
ekarri	brought, to bring
akelarre	witches' coven, gathering of witches
gorrotatu	hated, to hate
aukeratu	chose, chosen, to choose, select

Ukan (nor-nork) with first- and second-person-singular objects nau / zaitu

In *Aurrera,* vol. 1, we studied **nor-nork** present-tense forms when the object of our sentence is **du** (he/she/it) or **ditu** (them):

Ikusi dut tabernan! I saw her in the bar!

Poliziek lapurra harrapatu dute kalean. The police caught the thief in the street.

Jo dituzu haurrak. You hit the children.

Inoiz ez ditut haurrak jotzen. I never hit the children.

Haien irakasleak mindu ditu. Their teacher hurt them (hurt their feelings).

Banpiroak hilkutxa garbitzen du egunero. The vampire cleans his coffin every day.

Guk sorginak usaindu ditugu oihanean! We have smelled witches in the forest!

Now we're going to learn how to talk about first- and second-person-singular objects **nau** (me) and **zaitu** (you) and to respond to questions like **Ikusi nauzu?** Did you see me? Observe the following examples:

Ikusi dut tabernan! I saw her in the bar!

Ikusi zaitut tabernan! I saw you in the bar!

Poliziek lapurra harrapatu dute kalean. The police caught the thief in the street.

Poliziek ni harrapatu naute kalean. The police caught me in the street.

Zuk jo dituzu haurrak.	You hit the children.
Zuk jo dituzu.	You hit them.
Zuk jo nauzu!	You hit me!
Inoiz ez ditut haurrak jo.	I never hit the children.
Inoiz ez ditut jo.	I never hit them.
Inoiz ez zaitut jo.	I never hit you.
Irakasleak mindu du.	The teacher hurt her (her feelings).
Irakasleak mindu ditu.	The teacher hurt them (hurt their feelings).
Irakasleak mindu nau.	The teacher hurt me (my feelings).
Irakasleak mindu zaitu.	Your teacher hurt you (your feelings).
Q: **Jonek ikusi nau tabernan?**	Did Jon see me in the bar?
Jonek ikusi al nau tabernan?	Did Jon see me in the bar?
A: **Ez, ez zaitu ikusi.**	No, he didn't see you.
Bai, ikusi zaitu.	Yes, he saw you.
Q:**Eta zuk? Ikusi nauzu?**	And you? Did you see me?
Eta zuk? Ikusi al nauzu?	And you? Did you see me?
A: **Ez, ez zaitut ikusi.**	No, I didn't see you.
Ez naiz tabernan egon.	I wasn't in the bar.
Bai, ikusi zaitut.	Yes, I saw you.
Asko edaten duzu.	You drink a lot.
Q: **Sendagileak ukituko nau?**	Will the doctor touch me?
Sendagileak ukituko al nau?	Will the doctor touch me?
A: **Ez, ez zaitu ukituko.**	No, she won't touch you.
Bai, ukituko zaitu.	Yes, she'll touch you.
Q: **Unibertsitatera eramango nauzu?**	Will you take me to the university?
Unibertsitatera eramango al nauzu?	Will you take me to the university?

A: **Bai, eramango zaitut.**	Yes, I'll take you.
Ez, ez zaitut eramango.	No, I won't take you.

Q: **Nora eramango nau psikiatrak?**	Where will the psychiatrist take me?

The question marker **al** is not used when a question word is present.

A: **Zoroetxera.**	To the insane asylum.
Zoroetxera eramango zaitu.	He'll take you to the mental hospital.
Psikiatrak zoroetxera eramango zaitu.	The psychiatrist will take you to the insane asylum.
Inora ez.	Nowhere. Not anywhere.
Inora ez zaitu eramango.	He won't take you anywhere.
Ez dauka kotxerik.	He doesn't have a car.

ACTIVITY 2.1 ■ SUBSTITUTION / TRANSFORMATION DRILL WITH NOR-NORK

Each model sentence that follows will contain an underlined object. Rewrite the sentence with the new object (provided in cues), making the necessary changes in the verb.

Model:

Amak haurrak ikusiko ditu ikastolan. Mother will see the children in school.

Cues:

ni	**Amak ni ikusiko nau ikastolan.**
zu	**Amak zu ikusiko zaitu ikastolan.**
klariona	**Amak klariona ikusiko du ikastolan.**
ikasleak	**Amak ikasleak ikusiko ditu ikastolan.**

Model:

Poliziek gizon bat harrapatu dute lapurretan. The police have caught a man stealing.

Cues:

zu	**Poliziek zu harrapatu zaituzte lapurretan.**
azafata batzuk	**Poliziek azafata batzuk harrapatu dituzte lapurretan.**
ni	**Poliziek ni harrapatu naute lapurretan.**
ekonomista	**Poliziek ekonomista harrapatu dute lapurretan.**

Model:

Nik inoiz ez <u>zaitut</u> jo! I have never hit you!

Cues:

txakur hori	**Nik inoiz ez dut txakur hori jo!**
legegizon horiek	**Nik inoiz ez ditut legegizon horiek jo!**
ordenadorea	**Nik inoiz ez dut ordenadorea jo!**
zu	**Nik inoiz ez zaitut jo!**

Model:

Zuk ez dituzu <u>patatak</u> ukituko? Did you not touch the potatoes?

Cues:

txintxarri hau	**Zuk ez duzu txintxarri hau ukituko?**
ni	**Zuk ez nauzu ukituko?**
kukijak	**Zuk ez dituzu kukijak ukituko?**
telebista	**Zuk ez duzu telebista ukituko?**

ACTIVITY 2.2 ■ RESPONDING IN THE NEGATIVE

Answer the following questions in Euskara <u>in the negative</u>. Remember, if the question asks about **zaitu** (you), you will answer with **nau** (me).

Model:

Apaizak entzun al zaitu? Did the priest hear you?

Response:

Ez, ez nau entzun. No, he didn't hear me.

Model:

Zuk eramango nauzu dendara? Will you take me to the store?

Response:

Ez, ez zaitut eramango. No, I won't take you.

1. **Sorgin honek ikusi al zaitu akelarrean?**
2. **Lagun hauek ekarriko zaituzte unibertsitatera?**
3. **Amak bainatuko al zaitu?**
4. **Dentistak ukitzen zaitu?**
5. **Azafatak entzun nau?**
6. **Poliziek harrapatuko al naute lapurretan?**
7. **Irakasleak klasetik botako nau?**
8. **Zuk ikusi al nauzu zinean?**

ACTIVITY 2.3 ■ DIRECTED TRANSLATION

Answer the following questions about who did what as directed. The English of your response is provided so that you may concentrate on structure.

1. **Nork harrapatu nau lapurretan?** The policeman caught you stealing.
2. **Nork ikusi zaitu akelarrean?** The witch saw me at the coven.
3. **Nork ikusi nau elizan?** The priest saw you at church.
4. **Nortzuek zaindu naute etxean?** Parents have taken care of you at home.
5. **Nortzuek esnatuko zaituzte bihar?** Friends will wake me tomorrow.

■ Ukan (nor-nork) with first- and second-person-plural objects gaitu / zaituzte ■

So far we have studied the **nor-nork** present-tense forms of **ukan** when the object of our sentence is **du** (he/she/it), **ditu** (them), **nau** (me), and **zaitu** (you, sing.). Now we're going to learn how to talk about **gaitu** (us) and **zaituzte** (you, pl.). Observe the following examples:

Q: **Irakasleak zinean ikusi gaitu?**	Did the teacher see us at the movies?
Irakasleak zinean ikusi al gaitu?	Did the teacher see us at the movies?
A: **Ez, ez zaituzte ikusi.**	No, he didn't see you (pl.). No, he hasn't seen you (pl.).
Bai, ikusi zaituzte!	Yes, he saw you (pl.)! Yes, he has seen you (pl.)!
Q: **Gure etsaiek gorrotatzen gaituzte?**	Do our enemies hate us?
Gure etsaiek gorrotatzen al gaituzte?	Do our enemies hate us?
A: **Bai, pixkat gorrotatzen gaituzte.**	Yes, they hate us a little bit.
Ez, ez gaituzte gorrotatzen.	No, they don't hate us.
Q: **Lapurrek jo zaituztete?**	Did the thieves hit you (pl.)?
Lapurrek jo al zaituztete?	Did the thieves hit you (pl.)?
A: **Bai, jo gaituzte!**	Yes, they hit us!
Ez, ez gaituzte jo.	No, they didn't hit us.
Q: **Zuek parkera eramango gaituzue?**	Will you (pl.) take us to the park?
Zuek parkera eramango al gaituzue?	Will you (pl.) take us to the park?
A: **Bai, eramango zaituztegu.**	Yes, we will take you (pl.).
Ez, ez zaituztegu parkera eramango.	No, we won't take you (pl.) to the park.

Now let's look at some comparisons of how the **nor-nork** forms differ from each other and how they are the same.

Main Verb	**Nor** Object	**Nork** Subject	English Equivalent
berak (he/she/it)			
joko	**zaituzte**		He/she/it *will hit* you [pl.]
	gaitu		He/she/it *will hit* us.
	zaitu		He/she/it *will hit* you.
	nau		He/she/it *will hit* me.
	ditu		He/she/it *will hit* them.
	du		He/she/it *will hit* him/her/it.
haiek (they)			
aukeratu	**zaituzte**	**-te.**	They *chose* you [pl.].
	gaitu	**-zte.**	They *chose* us.
	zaitu	**-zte.**	They *chose* you.
	nau	**-te.**	They *chose* me.
	ditu	**-zte.**	They *chose* them.
	du	**-te.**	They *chose* him/her/it.
nik (I)			
ikusten	**zaituzte**	**-t.**	I *see* you [pl.].
	zaitu	**-t.**	I *see* you.
	ditu	**-t.**	I *see* them.
	du	**-t.**	I *see* him/her/it.
zuk (you)			
entzun	**gaitu**	**-zu.**	You *heard* us.
	nau	**-zu.**	You *heard* me.
	ditu	**-zu.**	You *heard* them.
	du	**-zu.**	You *heard* him/her/it.
guk (we)			
ikusten	**zaituzte**	**-gu.**	We *see* you [pl.].
	zaitu	**-gu.**	We *see* you.
	ditu	**-gu.**	We *see* them.
	du	**-gu.**	We *see* him/her/it.
zuek (you, pl.)			
entzun	**gaitu**	**-zue.**	You [pl.] *heard* us.

nau	**-zue.**	You [pl.] *heard* me.
ditu	**-zue.**	You [pl.] *heard* them.
du	**-zue.**	You [pl.] *heard* him/her/it.

What the **nor-nork** forms have in common:

They use the same main verbs (***ikusten, entzun, aukeratu, joko, etc.***).

The main verb transmits the meaning.

The auxiliary verb tells us who the subject is and gives us information about the object (me, us, you [singular or plural], him, her, it, and them).

NOTE: Remember that Basque verbs don't like the **tute** combination, so the subject marker for "they" -**te** sometimes becomes -**zte** in order to avoid that sound. Also, some speakers use **zaitu** for the plural object "you."

ACTIVITY 2.4 ■ PROVIDING THE PROPER FORM OF THE AUXILIARY VERB

Normally in Euskara you do not include a pronoun to mark the object (as I have done here), but we'll use them as cues. The underlined word is the direct object.

1. **Nik zu ikusten ________________.**
2. **Haiek ni ez ________________ entzuten.**
3. **Zuek gu ikusiko ________________.**
4. **Banpiroak ni ez ________________ hilko.**
5. **Nik txakurrak zaintzen ________________.**
6. **Amak ni zaindu ________________.**
7. **Irakasleek zuek ezagutzen ________________?**
8. **Erraldoiak gu etxe gainean ipini ________________!**
9. **Aitak zuek unibertsitatera eramango ________________.**
10. **Otsoek ni harrapatu ________________!**
11. **Zuek bera ez ________________ besarkatu.**
12. **Zuk ni joko ________________.**

ACTIVITY 2.5 ■ PRACTICE WITH **NOR-NORK**

Provide English equivalents for the sentences in activity 2.4.

Reading

Banpiroak interesgarriak dira

Nire ustez, banpiroak oso interesgarriak dira. Gustatzen zaizkit banpiroei buruzko filmeak, eta gainera gustatzen zait banpiroei buruz hitz egitea. Beharbada, banpiroak mitoak dira. Ez dakit benetakoak diren ala ez. Baina Hollywood-eko mitologia interesatzen zait, eta asko dakit banpiroei buruz.

Adibidez, banpiroek hilkutxetan lo egiten dute. Denok hori dakigu. Baina banpiroei buruz hitz egiten dute hemezortzigarren mendeko liburuetan. Badakizu hori? Bai, egia da. Eta noski, Bram Stoker-ek liburu famatu bat idatzi zuen [past tense of **du**] **hemeretzigarren mendean. Liburu hori fikzioa da. Fikziozko liburuak "eleberriak" dira. Stoker-ek Drakula banpiroari buruz idatzi zuen. Stoker-en banpiroak eragin handia dauka Hollywood-eko filmetan.**

Banpiroek odola edaten dute, eta inoiz ez dute ardorik edaten! Gainera, ez dute besterik jaten. Haien etxeak batzuetan oso handiak dira, baina normalki banpiroek ez dituzte etxeak pintatzen, ez dituzte etxeak garbitzen. Haien etxeak ilunak dira, ez argitsuak. Ezkonduta al daude? Ez dakigu. Askotan emaztea hilik dago . . . baina banpiroa ere hilik dago, ezta?

Banpiroek jende ahula harrapatzen dute. Banpiro itsusiek atzaparrak dauzkate, eta batzuek begi gorriak dauzkate. Banpiro sexyek aurpegi polita daukate, eta aktore famatuek banpiroaren papera hartu nahi dute. Lehenengo banpiroak filmetan oso itsusiak ziren [past tense of **dira**]**. Azken urteetan banpiroak filmetan oso politak izan dira. Itsusiak nahiago al dituzu ala politak?**

Hitz eta esaldi berriak

mito	myth
mitologia	mythology
denok	we all, everyone
hemezortzigarren	eighteenth
mende	century
zuen	past tense of **du**, your (pl. poss.)
hemeretzigarren	nineteenth
fikzio	fiction
fikziozko	fictional
eleberri	novel
eragin	influence
argitsu	full of light, well lit
atzapar	claw
papera	role (in a movie or play)
nahiago	preferred, preference, to prefer
Zein margotakoak dira?	What color are they?
drogasaltzaile	drug dealer, seller of drugs
gainean	on top of
kontu	bill (for services)
hortz	tooth
klinika	clinic
hortz klinika	dental clinic
igerileku	swimming pool
polikiroldegi	municipal sports center
enplegu	employment
lurpeko	underground
pasagune	passage
gurutze	cross

ACTIVITY 2.6 ■ READING AND UNDERSTANDING

Find the answers to the following questions in the passage above.

1. **Zer ez dute edaten banpiroek?**
2. **Nolakoak dira banpiroen etxeak?**
3. **Gustatzen al zaie banpiroei etxeak pintatzea?**
4. **Normalki, banpiroak ezkonduta al daude?**
5. **Banpiroak hilik ala bizirik daude?**
6. **Nolako jendea harrapatzen dute banpiroek?**
7. **Zein margotakoak dira banpiro itsusien begiak?**
8. **Zer hartu nahi dute aktore famatuek?**

■ Asking indirect questions with question words ■

Do you ever want to ask a question but you're too timid or shy? Let George do it! Or in our case, let Gorka do it. This skill will allow us to form indirect questions of the type **Galdetu niri ikusi zaitudan** (Ask me if I saw you) as opposed to direct questions such as **Ikusi zaitut?** (Did I see you?).

Direct and indirect questions require different structures, in both English and Euskara. Euskara is easier, but since we already know English, it may not seem that way in the beginning. When we ask indirect questions in English, or questions that contain a subordinate clause, there may be no change in the subordinate clause, or we may have to change the word order or insert an "if":

Who killed the witch?
Ask me who killed the witch. [no change in subordinate clause]

Who is it?
Ask me who it is. [changed word order in subordinate clause]

She killed the witch.
Ask me if she killed the witch. [*if* is inserted in the subordinate clause]

Observe the following question types:

Direct	Does Xurga want to go?	**Xurgak joan nahi du?**
		Xurgak joan nahi al du?
Indirect	Ask him if he wants to go.	**Galdetu berari joan nahi duen.**
Direct	Who is it?	**Nor da?**
Indirect	Ask me who it is.	**Galdetu niri nor den.**
Direct	Will she eat with us?	**Gurekin jango du?**
		Gurekin jango al du?
Indirect	Ask them if she will eat with us.	**Galdetu haiei gurekin jango duen.**
Direct	Are the doctors going to the hospital?	**Sendagileak ospitalera doaz?**
		Sendagileak ospitalera al doaz?
Indirect	Ask her if the doctors are going to the hospital.	**Galdetu berari sendagileak ospitalera doazen** .

In Euskara, the subordinate clause is marked by adding the suffix -**n** (or -**en**) to the subordinate verb. If the verb is a compound verb (**egin dut, bizi da**), the suffix is added to the auxiliary verb, not the main verb. The word order in the secondary clause does not change.

The rules for adding -[**e**]**n** to the verb are the same as those for adding -[**e**]**lako.**

Q: **Nork hil du sorgina?**	Who killed the witch?
***Galdetu niri* nork hil du*EN* sorgina.**	Ask me who killed the witch.

Q: **Nor da?**	Who is it?
***Galdetu niri* nor d*EN*.**	Ask me who it is.
Q: **Berak hil du sorgina.**	She killed the witch. [Word order answers "Who killed the witch?"]
***Galdetu niri* hil du*EN* sorgina.**	Ask me if she killed the witch.
***Galdetu niri EA* hil du*EN* sorgina.**	Ask me if she killed the witch.

Notice the extra little word in that last example: **ea.** We translate it into English as *if* or *whether.* You do not need **ea,** and you should not use it when there is a question word in the secondary clause (**nor, nork, zer,** etc.). I include it here so you will know what it is if you run into it in reading or talking with your family. Here are a few more examples.

Q: **Zenbat irakasle dago?**	How many teachers are there?
***Galdetu niri* zenbat irakasle dago*en*.**	Ask me how many teachers there are.
Q: **Norekin bizi dira erizainak?**	Who do the nurses live with? With whom do the nurses live?
***Galdetu niri* norekin bizi dir*en* erizainak.**	Ask me who the nurses live with.
Q: **Londresetik datoz? Londresetik al datoz?**	Are they coming from London?
***Galdetu niri* Londresetik datoz*en*.**	Ask me if they're coming from London.
Q: **Haiekin hegaz egingo dut?**	Will I fly with them?
***Galdetu niri* haiekin hegaz egingo du*dan*.**	Ask me if I will fly with them.

Don't forget what happens to **dut, daukat,** and **dakit** when you add a suffix! The **-t** becomes **-da,** and then the suffix is appended.

ACTIVITY 2.7 ■ CREATING INDIRECT QUESTIONS

Rewrite the following direct questions as indirect questions, using the main clause **Galdetu niri . . .** "Ask me . . ." and attaching either **-n** or **-en** to the appropriate subordinate verb, as required.

Direct question:

Nor dago klasean? Who is in the class?

Indirect question:

Galdetu niri nor dagoen klasean. Ask me who is in the class.

1. **Nora joango dira?**
2. **Zer jango dute?**
3. **Non lo egingo dute?**
4. **Jon eserita al dago?**
5. **Xurgak hilkutxa berri bat behar du?**
6. **Edurnek dirua al dauka?**
7. **Drogasaltzaileek drogak dauzkate?**
8. **Etorriko al naiz?**
9. **Europara hegaz egingo duzue?**
10. **Oinez al goaz?**
11. **Lagun xarmagarria daukat?**
12. **Zein egunkari irakurriko dut?**

ACTIVITY 2.8 ■ COMPREHENSION / TRANSLATION

Let's make sure we know what we are reading. Here are some indirect questions in Euskara. Give the English equivalents.

1. **Galdetu niri Mertxek kalean ikusiko nauen.**
2. **Galdetu Joni ea Beltz txakur ona den.**
3. **Galdetu poliziari kotxea gidatu ahal dugun.**
4. **Galdetu niri nora joango garen.**
5. **Galdetu poliziari banpiroak kale honetan dauden.**
6. **Galdetu Joni drogasaltzaileak hilko gaituen.**

7. **Galdetu niri nortzuk diren hirugarrenak.**
8. **Galdetu erraldoiari ea etxe gainean ipiniko zaituen.**
9. **Galdetu niri nork dakien errusieraz.**
10. **Galdetu Joni aktore famatu horiek pozik egongo diren dirurik gabe.**

ACTIVITY 2.9 ■ CHANGING INDIRECT QUESTIONS TO DIRECT QUESTIONS

Now let's reverse the process we employed in activity 2.7. Below are the indirect questions you just gave English equivalents for. Provide the direct question in Euskara.

1. **Galdetu niri Mertxek kalean ikusiko nauen.**
2. **Galdetu Joni ea Beltz txakur ona den.**
3. **Galdetu poliziari kotxea gidatu ahal dugun.**
4. **Galdetu niri nora joango garen.**
5. **Galdetu poliziari banpiroak kale honetan dauden.**
6. **Galdetu Joni drogasaltzaileak hilko gaituen.**
7. **Galdetu niri nortzuk diren hirugarrenak.**
8. **Galdetu erraldoiari ea etxe gainean ipiniko zaituen.**
9. **Galdetu niri nork dakien errusieraz.**
10. **Galdetu Joni aktore famatu horiek pozik egongo diren dirurik gabe.**

ACTIVITY 2.10 ■ COMPREHENSION / TRANSLATION

Give English equivalents for the following:

1. **Errusieraz irakurtzen dakizu? Nik ez.**
2. **Lagunekin egon ahal dut, xarmagarria izan gabe.**
3. **Galdetu amonari ea aitonak euskaraz hitz egiten duen.**
4. **Nola zoazte Euskadira, oinez ala hegazkinez?**
5. **Xurga banpiroak telefonoz hitz egiten du, hilkutxatik irten gabe.**

6. **Gustatzen al zaizu garagardoa? Ba al dago garagardo nahikoa sukaldean?**
7. **Badakit zer gertatu den ikasgelan, han egon gabe.**
8. **Galdetu berari zinean ikusi nauen.**

Answering a question with **Ez dakit . . . -[e]n** (I don't know . . .)

Now that we have learned to ask indirect questions, we should have no problem responding with "I don't know" and a subordinate clause. Let's look at some questions formed with question words. If you are not completely comfortable with all these question words, make yourself a set of flash cards (Euskara on the front, English on the back) and practice them three times a day until they are second nature.

Nor zara zu?	Who are you?
Nor da?	Who is it?
Nork dauka?	Who has it?
Norekin bizi dira?	Who do they live with? (With whom do they live?)
Norena da kotxea?	Whose car is it? (Whose is the car?)
Norenak dira motxilak?	Whose backpacks are they? (Whose are the backpacks?)
Non bizi zara?	Where do you live?
Non bizi da?	Where does she live?
Nondik gatoz?	Where are we coming from?
Nora goaz?	Where are we going?
Zer zara?	What are you?
Zer da?	What is it?
Zer daukate haiek?	What do they have?
Zenbat gara?	How many of us are there? How many are we?
Zenbat da?	How much is it? (price)

Sometimes in real life, of course, we just don't know the answer. Observe the following:

Q: **Nor da gizon altu hori?**	Who is that tall man?
A: **Ez dakit.**	I don't know.
Ez dakit nor den.	I don't know who he is.
Q: **Nork dauka kontua?**	Who has the bill?
A: **Ez dakit.**	I don't know.
Ez dakit nork daukan.	I don't know who has it.
Ez dakit nork daukan kontua.	I don't know who has the bill.
Q: **Nor bizi da tren geltoki ondoan?**	Who lives next to the train station?
A: **Ez dakit.**	I don't know.
Ez dakit nor bizi den han.	I don't know who lives there.
Ez dakit nor bizi den tren geltoki ondoan.	I don't know who lives next to the train station.
Q: **Norena da kotxea?**	Whose car is it? (Whose is the car?)
A: **Ez dakit.**	I don't know.
Ez dakit norena den.	I don't know whose it is.
Ez dakit norena den kotxea.	I don't know whose car it is.
Q: **Norenak dira motxilak?**	Whose backpacks are they? (Whose are the backpacks?)
A: **Ez dakit norenak diren.**	I don't know whose they are.
Q: **Nor dator?**	Who is coming?
A: **Ez dakit nor datorren.**	I don't know who is coming.

Did you remember that when a word ends in **-r** and a suffix is added, you must double the **-r**? For example, **dator** becomes **datorren.**

ACTIVITY 2.11 ■ ANSWERING QUESTIONS

Answer each of the following questions with **Ez dakit . . . -[e]n** (I don't know . . .) Make sure your answer contains the original question. (We are practicing affixing the suffix to the subordinate verb.)

1. **Norengana goaz?**
2. **Non bizi zara?** (Pretend you have amnesia . . . answer "I don't know where I live." Your subordinate verb form will change from the "you" form to the "I" form.)
3. **Non bizi da Edurne?**
4. **Nondik datoz?**
5. **Nora zoazte?** (Answer number 5 as "I don't know where <u>we</u> are going.")
6. **Zergatik daude hemen elefanteak?**
7. **Zein pozoi erosiko du sorginak?**
8. **Zenbat gara?** (In number 8, the question is How many of us are there? How many are we? . . . Answer "I don't know how many we are.")
9. **Nortzuk joan dira hortz klinikara?**
10. **Non dago igerilekua?**

Now let's practice with some "yes or no" questions, that is, questions that contain no question word.

Q: **Kamioirik daukate?**	Do they have a truck?
A: **Ez dakit.**	I don't know.
Ez dakit kamioirik daukaten.	I don't know if they have a truck.
Ez dakit daukaten <u>ala ez</u>.	I don't know if they have one <u>or not</u>.
Q: **Polikiroldegira doaz?**	Are they going to the municipal sports center?
Polikiroldegira al doaz?	Are they going to the municipal sports center?

A: **Ez dakit.**	I don't know.
Ez dakit polikiroldegira doazen.	I don't know if they are going to the municipal sports center.
Ez dakit doazen ala ez.	I don't know if they are going or not.

Did you remember the little question word **al**? Notice in the examples above that the question translates the same in English whether you use **al** or not. Be careful not to confuse **al** with **ala** (or), which appears in some of the answers. Neither **al** nor **ala** is related to the verb **ahal** (can).

We can also ask "Do you know who I am?" "Do you know what I have?" and answer those questions as well.

Q: **Badakizu nor naizen?**	Do you know who I am?
A: **Ez, ez dakit nor zaren.**	No, I don't know who you are.
Bai, badakit nor zaren.	Yes, I do know who you are.

Q: **Badakizu zer daukadan?**	Do you know what I have?
A: **Bai, badakit zer daukazun.**	Yes, I know what you have.
Ez, ez dakit zer daukazun.	No, I don't know what you have.

ACTIVITY 2.12 ■ PRACTICING WITH EZ DAKIGU . . . -[E]N (WE DON'T KNOW [IF] . . .)

Answer the following questions and include the question in your answer in the form of a subordinate clause.

Model:

Turismo bulegoa hurbil dago? Is the tourist office close by?

Responses:

Ez dakigu turismo bulegoa hurbil dagoen.

or

Ez dakigu turismo bulegoa hurbil dagoen ala ez.

or

Ez dakigu hurbil dagoen ala ez.

1. **Kreditu-txartelak dauzkate?**
2. **Kutxa hori sorginarena da?**
3. **Banpiroak enplegu bulegora al doaz?**
4. **Lurpeko pasaguneak luzeak dira?**
5. **Gurutze Gorriak diru asko dauka?**
6. **Hoteleko komunak garbi al daude?**

Responding to **Zer uste duzu?** (What do you think?) with **Nire ustez** (In my opinion . . .)

We learned in *Aurrera!* vol. 1 (p. 329), to make indirect statements with -**[e]la uste dut** "I think that . . ." We can also express an opinion *without* using the subordination marker -**[e]la** by employing the phrase **Nire ustez** "in my opinion." When you use **Nire ustez . . .** you simply follow it with a statement. No suffixes are necessary.

Remember the construction -**ari buruz** "about"? Here is an opportunity to practice it again. Observe the following examples:

Q: **Zer uste duzu film honi buruz?**	What do you think about this movie?
A: **Nire ustez, oso barregarria da.**	In my opinion, it's very funny.
Nire ustez, oso film hunkigarria da.	In my opinion, it's a very moving film.
Ez zait gustatzen!	I don't like it!

Q: **Zer uste duzu politikari buruz?**	What do you think about politics?
A: **Ez zait interesatzen.**	It doesn't interest me.
Politika ez zait interesatzen.	Politics doesn't interest me.
Nire ustez, aspergarria da.	In my opinion, it's boring.

Q: **Nire ustez, zaldiak ederrak dira. Zer uste duzu?**
In my opinion, horses are beautiful. What do you think?
A: **Nire ustez, handi eta zikinak dira.**
In my opinion, they are big and dirty.
Q: **Zure ustez, txakurrak katuak baino adimentsuagoak dira?**

Zure ustez, txakurrak katuak baino adimentsuagoak al dira?

In your opinion, are dogs smarter than cats?

A: **Nire ustez, biak adimentsuak dira.**

In my opinion, both are smart.

Nire ustez, katuak txakurrak baino adimentsuagoak dira!

In my opinion, cats are smarter than dogs!

Ez dakit zein den adimentsuagoa.

I don't know which is more intelligent.

Ibili (nor) in the present indicative

Although this verb literally means "to walk," it is most often used colloquially as a substitute for "to be" in expressions such as "how are you?" and "how goes it?" It occurs frequently enough that we should be familiar with it. This will allow us to ask **Zelan zabiltza?** "How's it going?" or "How are you doing?" and respond appropriately.

(ni) nabil	I walk, I'm walking
(zu) zabiltza	you walk, you're walking
(hi) habil	you walk (familiar)
(bera) dabil	she walks, he's walking
(gu) gabiltza	we walk, we're walking
(zuek) zabiltzate	you (pl.) walk, you're walking
(haiek) dabiltza	they walk, they're walking

Another way to visualize the conjugation of **ibili** is presented below.

Singular		Plural	
nabil		**gabiltza**	
dabil		**dabiltza**	
[habil]	**zabiltza**		**zabiltzate**

In Bizkaia and parts of Gipuzkoa, there is no final -**a** on **gabiltza, zabiltza,** and **dabiltza.** They are pronounced simply **gabiltz, zabiltz,** and **dabiltz.** If your family uses these forms, then you will want to use them also. These different usages are not incorrect, but rather dialectal.

Now that we know the present-tense synthetic forms of **ibili,** it's a good time to review the verbs **egon, joan,** and **etorri** from *Aurrera!* vol. 1 (pp. 36–37, 136–37, 157 respectively), and to remind ourselves that these verbs are almost never used in the present progressive. When we want to express the present progressive meaning of something happening right now, we will use the present-tense synthetic forms of these verbs.

ACTIVITY 2.13 ■ REVIEWING **EGON, JOAN, AND ETORRI**

The following sentences are written in the recent past tense. Rewrite the underlined verbs in the present tense, using appropriate forms of **egon, joan,** and **etorri.** Then give the English equivalent of each sentence in the present tense.

1. **Kirolari sexya Parisera <u>joan da</u>.**
2. **Saltzaile burusoil hori gerentearengandik <u>etorri da</u>.**
3. **Emagaldu lotsagabe hau hondartzan <u>egon da</u>.**
4. **Lindaren txakurrak parkera <u>joan dira</u>.**
5. **Gu ikasgelatik <u>etorri gara</u>.**
6. **Zuek abokatu xarmagarriarengandik <u>etorri zarete</u>.**
7. **Ni banpiroaren hilkutxan <u>egon naiz</u>.**
8. **Jon eta Miren emakume dibortziatuaren etxean <u>egon dira</u>.**
9. **Emagalduak kale honetatik <u>etorri dira</u>.**
10. **Zu ilargira <u>joan zara</u>, ez da?**
11. **Ni sorginaren kobazulora <u>joan naiz</u>, pozoia behar dudalako.**
12. **Gu <u>ez gara</u> Londresetik <u>etorri</u>.**
13. **Zuek <u>ez zarete</u> zinean <u>egon</u>!**

■ Using **-(e)nean** to express "when, while" ■

This suffix attaches to the verbs we've learned thus far in the same way -**[e]lako** (because) attaches to them.

	IZAN	*EGON*	*JOAN*	*ETORRI*
ni	**naizenean**	**nagoenean**	**noanean**	**natorrenean**
bera	**denean**	**dagoenean**	**doanean**	**datorrenean**
zu	**zarenean**	**zaudenean**	**zoazenean**	**zatozenean**
gu	**garenean**	**gaudenean**	**goazenean**	**gatozenean**
zuek	**zaretenean**	**zaudetenean**	**zoaztenean**	**zatoztenean**
haiek	**direnean**	**daudenean**	**doazenean**	**datozenean**

	JAKIN	*UKAN*	*EDUKI*
nik	**dakidanean**	**dudanean**	**daukadanean**
berak	**dakienean**	**duenean**	**daukanean**
zuk	**dakizunean**	**duzunean**	**daukazunean**
guk	**dakigunean**	**dugunean**	**daukagunean**
zuek	**dakizuenean**	**duzuenean**	**daukazuenean**
haiek	**dakitenean**	**dutenean**	**daukatenean**

Let's not forget that **jakin, ukan,** and **eduki** have different stems when they reflect a plural object. Here are the plural-object forms with -[**e**]**nean.**

	JAKIN	*UKAN*	*EDUKI*
nik	**dakizkidanean**	**ditudanean**	**dauzkadanean**
berak	**dakizkienean**	**dituenean**	**dauzkanean**
zuk	**dakizkizunean**	**dituzunean**	**dauzkazunean**
guk	**dakizkigunean**	**ditugunean**	**dauzkagunean**
zuek	**dakizkizuenean**	**dituzuenean**	**dauzkazuenean**
haiek	**dakizkitenean**	**dituztenean**	**dauzkatenean**

This suffix attaches in like manner to the newest forms of **ukan** that we have studied, those with first- and second-person objects.

nik	**zaitudanean**	**(zaitut + nean = zaitudanean)**
nik	**zaituztedanean**	**(zaiztuztet + nean = zaituztedanean)**

berak	**nauenean**
berak	**zaituenean**
berak	**zaituztenean**
berak	**gaituenean**
zuk	**nauzunean**
zuk	**gaituzunean**
zuek	**nauzuenean**
zuek	**gaituzuenean**
guk	**zaitugunean**
guk	**zaituztegunean**

Q: **Nor dago haurrekin, anbulatorioan zaudenean?**

Who is with the children while you are at the clinic?

A: **Ama dago haurrekin, anbulatorioan nagoenean.**

Mother is with the children while I'm at the clinic.

Ama dago.

Mother is.

Josten dudanean, Mikelek lisatzen du.

While I am sewing, Mikel irons.

Mikelek prakak lisatzen dituenean, guk irakurtzen dugu.

While Mikel irons the trousers, we read.

Guk irakurtzen dugunean, haiek elizara doaz.

While we read, they go to church.

Haiek elizara doazenean, zuek kamioia garbitzen duzue.

While they go to church, you all clean the truck.

Xurga banpiroa lo egiten ari denean, Goxok pozoia saltzen du.

When Xurga the vampire is sleeping, Goxo sells poison.

Indiara zoazenean, Disneylandian egongo naiz.

When you go to India, I will be in Disneyland.

ACTIVITY 2.14 ■ USING THE SUFFIX -[E]NEAN (WHEN, WHILE)

Combine the following pairs of sentences into one long sentence. Give English equivalents of your compound sentences.

Cues:

Gasolindegira zoaz. Pasaporteak aurkituko ditut.

Response:

Gasolindegira zoazenean, pasaporteak aurkituko ditut.

While you are going to the gas station, I will find the passports.

1. **Ordenadorea daukat. Gutuna frantsesez idatziko dut.**
2. **Haurrek ohea egiten dute. Merkatura noa.**
3. **Komisaldegian zaude. Telebista ikusiko dugu.**
4. **Denbora daukazu. Kutxara goaz.**
5. **Gonak lisatzen ari dira. Betaurrekoak erosiko ditugu.**
6. **Banpiroa hilkutxan dago. Sorginak erratzez hegaz egiten du.**

ANSWERS

ENGLISH EQUIVALENT OF **LAPURREK EZ NAUTE IKUSI** (THE THIEVES DIDN'T SEE ME)

1. Thieves have stolen Goxo's cookies.
2. Goxo is looking for them.
3. She sees a boy in the street and speaks with him.
4. GOXO: Excuse me! Were you at the tourism office at three o'clock?
5. I saw you there.
6. THE BOY: No, you're mistaken. You didn't see me.
7. At three o'clock I was in school.
8. G: Well, I saw you at four o'clock.
9. You work at the movie theater, don't you? I smelled you at the theater.
10. B: I'm eight years old. I don't work.

11. Maybe you smelled me because I go to the movies sometimes.
12. But I think that I know you.
13. You live in a cave, don't you?
14. G: (confused) Yes, I live in a cave.
15. B: You are the witch from the cave! And I saw you in the forest!
16. Mother and I were taking a walk in the forest.
17. We saw some suspicious men in front of the cave.
18. In their hands, [they had] cookies.
19. We saw them, but they didn't see us.
20. G: They took my cookies. Do you know where those men are?
21. B: Yes, I do! Cookies are important.
22. Let's go catch the thieves.

ACTIVITY 2.2 ■ RESPONDING IN THE NEGATIVE

1. **Ez, sorgin honek ez nau ikusi akelarrean.**
2. **Ez, lagun hauek ez naute ekarriko unibertsitatera.**
3. **Ez, amak ez nau bainatuko.**
4. **Ez, dentistak ez nau ukitzen.**
5. **Ez, azafatak ez zaitu entzun.**
6. **Ez, poliziek ez zaituzte harrapatuko lapurretan.**
7. **Ez, irakasleak ez zaitu klasetik botako.**
8. **Ez, nik ez zaitut ikusi zinean.**

ACTIVITY 2.3 ■ DIRECTED TRANSLATION

1. **Poliziak harrapatu zaitu lapurretan.**
2. **Sorginak ikusi nau akelarrean.**
3. **Apaizak ikusi zaitu elizan.**
4. **Gurasoek zaindu zaituzte etxean.**
5. **Lagunek esnatuko naute bihar.**

ACTIVITY 2.4 ■ PROVIDING THE PROPER FORM OF THE AUXILIARY VERB

1. **Nik ikusten zaitut.**
2. **Haiek ez naute entzuten.**

3. **Zuek ikusiko gaituzue.**
4. **Banpiroak ez nau hilko.**
5. **Nik txakurrak zaintzen ditut.**
6. **Amak zaindu nau.**
7. **Irakasleek ezagutzen zaituztete?**
8. **Erraldoiak etxe gainean ipini gaitu.**
9. **Aitak unibertsitatera eramango zaituzte.**
10. **Otsoek harrapatu naute!**
11. **Zuek ez duzue besarkatu.**
12. **Zuk joko nauzu.**

ACTIVITY 2.5 ■ PRACTICE WITH **NOR-NORK**

1. I see you.
2. They do not listen to me. They do not hear me.
3. You (pl.) will see us.
4. The vampire will not kill me.
5. I take care of the dogs.
6. Mother has taken care of me.
7. Do the teachers know you (pl.)?
8. The giant has put us on top of the house.
9. Father will take you (pl.) to the university.
10. The wolves have caught me!
11. You (pl.) have not hugged him/her.
12. You will hit me.

ENGLISH EQUIVALENT OF **BANPIROAK INTERESGARRIAK DIRA** (VAMPIRES ARE INTERESTING)

In my opinion, vampires are very interesting. I like films about vampires, and furthermore I like talking about vampires. Perhaps vampires are a myth. I don't know if they are real or not. But Hollywood mythology interests me, and I know a lot about vampires.

For example, vampires sleep in coffins. We all know that. But they talk about vampires in books from the eighteenth century. Do you know that? Yes, it's true. And of course, Bram Stoker wrote a famous book in the nineteenth century. That book is fiction. Fictional books are "novels." Stoker wrote about the vampire Dracula. Stoker's vampire has a great influence on Hollywood movies.

Vampires drink blood, and they never drink wine! Furthermore, they don't eat anything else. Their houses are sometimes very large, but normally vampires do not paint their houses, [and] they do not clean their houses. Their houses are dark, not filled with light. Are they married? We don't know. Often the wife is dead . . . but the vampire is also dead, isn't he?

Vampires catch weak people. Ugly vampires have claws, and some have red eyes. Sexy vampires have handsome faces, and famous actors want to take the role of the vampire. The first vampires in movies were very ugly. In the last few years, vampires have been very handsome in movies. Do you prefer the ugly ones or the handsome ones?

ACTIVITY 2.6 ■ READING AND UNDERSTANDING

1. What do vampires not drink? **Ez dute ardorik edaten.**
2. What are vampires' houses like? **Haien etxeak batzuetan oso handiak dira.**
3. Do vampires like painting their houses? **Ez, ez zaie etxeak pintatzea gustatzen.**
4. Normally, are vampires married? **Ez dakigu.**
5. Are vampires dead or alive? **Hilik daude.**
6. What kind of people do vampires capture? **Jende ahula harrapatzen dute.**
7. What color are ugly vampires' eyes? **Gorriak dira.**
8. What do famous actors want to take? **Banpiroaren papera hartu nahi dute.**

ACTIVITY 2.7 ■ CREATING INDIRECT QUESTIONS

1. **Galdetu niri nora joango diren.**
2. **Galdetu niri zer jango duten.**
3. **Galdetu niri non lo egingo duten.**
4. **Galdetu niri Jon eserita dagoen.**

5. **Galdetu niri Xurgak hilkutxa berri bat behar duen.**
6. **Galdetu niri Edurnek dirua daukan.**
7. **Galdetu niri drogasaltzaileek drogak dauzkaten.**
8. **Galdetu niri etorriko naizen.**
9. **Galdetu niri Europara hegaz egingo duzuen.**
10. **Galdetu niri oinez goazen.**
11. **Galdetu niri lagun xarmagarria daukadan.**
12. **Galdetu niri zein egunkari irakurriko dudan.**

ACTIVITY 2.8 ■ COMPREHENSION / TRANSLATION

1. Ask me if Mertxe will see me in the street.
2. Ask Jon if Beltz is a good dog.
3. Ask the policeman if we can drive the car.
4. Ask me where we will go.
5. Ask the policeman if there are vampires on/in this street.
6. Ask Jon if the drug dealer will kill us.
7. Ask me who the third ones are.
8. Ask the giant if he will put you on top of the house. (This is not the same as "Request that the giant put you on top of the house.")
9. Ask me who knows Russian.
10. Ask Jon if those famous actors will be happy without money.

ACTIVITY 2.9 ■ CHANGING INDIRECT QUESTIONS TO DIRECT QUESTIONS

1. **Mertxek kalean ikusiko zaitu?** (Will Mertxe see you in the street?)
   Mertxek kalean ikusiko al zaitu? (Will Mertxe see you in the street?)
2. **Beltz txakur ona da?**
3. **Kotxea gidatu ahal dugu?**
4. **Nora joango gara? Nora joango zarete?**
5. **Banpiroak kale honetan daude?**
6. **Drogasaltzaileak hilko gaitu? Hilko zaituzte?**
7. **Nortzuk dira hirugarrenak?**
8. **Etxe gainean ipiniko nauzu?** (Will you put me on top of the house?)

9. **Nork daki errusieraz?**
10. **Aktore famatu horiek pozik egongo dira dirurik gabe?**

ACTIVITY 2.10 ■ COMPREHENSION / TRANSLATION

1. Do you know how to read Russian? I don't.
2. I can be with friends without being charming.
3. Ask [your] grandmother if [your] grandfather speaks Basque.
4. How are you (pl.) going to Euskadi, on foot or by plane?
5. Xurga the vampire talks on the telephone without leaving [his] coffin.
6. Do you like beer? Is there enough beer in the kitchen?
7. I do know what happened in the classroom without being there.
8. Ask him/her if he/she saw me in the theater.

ACTIVITY 2.11 ■ ANSWERING QUESTIONS

1. **Ez dakit norengana goazen. Ez dakit norengana zoazten.**
2. **Ez dakit non bizi naizen.**
3. **Ez dakit non bizi den.**
4. **Ez dakit nondik datozen.**
5. **Ez dakit nora goazen.**
6. **Ez dakit zergatik dauden hemen.**
7. **Ez dakit zein pozoi erosiko duen.**
8. **Ez dakit zenbat garen.**
9. **Ez dakit nortzuk joan diren hortz klinikara.**
10. **Ez dakit non dagoen.**

ACTIVITY 2.12 ■ PRACTICING WITH EZ DAKIGU . . . -[E]N (WE DON'T KNOW [IF] . . .)

1. **Ez dakigu kreditu-txartelak dauzkaten.**
2. **Ez dakigu kutxa hori sorginarena den ala ez.**
3. **Ez dakigu banpiroak enplegu bulegora doazen.**
4. **Ez dakigu lurpeko pasaguneak luzeak diren.**
5. **Ez dakigu Gurutze Gorriak diru asko daukan ala ez.**
6. **Ez dakigu hoteleko komunak garbi dauden.**

ACTIVITY 2.13 ■ REVIEWING EGON, JOAN, AND ETORRI

1. **Kirolari sexya Parisera doa.**
   The sexy athlete is going to Paris.
2. **Saltzaile burusoil hori gerentearengandik dator.**
   That bald salesman is coming from the manager's (house or office).
3. **Emagaldu lotsagabe hau hondartzan dago.**
   This shameless prostitute is on the beach.
4. **Lindaren txakurrak parkera doaz.**
   Linda's dogs are going to the park.
5. **Gu ikasgelatik gatoz.**
   We are coming from the classroom.
6. **Zuek abokatu xarmagarriarengandik zatozte.**
   You (pl.) are coming from the charming lawyer's (house or office).
7. **Ni banpiroaren hilkutxan nago.**
   I am in the vampire's coffin.
8. **Jon eta Miren emakume dibortziatuaren etxean daude.**
   Jon and Miren are in the house of the divorced woman.
9. **Emagalduak kale honetatik datoz.**
   The prostitutes are coming from this street.
10. **Zu ilargira zoaz, ez da?**
    You are going to the moon, right?
11. **Ni sorginaren kobazulora noa, pozoia behar dudalako.**
    I am going to the witch's cave because I need poison.
12. **Gu ez gatoz Londresetik.**
    We are not coming from London.
13. **Zuek ez zaudete zinean!**
    You (pl.) are not at the theater!

ACTIVITY 2.14 ■ USING THE SUFFIX -[E]NEAN (WHEN, WHILE)

1. **Ordenadorea daukadanean, gutuna frantsesez idatziko dut.**
   When I have the computer, I will write a letter in French.

2. **Haurrek ohea egiten dutenean, merkatura noa.**
   While the children are making the bed, I will go to the market.
3. **Komisaldegian zaudenean, telebista ikusiko dugu.**
   While you are at the police station, we will watch television.
4. **Denbora daukazunean, kutxara goaz.**
   When you have time, we're going to the bank.
5. **Gonak lisatzen ari direnean, betaurrekoak erosiko ditugu.**
   While they are ironing the skirts, we will buy sunglasses.
6. **Banpiroa hilkutxan dagoenean, sorginak erratzez hegaz egiten du.**
   While the vampire is in his coffin, the witch flies on her broom.

CHAPTER THREE

Who Gave You the Invitation?

Dialogue

Nork eman dizu gonbidapena?

1. GOXO: **Non daude belarritakoak? A, hemen. Baina ez dut eraztuna ikusi.**
2. XURGA: **Berandu dago, Goxo. Prest zaude joateko?**
3. G: **Ia-ia. Bitartean, esaidazu zerbait Lidia otsogizonari buruz.**
4. X: **Hor dago eskumuturrekoa, ohean.**
5. **Beno, zer jakin nahi duzu Lidiari buruz?**
6. G: **Aukeran deskribapena . . .**
7. X: **Oso emakume dotorea da. Pixkat iletsua.**
8. **Lanpara baino handiagoa da.**
9. G: **Ja, ja. Oso barregarria. Ezkonduta dago?**
10. X: **Ez. Dibortziatuta dago.**
11. **Senar ohiak dirua ematen dio.**
12. **Turismo bulegoko enplegatua da Lidia, eta dirua behar du.**
13. **Oso lanbide apala da.**
14. G: **Nolakoa da? Gorputzeko ezaugarriak jakin nahi ditut.**
15. X: **Ilehoria da, argala, polita. Lidia zu baino altuagoa da.**
16. G: **(ilea apaintzen) Nork eman dizu gonbidapena?**
17. X: **Lidiak eman dit.**

Afaria Lidiaren etxean izango da, gonbidatuentzat soilik.

■ Hitz berri eta zaharrak ■

eraztun	ring
belarritakoak	earrings

berandu	late
ia-ia	almost
bitartean	meanwhile, in the meantime
esaidazu	tell me
eskumuturreko	bracelet
aukeran	perhaps
beharbada	maybe perhaps
deskribapen	description
dotore	elegant, smart-looking
iletsu	hairy
lanpara	lamp
egoera	situation, status
egoera zibil	marital status [civil status]
dibortziatuta dago	he's/she's divorced
ezkongaia naiz	I'm single [lit.: I'm material for marriage]
ohi	past, ex
emazte ohi	ex-wife
senar ohi	ex-husband
enplegatu	employee
lanbide	profession
apal	humble
ezaugarriak	characteristics
gorputzeko	physical
apaindu	to decorate, to fix or dress (hair)
gonbidapen	invitation
gonbidatuentzat soilik	by invitation only (only for invited people)
lege	law
Egun on!	Good day! Good morning!
arratsalde	afternoon
arratsaldean	in the afternoon
Arratsalde on!	Good afternoon!

horixe bera	just that
sagu	mouse
untxi	rabbit
baino	than
untxia baino handiagoa	bigger than the rabbit
txerri	pig
gamelu	camel
hipopotamo	hippopotamus
ardi	sheep
oilo	chicken
behi	cow
tigre	tiger
lehoi	lion
jator	fine, decent, upstanding, nice (people)
betaurrekoak	eyeglasses
distiratsu	shiny
otso	wolf

Ukan (nor-nori-nork / "what-to whom-who") forms **dio / die**

As we continue to learn about the transitive auxiliary verb **ukan,** we discover that it contains a great deal more information than the conjugated forms of the English verb "to have." The forms we are about to study will contain information about the direct object (**nor** or **zer**), the indirect object (**nori**), and the subject (**nork**). The descriptive phrase for **ukan** used in most Basque grammars and textbooks is **nor-nori-nork,** but be aware that some texts use **zer-nori-nork** because the direct object is usually a thing, responding to the question word **zer,** although it can also be a person, responding to the question word **nor.**

These **nor-nori-nork** forms will allow us to ask and answer questions of the type **Zer eman diozu?** (What did you give him/her?)

Thus far, the sentences we can make with the auxiliary verb **ukan** have been limited to those with direct objects, as illustrated below.

Cameronek kotxea erosiko du.	Cameron will buy the car.
Eraztuna erosi dut.	I bought the ring.
Irakurri duzu ipuina?	Did you read the story?
Jonek eta Edurnek ez dute gutunik idatziko.	Jon and Edurne will not write a letter.
Urtero dirua ematen dugu.	Every year we give money.

The direct objects are the items in the above sentences that answer the questions "What did you buy?" "What did you read?" "What will Jon and Edurne write?" and "What do we give?"

Now we are going to learn how to answer the questions "For whom did you buy the ring?" "To whom did you read the story?" "To whom did they write the letter?" and "To whom do we give money every year?" If these questions sound stilted in American English, that's because we almost never use these forms in colloquial conversation anymore. We say, "Who did you buy the ring for?" "Who did you read the story to?" "Who did they write the letter to?" and "Who do we give money to every year?" Throughout the coming lessons, "to whom" and "for whom" will be used as question cues for the indirect object because they are grammatically correct and they correspond more closely to their equivalent responses "to him," "to her," and "to them." Colloquial equivalents may also be supplied.

Observe the following examples:

Nik eraztuna erosi dut.	I bought a ring.
Nik eraztuna erosi diot.	I bought a ring for her (or him). I bought him (or her) a ring.
Nik eraztuna erosi diet.	I bought a ring for them. I bought them a ring.

The only changes are in the auxiliary verb, but a great deal of information is added to the sentence. Here's what the question looks like:

Nori?	To whom? For whom?
Nori erosi diozu eraztuna?	For whom did you buy the ring? Who did you buy the ring for?

Some one-word answers might include:

berari	for him, for her, to him, to her
haiei	for them, to them
zuri	for you, to you
guri	for us, to us
zuei	for you all, to you all
niri	for me, to me

Read the following examples aloud. Notice how the cues in parentheses direct the change in the auxiliary verb. Read through these examples several times before moving on to activity 3.1.

Model:

Cameronek kotxea erosiko du. Cameron will buy the car.

Cues:

(berari)	**Cameronek kotxea erosiko dio.** Cameron will buy the car for her.
(haiei)	**Cameronek kotxea erosiko die.** Cameron will buy the car for them.

Model:

Nik eraztuna erosi dut. I bought the ring.

Cues:

(berari)	**Nik eraztuna erosi diot.** I bought the ring for him.
(haiei)	**Nik eraztuna erosi diet.** I bought the ring for them.

Model:

Irakurri duzu ipuina? Did you read the story?

Cues:

(berari)	**Irakurri diozu ipuina?** Did you read the story to her? (to him?)
(haiei)	**Irakurri diezu ipuina?** Did you read the story to them?

Model:

Jonek eta Edurnek ez dute gutunik idatzi. Jon and Edurne will not write a letter.

Cues:

(berari)	**Jonek eta Edurnek ez diote gutunik idatzi.** Jon and Edurne will not write a letter to him (to her).
(haiei)	**Jonek eta Edurnek ez diete gutunik idatzi.** Jon and Edurne will not write a letter to them.

Model:

Urtero dirua ematen dugu. Every year we give money.

Cues:

(berari)	**Urtero dirua ematen diogu.** Every year we give money to her (to him).
(haiei)	**Urtero dirua ematen diegu.** Every year we give money to them.

Model:

Haiek egia esaten dute. They tell the truth.

Cues:

(berari)	**Haiek egia esaten diote.** They tell her (him) the truth.
(haiei)	**Haiek egia esaten diete.** They tell them the truth.

ACTIVITY 3.1 ■ SUBSTITUTION / TRANSFORMATION DRILL

Practice by reading through the following drills. Then cover the responses in the right column and make the changes suggested by the subject cues in the left column. Practice until you can do them all correctly.

Model:

Nik deskribapena poliziari emango diot. I will give a description to the police.

Cues:

zuk	**Zuk deskribapena poliziari emango diozu.**
guk	**Guk deskribapena poliziari emango diogu.**
haiek	**Haiek deskribapena poliziari emango diote.**
Goxok	**Goxok deskribapena poliziari emango dio.**
zuek	**Zuek deskribapena poliziari emango diozue.**
nik	**Nik deskribapena poliziari emango diot.**

Model:

Guk otsogizonei orrazia erosi diegu. We have bought a comb for the werewolves.

Cues:

zuk	**Zuk otsogizonei orrazia erosi diezu.**
nik	**Nik otsogizonei orrazia erosi diet.**
haiek	**Haiek otsogizonei orrazia erosi diete.**
zuek	**Zuek otsogizonei orrazia erosi diezue.**
Xurgak	**Xurgak otsogizonei orrazia erosi die.**
guk	**Guk otsogizonei orrazia erosi diegu.**

Model:

Zer desastre! Haiek ez diete legegizonei egia esan. What a disaster! They did not tell the lawyers the truth.

Cues:

nik	**Zer desastre! Nik ez diet legegizonei egia esan.**

zuk	**Zer desastre! Zuk ez diezu legegizonei egia esan.**
guk	**Zer desastre! Guk ez diegu legegizonei egia esan.**
zuek	**Zer desastre! Zuek ez diezue legegizonei egia esan.**
berak	**Zer desastre! Berak ez die legegizonei egia esan.**
haiek	**Zer desastre! Haiek ez diete legegizonei egia esan.**

ACTIVITY 3.2 ■ PRACTICING WITH THE **NOR-NORI-NORK** FORM **DIO**

Change the auxiliary verbs below (**nor-nork** forms) to the form needed to express the indirect objects "to him" and "to her" (**nor-nori-nork**).

1. **Aldizkaria erosi dut.**
   Aldizkaria erosi ______________________.
2. **Txakurra emango dugu.**
   Txakurra emango ______________________.
3. **Eraztuna erosi nahi dute.**
   Eraztuna erosi nahi ______________________.
4. **Zuek erlojua eman duzue.**
   Zuek erlojua Mikeli eman ______________________.
5. **Futbolariak arrosa ekarriko du.**
   Futbolariak arrosa Edurneri ekarriko ______________________.
6. **Zuk berogailu berri bat emango duzu.**
   Zuk berogailu berri bat Mireni emango ______________________.

ACTIVITY 3.3 ■ PRACTICING WITH NOR-NORI-NORK FORMS DIO AND DIE

In the sentences below, the indirect object (**nori**) is provided *in italics.* Supply the appropriate **nor-nori-nork** form of the auxiliary verb.

1. **Guk *Mikeli* esnea eman ________________________.**
2. **Haiek *Edurneri* dirua bidaltzen ________________________.**
3. **Zuek *lagunei* ardoa erosten ________________________.**
4. **Nik *sorginari* erratza emango ________________________.**
5. **Zuk ez ________________________ *ileapaintzaileari* orrazia erosi.**
6. **Xurgak *sorginei* txokolatea prestatu ________________________.**
7. **Nik ez ________________________ ezer esan *erraldoiari.***
8. **Banpiroak *Goxori* egia esango ________________________.**

ACTIVITY 3.4 ■ COMPREHENSION / TRANSLATION

Give English equivalents for the following:

1. **Urtero armairu berri bat ematen diegu.**
2. **Erraldoiei buruzko ipuina irakurriko diote?**
3. **Arratsaldeko laurak dira. Beranduago etorriko zara?**
4. **Gustatzen zaizkio eskumuturrekoa. Eman behar diozu!**
5. **Banpiro nagusiak hotel hau Xurgari erregalatu dio.**
6. **Ez zait gustatzen aldizkari hura. Haurrei emango diet.**
7. **Ez dugu etxea alokatu nahi, ez dagoelako bainugelarik.**
8. **Zuk ikasi! Bitartean nik gurasoei gutuna idatziko diet.**

■ Making comparisons with **[. . .] baino . . . ago(a)** ■

Remember that we used **-ago** to make basic comparisons, as follows:

Untxia txikia da, baina sagua txikiagoa da.
The rabbit is small, but the mouse is smaller.

Zaldiak handiak dira, baina elefanteak handiagoak dira.
Horses are big, but elephants are bigger.

Ni adimentsua naiz, baina zu adimentsuagoa zara.
I am smart, but you are smarter.

Gu altuak gara, baina zuek altuagoak zarete.
We are tall, but you are taller.

Now we will learn to express comments of the type **Lidia zu baino altuagoa da** "Lidia is taller than you." Observe the following examples:

Sagua untxia baino txikiagoa da. The mouse is smaller than the rabbit.
Elefanteak zaldiak baino handiagoak dira. Elephants are bigger than horses.
Zu ni baino adimentsuagoa zara. You are smarter than I.
Zuek gu baino altuagoak zarete. You all are taller than we are.

Notice that the English equivalent of **baino** in these sentences is "than." Also notice that **baino** "than" is not the same as **baina** "but."

Sometimes students become confused by the word order of the Basque sentence. Observe the following equivalents and their numbered parts.

The pig	is	dirtier	than	the cat.		**Txerria**	**katua**	**baino**	**zikinagoa**	**da.**
1	**2**	**3**	**4**	**5**		**1**	**5**	**4**	**3**	**2**

If we use the English sentence as our point of reference, we can describe its sentence order as 1-2-3-4-5. The corresponding parts of the Basque sentence show us that, *except for the subject* **Txerria** "*The pig,*" the word order is exactly the reverse of the English sentence.

ACTIVITY 3.5 ■ COMPARISONS

Rewrite the following short sentences into one sentence as in the model.

Cues:

Gamelua altua da. Jirafa altuagoa da.

Response:

Jirafa gamelua baino altuagoa da. The giraffe is taller than the camel.

1. **Hipopotamoa lodia da. Elefantea lodiagoa da.**
2. **Ardia kirtena da. Oiloa kirtenagoa da.**
3. **Zaldiak goxoak dira. Behiak goxoagoak dira.**
4. **Tigrea arriskutsua da. Lehoia arriskutsuagoa da.**
5. **Sugeak itsusiak dira. Saguzaharrak itsusiagoak dira.**
6. **Ni sendoa naiz. Zu sendoagoa zara.**
7. **Zuek alferrak zarete. Gu alferragoak gara.**

ACTIVITY 3.6 ■ QUESTION AND ANSWER PRACTICE

Answer the following questions in Euskara:

1. **Zu ni baino zaharragoa zara?**
2. **Elefantea etxea baino handiagoa al da?**
3. **Zure kotxea igela baino berdeagoa da?**
4. **Gu sugeak baino arriskutsuagoak al gara?**
5. **Nire betaurrekoak zureak baino distiratsuagoak dira?**
6. **Oiloa otsoa baino ahulagoa al da?**
7. **Jirafak elefanteak baino argalagoak dira?**
8. **Sorginak banpiroak baino bihozgogorragoak al dira?**

ACTIVITY 3.7 ■ COMPREHENSION / TRANSLATION

Give English equivalents for the following:

1. **Abokatuak lapurrak baino zintzoagoak dira.**
2. **Gizon sentibera hauei gustatzen zaizkie katuak.**
3. **Emakume bat irribarrez dago, baina dendaria ez dago pozik.**
4. **Neska jatorrek amaren arropa lisatzen dute.**
5. **Zertarako dauzkazu kotxeko giltzak? Kotxea gidatzeko!**

6. Bai, elefanteak gustatzen zaizkit, baina gehiago gustatzen zaizkit zaldiak.
7. Emakume ilegorri hura oso liraina da, ezta?
8. Txokolatezko igelak sorginari gustatzen zaizkio.

Dialogue

Elkarrizketak afarian

Xurga eta Goxo Lidiaren etxean daude. Afaria jan baino lehen, gonbidatuek elkarrekin hitz egiten dute. Xurgari gustatzen zaio entzutea.

1. Begira, Lidiaren soinekoa! Titiak ia-ia agertzen dira.
2. Esango diozu?
3. Ez, ez. Lotsatu egingo da.

4. Prostituzioari buruzko dokumentala ikusi dut telebistan.
5. Benetan? Noiz?
6. Oso berandu. Dokumentala bukatu eta gero, amaiera eman dute.
7. Beisbola nahiago dut.

8. Zer balkoi polita! Hemendik herri osoa ikusi ahal dugu.
9. Eta baserri zahar hori ere bai. Ui! Txerriak usaintzen ditut!

10. . . . eta esan digute entsalada aurkitu dutela buzoian.
11. Entsalada buzoian? Gezurra da. Ez dizute egia esan.

12. Zergatik eman diezu haurrei aterkia?
13. Badaezpada ere. Beharbada euria egingo du.
14. Euria? Gaurko eguraldia atzoko eguraldia baino politagoa da.

15. . . . eta baimena eman digute kiroldegira joateko egunero.
16. Kirolaria zara?
17. Ez, legegizona. Baina gustatzen zaizkit eskubaloia, saskibaloia, igeriketa . . .

Xurga aspertuta dago. Inork ez du banpiroei buruz hitz egiten. Inork ez dio odolik eman.

Hitz berri eta zaharrak

soineko	dress
titi	breast
agertu/agertzen (da)	appeared, to appear
lotsatu egin (da)	to feel embarrassed [until now, we have used only **du** with **egin**]
lotsati	shy, timid
prostituzio	prostitution
dokumental	documentary
beisbol	baseball
amaiera	the ending, sign-off (television)
aurkezpen	the sign-on (television); the presentation
balkoi	balcony
baserri	farm, farmhouse
entsalada	salad
buzoi	letter box, mailbox
gezur	lie, falsehood
aterki	umbrella
badaezpada ere	just in case
euri	rain
euria egin	to rain, rained
eguraldi	weather
kiroldegi	sports complex (lit.: sport place)
eskubaloi	handball
frontoi	fronton, handball court
saskibaloi	basketball (the ball and the sport)
futbol	soccer
futbol amerikar	American football
estropadak	rowing, regatta
igeriketa	swimming
batere ez	not at all

Auskalo!	Who knows?!
gerra	war (from Spanish *guerra*)
gerrazko filmak	war movies
gerlazko filmak	war movies
Aupa!	Hi!
iruditzen zait	it seems to me
Kaka zaharra!	Damn it!
kaka	shit
kalefazio	heating (from Spanish *calefacción*)
ostatu	hotel
pentsio	lodging house (from Spanish *pensión*)
pisu	flat, apartment; floor, story
-ari dagokionez	as far as . . . is concerned
asmatu	to guess, guessed
atera (da)	to go out
erakusketa	exhibit
gorroto	hatred
hala hola	sort of
Gose naiz.	I'm hungry.
Gosea daukat.	I'm hungry. (lit.: I have hunger)
Goseak nago.	I'm hungry.
gustura	with pleasure, gladly
Kitto!	That's that! That's all! Nothing else!
magia	magic
herensuge	dragon
piano	piano
janarazi	to feed

■ Ukan (nor-nori-nork) form **dizu** ■

Let's add to our indirect object vocabulary one step at a time. We just learned **dio** "to him, to her" and **die** "to them." Now let's add **dizu** "to you." We'll follow the same routine we did with our first examples. Read the sentences below aloud. You'll notice that, once again, there are cues in parentheses. With this group, we'll use three cues: **berari** "to him, to her"; **haiei** "to them"; and **zuri** "to you."

Model:

Nik ohea erosi dut. I have bought a bed.

Cues:

berari

Nik ohea erosi diot. I have bought him (her) a bed.
I have bought a bed for him (for her).

haiei

Nik ohea erosi diet. I have bought them a bed.
I have bought a bed for them.

zuri

Nik ohea erosi dizut. I have bought you a bed.
I have bought a bed for you.

Model:

Mekanikariak kotxea saldu du. The mechanic sold the car.

Cues:

berari

Mekanikariak kotxea saldu dio. The mechanic sold her (him) the car.
The mechanic sold the car to him (her).

haiei

Mekanikariak kotxea saldu die. The mechanic sold the car to them.
The mechanic sold them the car.

zuri

Mekanikariak kotxea saldu dizu. The mechanic sold the car to you.
The mechanic sold you the car.

Instead of continuing to give each possible translation in English, I'll just alternate the usage to reflect our two possible placements for the indirect object in English.

Model:

Guk ez dugu gutuna idatzi. We have not written the letter.

Cues:

berari

Guk ez diogu gutuna idatzi. We have not written him/her the letter.

haiei

Guk ez diegu gutuna idatzi. We have not written them the letter.

zuri

Guk ez dizugu gutuna idatzi. We have not written you the letter.

Model:

Erizainek aspirina ematen dute. The nurses give the aspirin.

Cues:

berari

Erizainek aspirina ematen diote. The nurses give the aspirin to him (her).

haiei

Erizainek aspirina ematen diete. The nurses give the aspirin to them.

zuri

Erizainek aspirina ematen dizute. The nurses give the aspirin to you.

ACTIVITY 3.8 ■ SUBSTITUTION / TRANSFORMATION DRILL

Once you've read all the drills aloud, cover the transformed sentences (the ones next to the cues) with a slip of paper and try to make the changes orally. Then move the paper down a line and check your accuracy. The cues are for the indirect object (underlined in the model).

Model:

Aitak <u>amari</u> eskumuturrekoa erregalatu <u>dio</u>. Father gave Mother a bracelet as a present.

Cues:

zuri **Aitak zuri eskumuturrekoa erregalatu dizu.**

haiei	**Aitak haiei eskumuturrekoa erregalatu die.**
neskari	**Aitak neskari eskumuturrekoa erregalatu dio.**
guk (change of subject)	**Guk neskari eskumuturrekoa erregalatu diogu.**
zuri	**Guk zuri eskumuturrekoa erregalatu dizugu.**
haiei	**Guk haiei eskumuturrekoa erregalatu diegu.**
amatxiri	**Guk amatxiri eskumuturrekoa erregalatu diogu.**
untxi (new direct object)	**Guk amatxiri untxia erregalatu diogu.**
erizainari	**Guk erizainari untxia erregalatu diogu.**
zuri	**Guk zuri untxia erregalatu dizugu.**

Model:

Haiek <u>zuri</u> untxia kenduko <u>dizute</u>. They will take the rabbit away from you.

Cues:

haiei	**Haiek haiei untxia kenduko diete.**
mekanikariari	**Haiek mekanikariari untxia kenduko diote.**
zuri	**Haiek zuri untxia kenduko dizute.**
gonbidapena (new direct object)	**Haiek zuri gonbidapena kenduko dizute.**
banpiroari	**Haiek banpiroari gonbidapena kenduko diote.**
emazte ohiei	**Haiek emazte ohiei gonbidapena kenduko diete.**
zuri	**Haiek zuri gonbidapena kenduko dizute.**

ACTIVITY 3.9 ■ PRACTICING WITH **DIO, DIE,** AND **DIZU**

Rewrite the following sentences, changing the auxiliary verb to reflect the indirect object in parentheses. The English is provided to allow you to concentrate on the verb forms.

1. **Nik kotxe beltza erosiko dut.** I will buy a black car.
   (berari) ______________________
   I will buy a black car for him/her.
2. **Sendagileak medizina ematen du.** The doctor gives medicine.
   (zuri) ______________________
   The doctor gives medicine to you.
3. **Ostatu famatua erosiko dut.** I will buy a famous hotel.
   (haiei) ______________________
   I will buy a famous hotel for them.
4. **Sorginek pozoia saldu dute.** The witches sold poison.
   (zuri) ______________________
   The witches sold poison to you.
5. **Entsalada erosiko duzu.** You will buy a salad.
   (berari) ______________________
   You will buy a salad for him/her.
6. **Erloju berri bat erosiko dugu.** We will buy a new watch.
   (berari) ______________________
   We will buy him/her a new watch.
7. **Banpiroak behiaren odola erregalatu du.** The vampire gave cow's blood.
   (zuri) ______________________
   The vampire gave you the cow's blood.

ACTIVITY 3.10 ■ DIRECTED RESPONSES

Answer the following questions in Euskara as directed:

Model:

Nori emango diozu eskumuturrekoa?

(Edurneri)

Responses:

Edurneri emango diot.

Edurneri emango diot eskumuturrekoa.

Nik Edurneri emango diot eskumuturrekoa.

1. **Nori emango diozu berogailua?**
   (gurasoei) ______________________
2. **Nori esango dio egia Jonek?**
   (lagunei) ______________________
3. **Nori ekarriko diogu irrati zahar hori?**
   (neskari) ______________________
4. **Nori emango diozue pozoi indartsua?**
   (sorginei) ______________________
5. **Nori eramango diot nik hilkutxako giltza?**
   (banpiroari) ______________________
6. **Nori erregalatuko diote txakurra?**
   (zuri) ______________________
7. **Nori bidaliko diozue bideoa?**
   (irakasleari) ______________________

ACTIVITY 3.11 ■ COMPREHENSION / TRANSLATION

Provide the English equivalents for both the questions and your responses in activity 3.10.

■ Ukan (nor-nori-nork) forms dizue / digu ■

Now let's add the indirect objects **dizue** (to you, pl.) and **digu** (to us). Although we refer to these forms as indirect objects, do not lose sight of the fact that they actually represent both the **nor** and the **nori** of **ukan.** The **d-** **(nor)** corresponds to the third-person-singular direct object, and the **-izue** and **-igu (nori)** are the indirect objects. Some textbooks translate these forms as "it to you (pl.)" and "it to us." This holds true for all the **nor-nori-nork** forms we are studying.

Once again, be sure to practice the following examples aloud before moving on to activity 3.12.

Model:

Amak ipuina irakurriko du. Mother will read the story.

Cues:

(berari)	**Amak ipuina irakurriko dio.**	Mother will read the story to him (her).
(haiei)	**Amak ipuina irakurriko die.**	Mother will read the story to them.
(zuri)	**Amak ipuina irakurriko dizu.**	Mother will read the story to you.
(zuei)	**Amak ipuina irakurriko dizue.**	Mother will read the story to you all.
(guri)	**Amak ipuina irakurriko digu.**	Mother will read the story to us.

Model:

Zuk ez duzu dirurik emango. You won't give any money.

Cues:

(berari)	**Zuk ez diozu dirurik emango.**	You won't give her (him) any money.
(haiei)	**Zuk ez diezu dirurik emango.**	You won't give them any money.
(guri)	**Zuk ez diguzu dirurik emango.**	You won't give us any money.

ACTIVITY 3.12 ■ SUBSTITUTION / TRANSFORMATION DRILL

Read through the drill aloud, then cover the column of responses and try making the changes yourself. Practice until you can do the exercise smoothly.

Model:

Nik ez dut ardoa saltzen. I don't sell wine.

Cues:

(berari)	**Nik ez diot ardoa saltzen.**	I don't sell wine to her (him).
(haiei)	**Nik ez diet ardoa saltzen.**	I don't sell wine to them.
(zuri)	**Nik ez dizut ardoa saltzen.**	I don't sell wine to you.
(zuei)	**Nik ez dizuet ardoa saltzen.**	I don't sell wine to you all.

Model:

Guk eskumuturrekoa emango dugu. We will give a bracelet.

Cues:

(berari)	**Guk eskumuturrekoa emango diogu.**	We will give him (her) a bracelet.
(haiei)	**Guk eskumuturrekoa emango diegu.**	We will give them a bracelet.
(zuri)	**Guk eskumuturrekoa emango dizugu.**	We will give you a bracelet.
(zuei)	**Guk eskumuturrekoa emango dizuegu.**	We will give you (pl.) a bracelet.

Model:

Haiek ez dute gutuna idatzi. They haven't written a letter.

Cues:

(berari)	**Haiek ez diote gutuna idatzi.**	They haven't written a letter to him (to her).
(haiei)	**Haiek ez diete gutuna idatzi.**	They haven't written a letter to them.
(zuri)	**Haiek ez dizute gutuna idatzi.**	They haven't written a letter to you.
(guri)	**Haiek ez digute gutuna idatzi.**	They haven't written a letter to us.

(zuei)	**Haiek ez dizuete gutuna idatzi.**	They haven't written a letter to you (pl.).

ACTIVITY 3.13 ■ DIRECTED TRANSLATION WITH A MODEL

Rewrite the following sentences in Basque using the appropriate **nor-nori-nork** form of the auxiliary verb to incorporate the added information.

Model:

Astero guk gutuna idazten dugu. Every week we write a letter.

1. **(zuri)** Every week we write a letter to you.
2. **(Gorkari)** Every week we write a letter to Gorka.
3. **(guraso zaharrei)** Every week we write a letter to our aging parents.
4. **(zuei)** Every week we write a letter to you all.
5. **(Errusiako abokatuari)** Every week we write a letter to the Russian lawyer.

Model:

Egunero zuk egia esaten duzu. Every day you tell the truth.

6. **(haiei)** Every day you tell the truth to them. Every day you tell them the truth.
7. **(guri)** Every day you tell us the truth.
8. **(Bilboko apaizei)** Every day you tell the truth to the priests from Bilbao.
9. **(amari)** Every day you tell your mother the truth.

■ Ukan (nor-nori-nork) forms dit / dida (to me) ■

Thus far we have given things to him, to her, to you, to us, to you all, and to them, but no one has given anything to me! Let's rectify this situation at once. In the following examples, several individuals will give me gifts. Practice these examples aloud.

Nork zer emango dit?	Who will give me what?
Edurnek telebista emango dit.	Edurne will give me a television set.

Gorkak hiztegia emango dit.	Gorka will give me a dictionary.
Amak etxea emango dit.	Mother will give me a house.
Sorginak magia emango dit.	The witch will give me magic.
Banpiroak hilkutxa emango dit.	The vampire will give me a coffin.
Txakurrak hezurra emango dit.	The dog will give me a bone.
Mila esker, denei!	Thanks a lot, everyone!

In the next groups of examples, notice that **dit** (the stem containing direct and indirect object information) is transformed into **dida** when a subject marker is added to the auxiliary verb stem. This is the same transformation we saw with verbs **dut, daukat,** and **dakit** when we added a suffix to them. For example, with **-lako** (because),

dut	became	**dudalako**
daukat	became	**daukadalako**
dakit	became	**dakidalako**
eman dit (he/she gave it to me)	becomes	**eman didalako**

Even though the **-it** of **dit** is indicating an indirect object instead of a subject, the transformation still occurs to prevent the unpronouncable **-tl** combination and to avoid confusion with final **-te** (third-person-plural subject marker).

To summarize, when **dit-** is coupled with a subject marker (**-zu, -zue, -te**), it experiences the same transformation as with the suffix shown above: **didazu, didazue, didate.**

Practice these examples aloud before moving on to the next activities:

Nork zer emango dit?
Who will give me what?

Afrikakoek elefantea emango didate.
The Africans will give me an elephant.

Mexikokoek gitarra emango didate.
The Mexicans will give me a guitar.

Frantziakoek ardoa emango didate.
The French will give me wine.

Txinakoek herensugea emango didate.
The Chinese will give me a dragon.

Euskaldunek txapela emango didate.
The Basques will give me a beret.

Zuk pianoa emango didazu.
You will give me a piano.

Zuek ez didazue ezer emango!
You all will not give me anything!

ACTIVITY 3.14 ■ PRACTICING WITH NOR-NORI-NORK

Rewrite the sentences below, substituting the new subject and changing the auxiliary verb as needed. (The subjects are already marked with the ergative.)

Model:

Mexikokoek gitarra emango didate.

Cues:

1. **zuek**
2. **amak**
3. **zuk**
4. **osabek**

Model:

Zuek ez didazue ezer emango!

Cues:

5. **haiek**
6. **Gotzonek**
7. **zuk**

ACTIVITY 3.15 ■ COMPREHENSION / TRANSLATION

Give English equivalents for the following:

1. **Edurnek pisu txikia alokatu dit.**
2. **Gurasoek ez didate kotxerik erosiko.**
3. **Ileapaintzaileak orrazia emango dit igogailuan.**
4. **Zuek ez didazue dirurik eman nahi.**
5. **Zuk beti egia esaten didazu, ezta?**
6. **Larunbatean Josek motxila erosiko dit.**

ACTIVITY 3.16 ■ DIRECTED TRANSFORMATIONS

Rewrite the following sentences to reflect the indirect object in parentheses. (You must change the **nor-nork** form of the verb to the **nor-nori-nork** form.)

Cue:

Kirolariak baloia erregalatu du. (zuri)

Response:

Kirolariak baloia erregalatu dizu.

1. **Amak ez du ipuina irakurriko. (niri)**
2. **Zuk ez duzu bileterik erosi nahi. (haiei)**
3. **Guk beti egia esaten dugu. (zuri)**
4. **Erizain polit horiek ez dute aspirina eman nahi. (guri)**
5. **Bihar nik ostatu famatua erosiko dut. (amari)**

ACTIVITY 3.17 ■ VOCABULARY PRACTICE

Return to the text **Elkarrizketak afarian.** Read it carefully and underline any phrases that you do not immediately understand.

Are you still writing out new vocabulary words at least five times each? Do you need to make flash cards for the new vocabulary in this chapter? We have focused on new verb forms in chapter 3, but we must not neglect other aspects of the material.

ACTIVITY 3.18 ■ SUBSTITUTION / TRANSFORMATION DRILL

In chapter 2 we saw how the suffix -**(e)nean** attaches to the verb forms we had studied up to that point. This drill will provide experience with those forms. These drills may also be written out for spelling and vocabulary practice.

Model:

Idatzi gutuna <u>ni</u> jaten ari <u>naizenean</u>. Write the letter while I am eating.

Cues:

zu	**Idatzi gutuna zu jaten ari zarenean.**
gu	**Idatzi gutuna gu jaten ari garenean.**
haiek	**Idatzi gutuna haiek jaten ari direnean.**
bera/hura	**Idatzi gutuna bera jaten ari denean.**
zuek	**Idatzi gutuna zuek jaten ari zaretenean.**
ni	**Idatzi gutuna ni jaten ari naizenean.**

Model:

Enplegatua makinaz idazten ari da, <u>gu</u> bulegoan <u>gaudenean</u>. The employee is typing while we are in the office.

Cues:

zuek	**Enplegatua makinaz idazten ari da, zuek bulegoan zaudetenean.**
ni	**Enplegatua makinaz idazten ari da, ni bulegoan nagoenean.**
haiek	**Enplegatua makinaz idazten ari da, haiek bulegoan daudenean.**
zu	**Enplegatua makinaz idazten ari da, zu bulegoan zaudenean.**
bera/hura	**Enplegatua makinaz idazten ari da, bera bulegoan dagoenean.**
gu	**Enplegatua makinaz idazten ari da, gu bulegoan gaudenean.**

Model:

<u>Zuk</u> betaurrekoak erosi <u>dituzunean</u>, bizitza aldatu da. When you bought the eyeglasses, [your] life changed.

Cues:

haiek	**Haiek betaurrekoak erosi dituztenean, bizitza aldatu da.**
bera	**Berak betaurrekoak erosi dituenean, bizitza aldatu da.**
hura	**Hark betaurrekoak erosi dituenean, bizitza aldatu da.**
zuek	**Zuek betaurrekoak erosi dituzuenean, bizitza aldatu da.**
nik	**Nik betaurrekoak erosi ditudanean, bizitza aldatu da.**
guk	**Guk betaurrekoak erosi ditugunean, bizitza aldatu da.**
zuk	**Zuk betaurrekoak erosi dituzunean, bizitza aldatu da.**

Using **-(e)nean** (when, while) with **nor-nori-nork**

The following chart is similar to those often found in Basque grammar and verb references. The trick to using such a chart is to pick a subject from the first column, then pick a direct object–indirect object as needed from the second column, then find your subject marker in the third column, and put the pieces together like a puzzle. Once you do that, you can add the suffix. The main verb is the same for all the examples and so it appears only once. You will encounter these kinds of charts as you venture afield seeking more information on Euskara. The direct object–indirect object column is often printed in a single column, just as the subject markers are below. This may suggest to the uninitiated that all the elements on a line have to go together, but that is not the case. Hence the importance of knowing the trick of picking and choosing from each column.

		Nor-Nori- Direct Object– Indirect Object	Nork Subject	
Subject	Main Verb			Suffix
nik	**eman**	**dio-, die-**	***-t, -da-***	**-(e)nean**
berak		**dizu-, dizue-**	*(no marker)*	
zuk		**digu-, dida-, dit**	***-zu***	
guk			***-gu***	
zuek			***-zue***	
haiek			***-te***	

For example, if I want to say "when I gave it to you" I would build as follows: **Nik eman dizu** + **-da** + **-nean.** = **Nik eman dizudanean.**

Please do not use these charts as a replacement for drill practice. Only with oral practice can you actually learn to communicate in Euskara. However, I want you to be prepared when you delve into other works about the language, because these types of charts are quite prevalent.

ACTIVITY 3.19 ■ SUBSTITUTION / TRANSFORMATION DRILL

Model:

Nik dirua eman diodanean, pozik egon da. When I gave her the money, she was happy.

Cues:

zuk	**Zuk dirua eman diozunean, pozik egon da.**
guk	**Guk dirua eman diogunean, pozik egon da.**
haiek	**Haiek dirua eman diotenean, pozik egon da.**
berak	**Berak dirua eman dionean, pozik egon da.**
zuek	**Zuek dirua eman diozuenean, pozik egon da.**
nik	**Nik dirua eman diodanean, pozik egon da.**

Model:

<u>Guk</u> ura ematen <u>diegunean</u>, txakurrek edaten dute. When we give them water, the dogs drink it.

Cues:

nik	**Nik ura ematen diedanean, txakurrek edaten dute.**
zuk	**Zuk ura ematen diezunean, txakurrek edaten dute.**
haiek	**Haiek ura ematen dietenean, txakurrek edaten dute.**
zuek	**Zuek ura ematen diezuenean, txakurrek edaten dute.**
berak	**Berak ura ematen dienean, txakurrek edaten dute.**
guk	**Guk ura ematen diegunean, txakurrek edaten dute.**

ACTIVITY 3.20 ■ CREATING SUBORDINATE CLAUSES WITH -(E)LA

Now that we have practiced with -**(e)nean,** attaching the subordination marker -**(e)la** will not be difficult. Rewrite the following pairs of simple sentences as one sentence with two clauses connected by -**(e)la,** as in the model. Then give English equivalents for your new sentences.

Model:

Nik abokatu zintzoari dirua eman diot. Jonek esan dit.

I gave money to the honest lawyer. Jon told me. (Jon said it to me.)

New sentence:

Jonek esan dit nik abokatu zintzoari dirua eman diodala.

Jon told me that I gave money to the honest lawyer.

1. **Zuek amari oilo ahula erosi diozue. Jonek esan dit.**
2. **Lapurrak poliziei gezurra esan die. Jonek esan dit.**
3. **Guk zuei txokolatezko igela erosiko dizuegu. Jonek esan dit.**
4. **Zuk herensugeei hipopotamoa janarazi diezu. Jonek esan dit.**
5. **Nik gizon sentiberari katu bat erregalatuko diot. Jonek esan dit.**
6. **Haiek ez digute ardorik saldu. Jonek esan dit.**

ANSWERS

ENGLISH EQUIVALENT OF **NORK EMAN DIZU GONBIDAPENA?** (WHO GAVE YOU THE INVITATION?)

1. GOXO: Where are my earrings? Oh, here [they are]. But I haven't seen my ring.
2. XURGA: It's late, Goxo. Are you ready to go?
3. G: Almost. Meanwhile, tell me something about Lidia the Werewolf.
4. X: There's your bracelet, on the bed.
5. Okay, what would you like to know about Lidia?
6. G: Perhaps a description . . .
7. X: She's a very elegant woman. A little bit hairy.
8. She's bigger than a lamp.
9. G: Ha, ha. Very funny. Is she married?
10. X: No. She's divorced.
11. Her ex-husband gives her money.
12. Lidia is an employee of the tourism office, and she needs money.
13. It's a very humble profession.
14. G: What's she like? I want to know her physical characteristics.
15. X: She's blond, thin, pretty. Lidia is taller than you.
16. G: (fixing her hair) Who gave you the invitation?
17. X: Lidia gave it to me.

The supper will be at Lidia's house, by invitation only.

ACTIVITY 3.2 ■ PRACTICING WITH THE **NOR-NORI-NORK** FORM **DIO**

1. **diot**
2. **diogu**
3. **diote**
4. **diozue**
5. **dio**
6. **diozu**

ACTIVITY 3.3 ■ PRACTICING WITH **NOR-NORI-NORK** FORMS **DIO** AND **DIE**

1. **diogu**
2. **diote**
3. **diezue**
4. **diot**
5. **diozu**
6. **die**
7. **diot**
8. **dio**

ACTIVITY 3.4 ■ COMPREHENSION / TRANSLATION

1. Every year we give them a new armoire.
2. Will they read her/him a story about giants?
3. It's four in the afternoon. Will you come later?
4. She likes the bracelet. You should give it to her!
5. The head vampire gave this hotel to Xurga as a gift.
6. I don't like that magazine. I'll give it to the kids.
7. We don't want to rent the house because there is no bathroom.
8. You study! Meanwhile, I will write a letter to my parents.

ACTIVITY 3.5 ■ COMPARISONS

1. **Elefantea hipopotamoa baino lodiagoa da.**
2. **Oiloa ardia baino kirtenagoa da.**
3. **Behiak zaldiak baino goxoagoak dira.**
4. **Lehoia tigrea baino arriskutsuagoa da.**
5. **Saguzaharrak sugeak baino itsusiagoak dira.**
6. **Zu ni baino sendoagoa zara.**
7. **Gu zuek baino alferragoak gara.**

ACTIVITY 3.6 ■ QUESTION AND ANSWER PRACTICE

1. **Bai, ni zu baino zaharragoa naiz.**
   Ez, ni ez naiz zu baino zaharragoa.
2. **Ez, elefantea ez da etxea baino handiagoa.**
3. **Bai, nire kotxea igela baino berdeagoa da.**
   Ez, nire kotxea ez da igela baino berdeagoa.
4. **Ez, gu ez gara sugeak baino arriskutsuagoak.**
5. **Bai, zure betaurrekoak nireak baino distiratsuagoak dira.**
   Ez, zure betaurrekoak ez dira nireak baino distiratsuagoak.
6. **Bai, oiloa otsoa baino ahulagoa da.**
7. **Bai, jirafak elefanteak baino argalagoak dira.**
8. **Bai, sorginak banpiroak baino bihozgogorragoak dira.**
   Ez, sorginak ez dira banpiroak baino bihozgogorragoak.

ACTIVITY 3.7 ■ COMPREHENSION / TRANSLATION

1. Lawyers are more decent than thieves.
2. These sensitive men like cats. Cats are pleasing to these sensitive men.
3. One woman is smiling, but the shopkeeper is not happy.
4. Nice girls iron their mother's clothes.
5. What do you have the car keys for? In order to drive!
6. Yes, I like elephants, but I like horses more.
7. That redheaded woman over there is very graceful, isn't she?
8. The witch likes chocolate frogs.

ENGLISH EQUIVALENT OF ELKARRIZKETAK AFARIAN (CONVERSATIONS AT SUPPER)

Xurga and Goxo are at Lidia's house. Before eating supper, the guests talk to each other (with each other). Xurga likes to listen.

1. Look at Lidia's dress! Her breasts are almost showing.
2. Will you say something to her? Will you tell her?
3. No, no. She'll be embarrassed.

4. I saw a documentary about prostitution on television.
5. Really? When?
6. Very late. After the documentary ended, they broadcast the sign-off.
7. I prefer baseball.

8. What a pretty balcony! We can see the whole town from here.
9. And that old farm, too. Oh! I smell pigs!

10. . . . and they told us that they found salad in the mailbox.
11. Salad in the mailbox?! It's a lie. They didn't tell you the truth.

12. Why did you give the kids an umbrella? (give the umbrella to the kids)
13. Just in case. Perhaps it will rain.
14. Rain? Today's weather is prettier than yesterday's weather.

15. . . . and they gave us permission to go to the sports complex every day.
16. Are you an athlete?
17. No, a lawyer. But I like handball, basketball, swimming . . .

Xurga is bored. No one is talking about vampires. No one has given him any blood (has given any blood to him).

ACTIVITY 3.9 ■ PRACTICING WITH **DIO**, **DIE**, AND **DIZU**

1. **Nik kotxe beltza erosiko diot.**
2. **Sendagileak medizina ematen dizu.**
3. **Ostatu famatua erosiko diet.**
4. **Sorginek pozoia saldu dizute.**
5. **Entsalada erosiko diozu.**
6. **Erloju berri bat erosiko diogu.**
7. **Banpiroak behiaren odola erregalatu dizu.**

ACTIVITY 3.10 ■ DIRECTED RESPONSES

1. **Gurasoei emango diet.**
2. **Lagunei esango die egia Jonek.**
3. **Neskari ekarriko diozue irrati zahar hori.**

4. **Sorginei emango diegu pozoi indartsua.**
5. **Banpiroari eramango diozu hilkutxako giltza.**
6. **Zuri erregalatuko dizute txakurra.**
7. **Irakasleari bidaliko diogu bideoa.**

ACTIVITY 3.11 ■ COMPREHENSION / TRANSLATION

1. To whom will you give the heater?
   I will give it to [my] parents.
2. To whom will Jon tell the truth?
   Jon will tell the truth to [his] friends.
3. To whom will we bring that old radio?
   You (pl.) will bring that old radio to the girl.
4. To whom will you (pl.) give the strong poison?
   We will give the strong poison to the witches.
5. To whom will I take/carry the coffin key?
   You will take/carry the coffin key to the vampire.
6. To whom will they give the dog as a gift?
   They will give the dog to you as a gift.
7. To whom will you (pl.) send the video?
   We will send the video to the teacher.

ACTIVITY 3.13 ■ DIRECTED TRANSLATION WITH A MODEL

1. **Astero guk gutuna idazten dizugu.**
2. **Astero guk gutuna idazten diogu.**
3. **Astero guk gutuna idazten diegu.**
4. **Astero guk gutuna idazten dizuegu.**
5. **Astero guk gutuna idazten diogu.**
6. **Egunero zuk egia esaten diezu.**
7. **Egunero zuk egia esaten diguzu.**
8. **Egunero zuk egia esaten diezu.**
9. **Egunero zuk egia esaten diozu.**

ACTIVITY 3.14 ■ PRACTICING WITH NOR-NORI-NORK

1. **Zuek gitarra emango didazue.**
2. **Amak gitarra emango dit.**
3. **Zuk gitarra emango didazu.**
4. **Osabek gitarra emango didate.**
5. **Haiek ez didate ezer emango!**
6. **Gotzonek ez dit ezer emango!**
7. **Zuk ez didazu ezer emango!**

ACTIVITY 3.15 ■ COMPREHENSION / TRANSLATION

1. Edurne has rented the small flat (apartment) for me (or from me).
2. My parents will not buy me a car.
3. The hairdresser will give me a comb in the elevator.
4. You (pl.) do not want to give me any money.
5. You always tell me the truth, don't you?
6. On Saturday, Jose will buy me a backpack.

ACTIVITY 3.16 ■ DIRECTED TRANSFORMATIONS

1. **Amak ez dit ipuina irakurriko.**
2. **Zuk ez diezu bileterik erosi nahi.**
3. **Guk beti egia esaten dizugu.**
4. **Erizain polit horiek ez digute aspirina eman nahi.**
5. **Bihar nik ostatu famatua erosiko diot.**

ACTIVITY 3.20 ■ CREATING SUBORDINATE CLAUSES WITH -(E)LA

1. **Jonek esan dit zuek amari oilo ahula erosi diozuela.**
   Jon told me that you (pl.) bought the weak chicken for Mother.
2. **Jonek esan dit lapurrak poliziei gezurra esan diela.**
   Jon told me that the thief told a lie to the police.
3. **Jonek esan dit guk zuei txokolatezko igela erosiko dizuegula.**
   Jon told me that we will buy you (pl.) the chocolate frog.

4. **Jonek esan dit zuk herensugeei hipopotamoa janarazi diezula.**
   Jon told me that you will feed the hippopotamus to the dragons.
5. **Jonek esan dit nik gizon sentiberari katu bat erregalatuko diodala.**
   Jon told me that I will give the sensitive man a cat as a present.
6. **Jonek esan dit haiek ardorik saldu ez digutela.**
   Jon told me that they did not sell us any wine (did not sell any wine to us).

CHAPTER FOUR

Who Gave Us Poison?

Dialogue

Pozoia ur-sisteman!

1. **Hanka Luze erraldoia gaixorik dago.**
2. **Bere lagunak ere gaixorik daude, baina ez dakite zergatik.**
3. **Hanka Luzek Xurga banpiroarekin hitz egin nahi du.**
4. **Xurga erraldoien auzoan bizi da.**
5. **Hanka Luzek Xurgari telefonoz deitzen dio.**
6. **Xurgak erantzuten du. <<Bai? Zer?>>**
7. **<<Ai, Xurga! Hanka Luze naiz. Gaixorik nago!**
8. **Erraldoi guztiak gaixorik daude.**
9. **Gosaldu dugu, eta bat-batean gaixorik! Nola zaude zu?>>**
10. **<<Ondo nago, baina ez dut janaririk jaten. Zer jan duzue gaur goizean?>>**
11. **<<Nire etxean, kabiarra gosaldu dugu.**
12. **Baina Oin Handik esan dit bere etxean ez dutela kabiarra jan.**
13. **Ogia jan dute, besterik ez.>>**
14. **<<Beno, Hanka Luze, zer edan duzue?>>**
15. **<<Nire etxean, ura edan dugu, baina Oin Handik esan dit bere etxean kafea hartu dutela.>>**
16. **<<Zer?! Urrea? Urrea edan duzue?>>**
17. **<<Ez, ez, txoriburua. Ura, ura edan dugu.>>**
18. **<<A, barkatu. Ura, ez urrea. Ura erabili behar duzu kafean,>> esan dio Xurgak.**
19. **<<Entzun, Hanka Luze. Badago zerbait uran. Badago zerbait ur-sisteman.**

20. **Joan beste etxeetara, bota ura edalontzietan eta goazen Goxoren laborategira.>>**
21. **Hanka Luze beste etxeetara joan da.**
22. **Lehenengo etxean Zaunka otsogizona bizi da.**
23. **Bigarren etxean Oin Handi eta bere familia bizi dira.**
24. **Hirugarren etxean Hanka Luze eta bere senitartea bizi dira.**
25. **Laugarren etxean Xurga banpiroa bizi da.**
26. **Xurgaren etxetik laborategira doaz, lau edalontziekin, urez beteta.**

Hitz eta esaldi berriak

hanka	leg
ur	water
ura	the water [-**r**- is not doubled]
ur-sistema	water system
urre	gold
urrea	the gold
urrezko	made of gold
lehenengo	first
bigarren	second
hirugarren	third
laugarren	fourth
edalontzi	drinking glass
urez beteta	full of water
-[e]z beteta	full (adv.) [plus instrumental -**[e]z** attached to noun]
herri kirolak	national sports
hitzaldi	lecture
idi-probak	weight-pulling contests involving oxen
irristaketa	skating
lasterketak	races

izugarri	frightening; (colloquially) very much, a lot
ikaragarri	frightening, terrifying
lagun min	dear friend, close friend (**min** can also mean "pain")
herri musika	folk music
jazz	jazz
opera	opera
rock	rock and roll
luzemetrai	feature-length (film)
laburmetrai	short (film)
mendebaldeko film	western (movie)
maitasunezko film	love story, romantic movie
maitemindu	to fall in love
Maitemindu naiz!	I've fallen in love!
Maiteminduta nago.	I am in love. (adverbial form with **egon**)
mendebalde	west
ekialde	east
iparralde	north
hegoalde	south
eguzkia egin	to shine (the sun), to be sunny
estalita	covered, overcast, cloudy (sky)
fresko	cool
tenperatura	temperature
hitzik gabe	without words
ibiltzen hasi da	he/she started walking
Tori!	Take it! (idiomatic)
utzi	to leave, leave behind, set aside

ACTIVITY 4.1 ■ QUESTIONS AND ANSWERS

Answer the following questions based on the passage above. Then give English equivalents for both the questions and the answers.

1. **Nola daude erraldoiak?**
2. **Norekin hitz egin nahi du Hanka Luzek?**
3. **Nork deitzen du telefonoz?**
4. **Zer gosaldu dute Hanka Luzeren etxean?**
5. **Non dago pozoia?**
6. **Zenbat etxe dago auzoan?**
7. **Nor bizi da lehenengo etxean?**
8. **Noren etxea da bigarrena?**
9. **Nora eramaten dituzte edalontziak?**

ACTIVITY 4.2 ■ TRANSFORMATIONS WITH **NOR-NORI-NORK**

Rewrite the following sentences to reflect the indirect object in parentheses. (You must change the **nor-nork** form of the verb to the **nor-nori-nork** form.)

1. **Zuek euritakoa ekarriko duzue. (haurrei)**
2. **Taxistek ez dute dirurik eman. (niri)**
3. **Sorginek ez dute pozoirik salduko. (zuei)**
4. **Banpiroak hilkutxa ekarriko du. (guri)**
5. **Nik etxeko gela alokatuko dut. (zuri)**

ACTIVITY 4.3 ■ DIRECTED RESPONSES

Answer the following questions in Euskara as directed. (The English equivalent of your response is given to help you decide who the subject should be in each reply.)

1. **Nori emango diozu dirua? (nire lagunari;** "I will give the money to my friend.")
2. **Zer erosiko didazu Afrikan? (eskumuturreko bat;** "I will buy you a bracelet.")
3. **Noiz ekarriko dizute biletea? (bihar;** "They will bring me the ticket tomorrow.")
4. **Nork irakurriko digu ipuina? (zuk;** "You will read the story to us.")

5. **Zer emango digute? (erlojua;** "They will give you all a clock.")
6. **Beti egia esaten didazue? (bai;** "Yes, we always tell you the truth.")

ACTIVITY 4.4 ■ VERB RECOGNITION

Read the following very short sentences carefully and give English equivalents for each.

1. **Emango dit.**
2. **Emango diete.**
3. **Emango dizugu.**
4. **Emango diegu.**
5. **Emango dizut.**
6. **Emango digu.**
7. **Emango didazu.**
8. **Emango diozue.**
9. **Emango diet.**
10. **Emango didate.**

Dialogue

Ipuinak jarraitzen du *(The story continues)*

1. **Hanka Luze altu-altua da, eta ezin du laborategira sartu.**
2. **Xurga sartzen da, eta erraldoiarekin hitz egiten du leihotik.**
3. **Laborategian, Goxok ura probatuko du, ura frogatuko du, eta ura dastatuko du.**
4. **Erraldoiak Xurgari esaten dio, <<Xurga! Galdetu Goxori ea ura probatu duen!>>**
5. **Eta Xurgak Goxori galdetzen dio, <<Goxo, ura probatu al duzu?>>**
6. **Goxok Xurgari erantzuten dio, <<Bai, Xurga, probatu dut.>>**
7. **Erraldoiak Xurgari esaten dio, <<Xurga! Galdetu Goxori ea ura frogatu duen!>>**
8. **Eta Xurgak Goxori galdetzen dio, <<Goxo, maitea, ura frogatu al duzu?>>**

9. **Goxok Xurgari erantzuten dio, <<Bai, Xurga, frogatu dut.>>**
10. **Erraldoiak beste gauza bat Xurgari esaten dio. <<Xurga! Galdetu Goxori ea ura dastatu duen!>>**
11. **Eta Xurgak Goxori galdetzen dio, <<Goxo, bihotza, ura dastatu al duzu?>>**
12. **Goxok Xurgari erantzuten dio, <<Bai, Xurga, dastatu dut. Norbaitek pozoia ipini du zuen ur-sisteman.>>**
13. **Berriro Hanka Luzek Xurgari leihotik oihu egiten dio. <<Xurga! Galdetu berari nork egin duen!>>**
14. **Eta Xurgak Goxori galdetzen dio, <<Goxo, maitea, nork ipini du pozoia ur-sisteman?>>**
15. **Goxo pentsatzen ari da.**
16. **Orduan, Xurgari esaten dio, <<Beno . . . Erraldoiek ez dute pozoia uran ipini, gaixorik daudelako. Zuk ez duzu ipini, erraldoiak zure lagunak direlako.>>**
17. **Gehiago pentsatzen du. <<Beno . . . Lau edalontzi dauzkagu. Badago pozoia laugarrenean. Badago pozoia hirugarrenean. Badago pozoia bigarrenean. Baina ez dago pozoirik lehenengoan!>>**
18. **<<Baina, Goxo, gure etxeetako ura ur-sistema beretik dator.>>**
19. **<<Hori! Zaunka otsogizonak ipini du pozoia uran!>>**

Hitz eta esaldi berriak

leiho	window
leihotik	through the window
probatu/probatzen	to test, to try
frogatu/frogatzen	to test, to try
dastatu/dastatzen	to taste
lagundu/laguntzen	to help
galdetu/galdetzen	to ask a question
bihotz/bihotza	heart/sweetheart (as a term of endearment)
oihu egin	to shout

oihuka	shouting
gure etxeetako ura	the water from our houses
ur-sistema beretik	from the same water system
Hori!	That's right!
Zaunka	Barky
galdera	question
ospitale	hospital
hiltzea	killing
kanpoan	outside
geratu (da)	to remain, to stay
agurtu	to greet, to say hi, to say good-bye
zauritu	to wound, to injure
kartzela	jail, prison
seme	son
bero egin	to be warm (to make warm) (talking about the weather)
bero egon	to be warm, to feel warm (a person)
bero nago	I'm warm (I don't feel cold)
pastelak	pastries
izotz	ice
. . . eta biok	. . . and I
poteoa	bar-hopping
pote bat hartu	to have a glass of wine
elkartu/elkartzen	to get together, got together
topo egin/topo egiten	to bump into, bumped into
gelditu	to stop, to arrange to meet, stopped, arranged to meet
geldituko gara/gelditzen	we'll arrange to meet
jaiak	festivals, fiestas, parties
komunikabideak	mass media
saio	program (on radio or television)
tarteka	intermittently

partidu	game, match (sports)
xake	chess
xakejoko	chess game
mus	a Basque card game that involves bluffing
telenobela	soap opera
polizi film	police movie, detective movie
telesail	television series
egitarau	television schedule, syllabus
laster	soon
infartu bat	a heart attack
Infartu bat izango du.	He'll have a heart attack.
iruditu	to seem, seemed (**nor-nori,** works like **gustatu**)
iruditzen zait	it seems to me
aditz	verb
jokatu/jokatzen	conjugated, to conjugate (v.)
jokaera	conjugation
perpaus	clause, phrase
menpeko perpaus	subordinate clause
gramatikalki	grammatically
bakoitz	each
bakoitzean	in each

Dialogue

Galderak ospitalean (Questions at the hospital)

Banpiroa eta erraldoiak haserre daude. Zaunka otsogizonak pozoia ipini du ur-sisteman. Ez da posiblea banpiroak pozoiaz hiltzea, baina erraldoiak gaixorik daude.

Sendagilearengana joan behar dute, baina ez dago erraldoi-sendagilerik haien herrian. Xurga banpiroak galderak egingo ditu erraldoientzat.

Hanka Luzek lagunduko du. Haiek ospitalera doaz eta erizain batekin hitz egiten du Xurgak. Hanka Luzek kanpoan geratu behar du, handi-handia delako. Xurgarekin hitz egingo du leihotik.

ACTIVITY 4.5 ■ REVIEW OF INDIRECT QUESTIONS

Below are the questions the giant tells Xurga to ask. Fill in the blanks with Xurga's questions for the nurse.

1. **Erraldoiak: Galdetu berari non bizi den erraldoi-sendagilea.**
   Xurgak: ______________________.
2. **Erraldoiak: Galdetu berari zenbat gela dagoen ospitalean.**
   Xurgak: ______________________.
3. **Erraldoiak: Galdetu berari nolakoak diren erizainak.**
   Xurgak: ______________________.
4. **Erraldoiak: Galdetu berari ea gustatzen zaizkion erraldoiak.**
   Xurgak: ______________________.
5. **Erraldoiak: Galdetu berari nora joan den erraldoi-sendagilea.**
   Xurgak: ______________________.

ACTIVITY 4.6 ■ REVIEW OF NOR-NORK FORMS: ZERGATIK EGIN DU? (WHY DID HE DO IT?)

Xurga Banpiroa eta Hanka Luze Zaunka otsogizonaren etxera doaz.
Xurga the Vampire and Long Leg go to Barky the Werewolf's house.
Galdera bat daukate: Zergatik?
They have one question: Why?
<<Zaunka! Zergatik ipini duzu pozoia gure ur-sisteman?!>>
"Barky! Why did you put poison in our water system?!"

Here are Barky's answers. Supply the proper **nor-nork** (direct object–subject) form of the auxiliary verb in the blanks below. (Review of first- and second-person direct objects.)

Model:

Zuek ni ez ______nauzue______ **agurtu kalean.**

You (pl.) didn't say hi to me [didn't greet me] on the street.

1. **Zuek ni gorrotatzen** ____________________.
2. **Hanka Luzeren txakurrak ni zauritu** ____________________.
3. **Zuek gu ez** ____________________ **ezagutzen.**
4. **Auzoko poliziek gu kalean ikusi** ____________________ . . .
5. **. . . eta haiek ni kartzelara eraman** ____________________ . . .
6. **. . . zuek ni lehertutako gasolindegian ikusi** ______________ **lako.**
7. **Gainera, zuen haurrek gure semea ez** ______________ **besarkatu.**
8. **Nik zuek gorrotatzen** ____________________**!**

ACTIVITY 4.7 ■ COMPREHENSION / TRANSLATION

Give English equivalents for your completed sentences in activity 4.6.

■ Nor-nori-nork summary ■

Take this opportunity to review the information covered thus far about the **nor-nori-nork** forms of **ukan.** Remember, **nor-nori-nork** just means "direct object–indirect object–subject."

If we put our information in the form of a chart, we would have three columns, and we could build our auxiliary verb by choosing the elements we need from each column. The first column would be for the singular direct object, the second for the indirect object, and the third for the subject marker. We are currently using only singular direct objects with this verb form.

Singular Direct Object	*Select an Indirect Object*	*Select a Subject Marker*
	it / **ida** [to me]	_____ ***(berak)***
	izu [to you]	**-te (haiek)**
d	**igu** [to us]	**-t / -da (nik)**
	izue [to you all]	**-zu (zuk)**
	io [to him, to her]	**-gu (guk)**
	-ie [to them]	**-zue (zuek)**

In chapter 3 we presented this information in a slightly different way when we presented our **nor-nori-nork** forms with the suffix **-(e)nean.** What we have done here is separate the singular direct object marker **d-** from the indirect object markers in the middle column.

Notice that our indirect object markers are the same in the **nor-nori-nork** forms of **ukan** as they were in the **nor-nori** forms of **izan.** In other words, the **nori** forms can be used with both **ukan** and **izan.** As a reminder, I am including some examples of **nor-nori** with **izan** and **gustatzen.**

Ardoa Edurneri gustatzen zaio.
Edurne likes wine. Wine is pleasing to her.
Dantza egitea haiei gustatzen zaie.
They like dancing. Dancing is pleasing to them.
Gustatzen zaizu egunkaria irakurtzea?
Do you like reading the newspaper? Is reading the newspaper pleasing to you?
Ez zaizue gustatzen janaria prestatzea.
You (pl.) don't like cooking. Cooking is not pleasing to you (pl.).
Kotxe txiki hori izugarri gustatzen zaigu. We like that little car an awful lot. That little car is awfully pleasing to us.
Euskara gustatzen zait! I like Euskara! Euskara is pleasing to me!
Euskara ikasten dut, gustatzen zaidalako. I study Euskara because I like it. I study Euskara because it is pleasing to me.

ACTIVITY 4.8 ■ COMPREHENSION / TRANSLATION

Give English equivalents of the following sentences:

1. **Zerua estalita dago. Euritakoa emango dizut.**
2. **Hotz dago bulegoan. Gerenteak berogailua eman dit.**
3. **Mina daukat eskumuturrean. Erizainek aspirina emango didate.**
4. **Hitzik gabe, ezin dizugu egia esan.**
5. **Ez digute gutuna idatziko.**

6. **Gose naiz! Beharbada zuek janaria emango didazue.**
7. **Badakizu zer eman diogun?**
8. **Ez dakit nork irakurriko dizun ipuina.**

ACTIVITY 4.9 ■ PRACTICE WITH NOR-NORI-NORK

Read the model, then fill in the blanks with the appropriate **nor-nori-nork** form of the auxiliary verb.

Model:

Aldizkaria gustatzen zait. Horregatik haiek erosi didate.

I like the magazine. That's why they bought it for me.

1. **Aldizkaria Mireni gustatzen zaio. Horregatik haiek erosi**
   ____________________.
2. **Aldizkaria guri gustatzen zaigu. Horregatik zuek erosi**
   ____________________.
3. **Aldizkaria zuei gustatzen zaizue. Horregatik guk erosi**
   ____________________.
4. **Aldizkaria niri gustatzen zait. Horregatik zuk erosi**
   ____________________.
5. **Aldizkaria guri gustatzen zaigu. Horregatik Jonek erosi**
   ____________________.
6. **Aldizkaria haurrei gustatzen zaie. Horregatik nik erosi**
   ____________________.
7. **Aldizkaria zuri gustatzen zaizu. Horregatik gurasoek erosi**
   ____________________.
8. **Aldizkaria Andoniri gustatzen zaio. Horregatik guk erosi**
   ____________________.

ACTIVITY 4.10 ■ COMPREHENSION / TRANSLATION

Give English equivalents for the following:

1. **Pastelak jaten dituzte saioa ikusten dutenean.**
2. **Saio hori ez zait interesatzen.**

3. **Horregatik telebistari tarteka begiratzen diot, gutuna amari idazten diodanean.**
4. **Bero dago egongelan. Izotza ekarriko dizut.**
5. **Edurne eta biok Katmandura trenez goaz.**
6. **Egia esango al diegu?**
7. **Badakizu ea haiek dirua emango didaten?**

ACTIVITY 4.11 ■ QUESTIONS AND ANSWERS

Take turns asking and answering the following questions with a partner. You may also invent your own questions, based on current vocabulary. The English equivalent of the question will be given with the answers.

1. **Badaukazu urrezko eskumuturrekorik?**
2. **Badaukazu urik edalontzi horretan?**
3. **Badaukazu denborarik luzemetraia ikusteko?**
4. **Gustatzen zaizu irristaketa?**
5. **Gustatzen zaizu herri musika?**
6. **Gustatzen zaizu opera?**
7. **Gustatzen zaizu jazza?** (pronounced YASSA)
8. **Interesatzen zaizu ekialdeko kultura?**
9. **Interesatzen zaizu hegoaldeko janaria?**
10. **Interesatzen zaizkizu idi-probak?**

ACTIVITY 4.12 ■ ZER ESAN DIOZU LAGUNARI? (WHAT DID YOU SAY TO YOUR FRIEND?)

Transform the sentences below into subordinate clauses, as demonstrated in the model.

Cue:

Telesail hau gustatzen zait. I like this television series.

Response:

Telesail hau gustatzen zaidala esan diot.

I told her/him that I like this television series.

1. **Komunikabideak garrantzitsuak dira.**
2. **Aditz berriak jokatzen dakit.**
3. **Gramatikalki menpeko perpausak interesatzen zaizkit.**
4. **Erraldoi handiak infartu bat izango du.**
5. **Zuek partiduan ikusiko nauzue.**
6. **Elkarrekin poteoa egingo dugu.**

ACTIVITY 4.13 ■ COMPREHENSION / TRANSLATION

Give the English equivalent of each of your complex sentences in activity 4.12.

Dialogue

Saguzaharraren zigorra

Goxo Sorginak jantzia aldatu behar du. Saguzahar handi batek alkondara atzaparkatu du, eta horregatik Goxok ezin du botoitu. Goxoren ustez, saguzahar hori oso gaiztoa da.

<<Saguzaharra harrapatuko dut, eta harrapatu eta gero, hilko dut!>>

Xurga banpiroa barrez dago. <<Barkatu, Goxo, baina zure aurpegia oso barregarria da. Benetan. Beno, ardo pixka bat edan behar duzu, lasaitzeko. Gero, guk saguzaharra aurkituko dugu, eta aurkitzen dugunean, makila batez joko dugu! Ikusiko duzu.>>

<<Saguzahar asko ezagutzen al duzu?>> Goxok zigarroa atera du. <<Azkar-azkar hegaz egiten dute! Arriskutsuak dira! Axola dizu erretzen badut?>>

Xurgak betaurrekoak jarri ditu sudur gainean. <<Barkatu, Goxo. Ez erre, mesedez. Ez dut erretzen, eta nire etxean zuk ere ez duzu erretzen. Bale?>>

<<Lasai, lasai. Gogoratzen naiz. Ez zaizkizu gustatzen zigarroak.>>

<<Eskerrik asko. Orain, dutxatu behar duzu, eta orduan arropa aldatu behar duzu. Nik alkondaran botoiak josiko ditut zuretzat. Prest zaudenean, sukaldeko aiztoa hartuko dugu, etxetik irtengo gara, saguzaharra aurkituko dugu, eta aiztoz zatituko dugu!!>>

<<A, Xurga! Zer lagun mina zaren!>>

Hitz eta esaldi berriak

atzaparkatu	to claw, to rip with claws
botoitu/botoitzen	to button (up)
makila	stick
makila batez	with a stick
azkar	quickly, fast
azkar-azkar	very quickly, very fast
erre/erretzen	to smoke
Axola dizu erretzen badut?	Do you mind if I smoke?
sudur	nose
botoi	button
zatitu	to chop (into pieces), to cut up
min	dear, close (with **lagun**, friend)
lagun min	dear friend
adar	horn, antler
aho	mouth
azeri	fox
azken urteetan	in the last few years
belarri	ear
beso	arm
bigundu/biguntzen	to soften, to get soft
bizkar	back
bular	chest
gogortu/gogortzen	to get hard
gorputz	body
harri	stone
hartz	bear
hego	wing (of an animal)
ipurdi	bottom, buttocks
kamustu/kamusten	to dull (an edge), to blunt (a point)
kamuts	blunt, dull (point, knife)
korrika egin/korrika egiten	run!, ran, run, to run
kosk egin/kosk egiten	bite it!, bit, bitten, to bite

latz	rough (surface or skin)
lepo	neck
letagin	fang
leundu/leuntzen	to smooth (something), to smooth out
luma	feather
mingain	tongue
moko	beak
motz	short
moztu/mozten	to cut (to make something short by cutting it)
mutur	muzzle, snout
otso	wolf
pistola	gun
papera	role
sudurzulo	nostril (lit.: nose hole)
ziren	past tense of **dira**
ziztatu/ziztatzen	to sting [insects]; to bite [snakes]; stung, bit, bitten
zorrotz	sharp
zorroztu/zorrozten	to sharpen, sharpen it!, sharpened
zuen	past tense of **du**
zulo	hole
zulotsu	rough (road), full of holes

Notice that many words are related to each other in meaning and in form. The word **zorrotz** (sharp) also appears in the verb **zorroztu** (to sharpen).

Question 1: When **zorrotz, motz,** and **kamuts** appear as verbs, the verb marker -**tu** is appended to the word and something else is removed. What is removed? (Check your answer below.)

Question 2: Some adjectives are formed by appending **-tsu** to the end of a noun. Look at **zulotsu, iletsu,** and an old word, **adimentsu.** What meaning can you ascribe to the syllable **tsu**? (Check your answer below.)

Question 3: Sometimes words are combined to form other words. In our vocabulary, the word **zulo** "hole" appears in two other words. What are they, and what do they mean? (Check your answer below.)

Answer to question 1: The "**t**" is removed from the final "**tz**" or "**ts**" combination. **Zorrotz** becomes **zorroz** in **zorroztu,** and the same kind of change happens in **moztu** and **kamustu.** The letter combinations "tzt" and "tst" do not occur in Euskara.

Answer to question 2: The syllable **-tsu** means "full of."

Answer to question 3: **Zulo** appears in **zulotsu** "rough, full of holes" and **sudurzulo** "nostril."

ACTIVITY 4.14 ■ RECOUNTING WHAT HAPPENED

Reading selections such as **Saguzaharraren zigorra** can provide a great deal of language practice when students attempt to retell the story in their own words. Expect to use much shorter sentences. Don't try to re-create the story as written. There is a big difference between the written language and the spoken one. Take turns in class trying to convey the action of the story to your classmates.

Another variation on this activity is role playing. Pair off with another student and act out the roles of Goxo and Xurga.

ACTIVITY 4.15 ■ QUESTION AND ANSWER PRACTICE

After studying the vocabulary list, practice asking and answering you-and-I questions based on the reading. Here are some suggested questions to get you started.

1. **Jantzia aldatu behar duzu?**
2. **Alkandora atzaparkatu duzu?**
3. **Alkandora botoitu ahal duzu?**
4. **Gaiztoa zara?**
5. **Ardo pixka bat edan behar duzu?**
6. **Saguzahar asko ezagutzen al duzu?**
7. **Botoiak josiko dituzu?**

And don't forget question-word interrogatives.

8. **Nork aldatu behar du jantzia?**
9. **Zer harrapatuko duzu?**
10. **Zerez joko duzu saguzaharra?**
11. **Nor da lagun mina?**

ACTIVITY 4.16 ■ ANIMAL ROUNDUP

Practice using your animal vocabulary by reading the sentences below aloud and deciding whether you agree (**Bai, ados nago**) or disagree (**Ez, ez nago ados**). Practice asking and answering the questions aloud.

1. **Elefanteek sudur luzeak dauzkate. Ados zaude?**
2. **Ardiek ile asko daukate. Ados zaude?**
3. **Oiloek hortz asko daukate. Ados zaude?**
4. **Behiek bost hanka dauzkate. Ados zaude?**
5. **Zaldien belarriak untxienak baino luzeagoak dira. Ados zaude?**
6. **Emakumeek ez daukate sudurzulorik. Ados zaude?**
7. **Arranoek hegaz egiten dute. Ados zaude?**
8. **Sugeek korrika egiten dute. Ados zaude?**
9. **Banpiroek bi letagin dauzkate. Ados zaude?**
10. **Saguzaharrek hegoak dauzkate. Ados zaude?**
11. **Hartzek ez daukate hortzik. Ados zaude?**
12. **Hipopotamoak iletsuak dira. Ados zaude?**
13. **Jirafaren lepoa oso luzea da. Ados zaude?**

14. **Gameluaren lepoa jirafarena baino luzeagoa da. Ados zaude?**
15. **Txakurrek kosk egin ahal dute. Ados zaude?**
16. **Katuek ezin dute hegaz egin. Ados zaude?**
17. **Azeriak adimentsuak dira. Ados zaude?**
18. **Azerien gorputza pinguinoena baino iletsuagoa da. Ados zaude?**
19. **Otsoen hankak zaldien hankak baino luzeagoak dira. Ados zaude?**
20. **Lehoiek adar luzeak dauzkate. Ados zaude?**

ACTIVITY 4.17 ■ COMPREHENSION / TRANSLATION

Now that you've read through them carefully, it will be easy to give the English equivalents for the sentences in activity 4.16.

ACTIVITY 4.18 ■ DIRECTED TRANSLATION

Modify the following sentences as directed.

1. **Saguzahar handi batek alkandora atzaparkatu du.**
   Change this sentence to mean, "A big bat dirtied the shirt" or ". . . got the shirt dirty."
2. **Saguzaharra harrapatuko dut, eta harrapatu eta gero, hilko dut!**
   Change this sentence to mean, "I'll draw the bat, and after I draw it, I'll color it!"
3. **Gero, guk saguzaharra aurkituko dugu, eta aurkitzen dugunean, makila batez joko dugu!**
   Change this sentence to mean, "Later, we will smell the bat, and when we smell it, we'll touch it with a stick!"
4. **Ez dut erretzen, eta nire etxean zuk ere ez duzu erretzen.**
   Change this sentence to mean, "I don't steal, and in my house you don't steal either."
5. **Ez zaizkizu gustatzen zigarroak.**
   Change this sentence to mean, "You aren't interested in cigarettes" or "Cigarettes don't interest you."

6. **Orain, dutxatu behar duzu, eta orduan arropa aldatu behar duzu.** Change this sentence to mean, "Now, you need to take a bath, and then you have to iron your clothes."

ANSWERS

ENGLISH EQUIVALENT OF **POZOIA UR-SISTEMAN!** (POISON IN THE WATER SYSTEM!)

1. Long Leg the Giant is sick.
2. His friends are also sick, but they don't know why.
3. Long Leg wants to talk with Xurga the Vampire.
4. Xurga lives in the giant's neighborhood.
5. Long Leg calls Xurga on the phone.
6. Xurga answers. "Yeah? What?"
7. "Oh, Xurga! It's me, Long Leg. I'm sick!
8. All the giants are sick.
9. We ate breakfast, and suddenly [we got] sick! How are you feeling?"
10. "I'm fine, but I don't eat food. What did you all eat this morning?"
11. "At my house, we breakfasted on caviar.
12. But Big Foot told me that in his house they did not eat caviar.
13. They ate bread, nothing else."
14. "Well, Long Leg, what did you all drink?"
15. "In my house, we drank water, but Big Foot told me that in his house they had coffee."
16. "What?! Gold? You all drank gold?"
17. "No, no, silly. Water, we drank water."
18. "Oh, forgive me. Water, not gold. You have to use water in coffee," Xurga said to him.
19. "Listen, Long Leg. There is something in the water. There is something in the water system.
20. Go to the other houses, pour water into drinking glasses, and let's go to Goxo's laboratory."

21. Long Leg went to the other houses.
22. Barky the Werewolf lives in the first house.
23. Big Foot and his family live in the second house.
24. Long Leg and his family live in the third house.
25. Xurga the Vampire lives in the fourth house.
26. They go from Xurga's house to the laboratory, with the four drinking glasses full of water.

ACTIVITY 4.1 ■ QUESTIONS AND ANSWERS

1. **Gaixorik daude.**
2. **Xurgarekin hitz egin nahi du Hanka Luzek.**
3. **Hanka Luzek telefonoz deitzen du.**
4. **Kabiarra gosaldu dute Hanka Luzeren etxean.**
5. **Ur-sisteman dago pozoia. Uran dago.**
6. **Lau etxe dago auzoan.**
7. **Zaunka otsogizona bizi da lehenengo etxean.**
8. **Oin Handiren etxea da bigarrena.**
9. **Goxoren laborategira eramaten dituzte edalontziak.**

ACTIVITY 4.1 ■ ENGLISH EQUIVALENTS

1. How are the giants? They are sick.
2. With whom does Long Leg wish to speak? Long Leg wants to talk with Xurga.
3. Who calls by phone? Who phones? Long leg calls.
4. What did they have for breakfast in Long Leg's house? In Long Leg's house they had caviar for breakfast.
5. Where is the poison? The poison is in the water system. It is in the water.
6. How many houses are there in the neighborhood? There are four houses in the neighborhood.
7. Who lives in the first house? Barky the werewolf lives in the first house.
8. Whose house is second? Big Foot's house is second.

9. Where do they take the water glasses? They take the water glasses to Goxo's laboratory.

ACTIVITY 4.2 ■ TRANSFORMATIONS WITH NOR-NORI-NORK

1. **diezue**
2. **didate**
3. **dizuete**
4. **digu**
5. **dizut**

ACTIVITY 4.3 ■ DIRECTED RESPONSES

1. **Nire lagunari emango diot. Dirua nire lagunari emango diot.**
2. **Eskumuturreko bat erosiko dizut.**
3. **Bihar ekarriko didate biletea.**
4. **Zuk irakurriko diguzu ipuina.**
5. **Erlojua emango dizuete.**
6. **Bai, beti egia esaten dizugu.**

ACTIVITY 4.4 ■ VERB RECOGNITION

1. He/she will give it to me.
2. They will give it to them.
3. We will give it to you.
4. We will give it to them.
5. I will give it to you.
6. He/she will give it to us.
7. You will give it to me.
8. You (pl.) will give it to her (or to him).
9. I will give it to them.
10. They will give it to me.

ENGLISH EQUIVALENT OF IPUINAK JARRAITZEN DU (THE STORY CONTINUES)

1. Long Leg is very tall, and he cannot enter the laboratory.
2. Xurga goes in, and he talks with the giant through the window.
3. In the lab, Goxo will test the water, she will try the water, and she will taste the water.
4. The giant says to Xurga, "Xurga! Ask Goxo if she has tested the water!"
5. And Xurga asks Goxo, "Goxo, have you tested the water?"
6. Goxo responds to Xurga, "Yes, Xurga, I have tested it."
7. The giant says to Xurga, "Xurga! Ask Goxo if she has tried the water!"
8. And Xurga asks Goxo, "Goxo, dear, have you tried the water?"
9. Goxo replies to Xurga, "Yes, Xurga, I have tried it."
10. The giant says something else to Xurga. "Xurga! Ask Goxo if she has tasted the water!"
11. And Xurga asks Goxo, "Goxo, sweetheart, have you tasted the water?"
12. Goxo answers Xurga, "Yes, Xurga, I have tasted it. Someone has put poison in your water system."
13. Once again Long Leg shouts at Xurga through the window. "Xurga! Ask her who did it!"
14. And Xurga asks Goxo, "Goxo, beloved, who put the poison in the water system?"
15. Goxo is thinking.
16. Then she says to Xurga, "Well . . . The giants did not put the poison in the water, because they are sick. You didn't put it [in the water], because the giants are your friends."
17. She thinks some more. "Well . . . We have four glasses. There is poison in the fourth one. There is poison in the third one. There is poison in the second one. But there is no poison in the first one!"

18. "But, Goxo, the water from our houses comes from the same water system."
19. "That's right! Barky the Werewolf put the poison in the water!"

ENGLISH EQUIVALENT OF **GALDERAK OSPITALEAN** (QUESTIONS AT THE HOSPITAL)

The vampire and the giants are angry. Barky the Werewolf has put poison in the water system. It's not possible to kill vampires by means of the poison, but the giants are sick.

They have to go to the doctor, but there isn't any giant-doctor in their town. Xurga the Vampire will ask questions for the giants. Long Leg will help. They go to the hospital and Xurga talks with a nurse. Long Leg must remain outside because he is very big. He will speak with Xurga through the window.

ACTIVITY 4.5 ■ REVIEW OF INDIRECT QUESTIONS

1. **Non bizi da erraldoi-sendagilea?** (Where does the giant-doctor live?)
2. **Zenbat gela daude ospitalean?** (How many rooms are in the hospital?)
3. **Nolakoak dira erizainak?** (What are the nurses like?)
4. **Erraldoiak gustatzen zaizkizu?** (Do you like giants? Are giants pleasing to you?)
5. **Nora joan da erraldoi-sendagilea?** (Where has the giant-doctor gone?)

ACTIVITY 4.6 ■ REVIEW OF **NOR-NORK** FORMS: **ZERGATIK EGIN DU?** (WHY DID HE DO IT?)

1. **Zuek ni gorrotatzen nauzue.**
2. **Hanka Luzeren txakurrak ni zauritu nau.**
3. **Zuek gu ez gaituzue ezagutzen.**
4. **Auzoko poliziek gu kalean ikusi gaituzte . . .**
5. **. . . eta haiek ni kartzelara eraman naute . . .**
6. **. . . zuek ni lehertutako gasolindegian ikusi nauzuelako.**
7. **Gainera, zuen haurrek gure semea ez dute besarkatu.**
8. **Nik zuek gorrotatzen zaituztet!**

ACTIVITY 4.7 ■ COMPREHENSION / TRANSLATION

1. You (pl.) hate me.
2. Long Leg's dog wounded me.
3. You (pl.) do not understand us (know us).
4. The neighborhood police saw us in the street . . .
5. . . . and they took me to jail . . .
6. . . . because you (pl.) saw me at the exploded gas station.
7. Furthermore, your children did not embrace our son.
8. I hate you (pl.)!

ACTIVITY 4.8 ■ COMPREHENSION / TRANSLATION

1. The sky is cloudy (covered). I will give you the umbrella.
2. It's cold in the office. The manager has given me a heater.
3. I have a pain in my wrist. The nurses will give me aspirin.
4. Without words, we cannot tell you the truth.
5. They will not write us a letter.
6. I'm hungry! Perhaps you (pl.) will give me food.
7. Do you know what we have given [to] her/him?
8. I don't know who will read the story to you. I don't know who will read you the story.

ACTIVITY 4.9 ■ PRACTICE WITH NOR-NORI-NORK

1. **Aldizkaria Mireni gustatzen zaio. Horregatik haiek erosi diote.**
2. **Aldizkaria guri gustatzen zaigu. Horregatik zuek erosi diguzue.**
3. **Aldizkaria zuei gustatzen zaizue. Horregatik guk erosi dizuegu.**
4. **Aldizkaria niri gustatzen zait. Horregatik zuk erosi didazu.**
5. **Aldizkaria guri gustatzen zaigu. Horregatik Jonek erosi digu.**
6. **Aldizkaria haurrei gustatzen zaie. Horregatik nik erosi diet.**
7. **Aldizkaria zuri gustatzen zaizu. Horregatik gurasoek erosi dizute.**
8. **Aldizkaria Andoniri gustatzen zaio. Horregatik guk erosi diogu.**

ACTIVITY 4.10 ■ COMPREHENSION / TRANSLATION

1. They eat pastries while they watch the program.
2. That program doesn't interest me.
3. For that reason, I watch the television intermittently while I write a letter to Mother.
4. It's warm in the living room. I will bring you ice. (I will bring ice to you.)
5. Edurne and I are going to Katmandu by train.
6. Will we tell them the truth?
7. Do you know if they will give me [the] money?

ACTIVITY 4.11 ■ QUESTIONS AND ANSWERS

1. **Badaukazu urrezko eskumuturrekorik?** Do you have a gold bracelet?
   Bai, badaukat. Bai, badaukat urrezko eskumuturrekoa.
   Ez, ez daukat. Ez, ez daukat urrezko eskumuturrekorik.
2. **Badaukazu urik edalontzi horretan?** Do you have water in that drinking glass?
   Bai, ura daukat edalontzi honetan.
   Ez, ez daukat urik edalontzi honetan. Ez, ez daukat ura edalontzi honetan.
3. **Badaukazu denborarik luzemetraia ikusteko?** Do you have time to see a full-length movie?
   Bai, badaukat denbora luzemetraia ikusteko.
   Ez, ez daukat denborarik luzemetraia ikusteko.
4. **Gustatzen zaizu irristaketa?** Do you like skating?
   Bai, gustatzen zait irristaketa.
   Ez, ez zait gustatzen irristaketa.
5. **Gustatzen zaizu herri musika?** Do you like folk music?
   Bai, gustatzen zait herri musika.
   Ez, ez zait gustatzen herri musika.
6. **Gustatzen zaizu opera?** Do you like opera?

Bai, gustatzen zait opera.

Ez, ez zait gustatzen opera.

7. **Gustatzen zaizu jazza** (pronounced YASSA)? Do you like jazz?
   Bai, gustatzen zait jazza.
   Ez, ez zait gustatzen jazza.
8. **Interesatzen zaizu ekialdeko kultura?** Are you interested in Eastern culture? Does Eastern culture interest you?
   Bai, interesatzen zait. Bai, ekialdeko kultura interesatzen zait.
   Ez, ez zait interesatzen. Ez, ekialdeko kultura ez zait interesatzen.
   Ez, ez zait interesatzen ekialdeko kultura.
9. **Interesatzen zaizu hegoaldeko janaria?** Are you interested in Southern food?
   Bai, interesatzen zait hegoaldeko janaria. Bai, hegoaldeko janaria interesatzen zait.
   Ez, ez zait interesatzen hegoaldeko janaria. Ez, hegoaldeko janaria ez zait interesatzen.
10. **Interesatzen zaizkizu idi-probak?** Are you interested in contests to see how much weight oxen can pull?
    Bai, interesatzen zaizkit idi-probak. Bai, idi-probak interesatzen zaizkit.
    Ez, ez zaizkit interesatzen idi-probak. Ez, idi-probak ez zaizkit interesatzen.

ACTIVITY 4.12 ■ ZER ESAN DIOZU LAGUNARI? (WHAT DID YOU SAY TO YOUR FRIEND?)

1. **Komunikabideak garrantzitsuak direla esan diot.**
2. **Aditz berriak jokatzen dakidala esan diot.**
3. **Gramatikalki menpeko perpausak interesatzen zaizkidala esan diot.**
4. **Erraldoi handiak infartu bat izango duela esan diot.**
5. **Zuek partiduan ikusiko nauzuela esan diot.**
6. **Elkarrekin poteoa egingo dugula esan diot.**

ACTIVITY 4.13 ■ COMPREHENSION / TRANSLATION

1. I told him/her that the mass media are important.
2. I told him/her that I know how to conjugate the new verbs.
3. I told him/her that I am interested grammatically in subordinate clauses.
   I told him/her that subordinate clauses interest me grammatically.
4. I told him/her that the large giant will have a heart attack.
5. I told him/her that you all will see me at the game.
6. I told him/her that we will go bar-hopping together.

ENGLISH EQUIVALENT OF SAGUZAHARRAREN ZIGORRA (THE BAT'S PUNISHMENT)

Goxo the Witch needs to change her clothes. A big bat clawed her shirt, and that's why Goxo cannot button it up. In Goxo's opinion, that bat is very bad [naughty].

"I will catch the bat, and after I catch it, I'll kill it!"

Xurga the Vampire is laughing. "Excuse me, Goxo, but your face is very funny. Really. Okay, you need to drink a little wine in order to relax. Later, we will find the bat, and when we find it, we will hit it with a stick! You'll see."

"Do you know a lot of bats?" Goxo took out a cigarette. "They fly very fast! They're dangerous! Do you mind if I smoke?"

Xurga put his glasses on top of his nose. "Excuse me, Goxo. No smoking, please. I don't smoke, and in my house you don't smoke either. All right?"

"Relax, relax. I remember. You don't like cigarettes."

"Thank you very much. Now, you have to shower, and then you must change your clothes. I will sew the buttons on the shirt for you. When you're ready, we'll take a knife from the kitchen, we'll leave the house, we'll find the bat, and we'll chop it to pieces!"

"Oh, Xurga! What a dear friend you are!"

ACTIVITY 4.15 ■ QUESTION AND ANSWER PRACTICE

1. **Jantzia aldatu behar duzu?** (Do you have to change your clothes?)
   Bai, jantzia aldatu behar dut.
   Ez, ez dut jantzia aldatu behar.
2. **Alkandora atzaparkatu duzu?** (Did you claw the shirt?)
   Bai, alkandora atzaparkatu dut. Bai, atzaparkatu dut.
   Ez, ez dut alkandora atzaparkatu. Ez, ez dut atzaparkatu.
3. **Alkandora botoitu ahal duzu?** (Can you button the shirt?)
   Bai, alkandora botoitu ahal dut.
   Ez, ezin dut alkandora botoitu. Ez, ezin dut.
4. **Gaiztoa zara?** (Are you bad? Are you naughty?)
   Bai, gaiztoa naiz.
   Ez, ez naiz gaiztoa. Saguzaharra gaiztoa da.
5. **Ardo pixka bat edan behar duzu?** (Do you need to drink a little wine?)
   Bai, ardo pixka bat edan behar dut. Ardo asko edan behar dut.
   Ez, ez dut behar. Ez, ez dut ardorik edan behar.
6. **Saguzahar asko ezagutzen al duzu?** (Are you acquainted with a lot of bats?)
   Bai, saguzahar asko ezagutzen dut. (Remember: **asko** is treated as a singular.)
   Ez, ez dut saguzahar asko ezagutzen.
7. **Botoiak josiko dituzu?** (Will you sew the buttons?)
   Bai, botoiak josiko ditut.
   Ez, ez ditut botoiak josiko.
8. **Nork aldatu behar du jantzia?** (Who needs to change clothes?)
   Goxok aldatu behar du jantzia.
   Nik aldatu behar dut jantzia.
   Zuk aldatu behar duzu jantzia.
9. **Zer harrapatuko duzu?** (What will you catch?)
   Saguzaharra harrapatuko dut.
   Katarroa harrapatuko dut.

10. **Zerez joko duzu saguzaharra?** (With what will you hit the bat?)
Makila batez joko dut. Makila batez joko dut saguzaharra.
11. **Nor da lagun mina?** (Who is a dear friend?)
Xurga da lagun mina.
Ni naiz lagun mina.
Zu zara lagun mina.

ACTIVITIES 4.16 AND 4.17 ■ ANIMAL ROUNDUP AND COMPREHENSION / TRANSLATION

1. **Bai, ados nago.**	Elephants have long noses.
2. **Bai, ados nago.**	Sheep have a lot of hair.
3. **Ez, ez nago ados.**	Chickens have a lot of teeth.
4. **Ez, ez nago ados.**	Cows have five legs.
5. **Ez, ez nago ados** (or **Bai**).	Horses' ears are longer than rabbits'.
6. **Ez, ez nago ados.**	Women don't have any nostrils.
7. **Bai, ados nago.**	Eagles fly.
8. **Ez, ez nago ados.**	Snakes run.
9. **Bai, ados nago.**	Vampires have two fangs.
10. **Bai, ados nago.**	Bats have wings.
11. **Ez, ez nago ados.**	Bears don't have any teeth.
12. **Ez, ez nago ados.**	Hippopotamuses are hairy.
13. **Bai, ados nago.**	A giraffe's neck is very long.
14. **Ez, ez nago ados.**	A camel's neck is longer than a giraffe's.
15. **Bai, ados nago.**	Dogs can bite.
16. **Bai, ados nago.**	Cats can't fly.
17. **Bai, ados nago.**	Foxes are intelligent.
18. **Bai, ados nago.**	Foxes' bodies are hairier than penguins'.
19. **Ez, ez nago ados.**	Wolves' legs are longer than horses' legs.
20. **Ez, ez nago ados.**	Lions have long horns.

ACTIVITY 4.18 ■ DIRECTED TRANSLATION

1. Saguzahar handi batek alkandora zikindu du.
2. Saguzaharra marraztuko dut, eta marraztu eta gero, margotuko dut!
3. Gero, guk saguzaharra usainduko dugu, eta usaintzen dugunean, makila batez ukituko dugu!
4. Ez dut lapurtzen, eta nire etxean zuk ere ez duzu lapurtzen.
5. Ez zaizkizu interesatzen zigarroak.
6. Orain, bainatu behar duzu, eta orduan arropa lisatu behar duzu.

CHAPTER FIVE

Give Me Sticks and Guns

Dialogue

Saguzaharra harrapatuko dugu!

1. **Goxo prest dago saguzaharra harrapatzeko.**
2. **<<Xurga! Prest zaude? Saguzaharra harrapatu behar dugu!>>**
3. **Xurgak erantzuten dio, <<Ez, ez, ez nago prest.**
4. **Barkatu, Goxo, baina egongela txukundu behar dut.**
5. **Gainera, ohea egin behar dut.**
6. **Eta ez dut oraindik ilea orraztu! Ez nago prest.>>**
7. **Goxok besoak tolestu ditu.**
8. **<<Eta zer gehiago egingo duzu? Gosalduko duzu?**
9. **Egunkaria irakurriko duzu? Footing egingo duzu?>>**
10. **Xurgak pentsatu du, serioski.**
11. **<<Beharbada, bai. Garbitzen hasten banaiz oraintxe bertan,**
12. **bukatu ahal izango dut joan baino lehen!>>**
13. **Goxok esan dio, ahotsa sarkasmoz beteta,**
14. **<<Ez ahaztu, Xurga . . . amari deitu behar diozu,**
15. **irratiko berriak entzun nahi dituzu,**
16. **hiru gutun lagunei idatzi behar dizkiezu,**
17. **eta gero gutunak postetxera eraman behar dituzu . . . >>**
18. **<<Ai, ene! Arrazoia daukazu!**
19. **Ama triste dago, dibortziatzen delako!**
20. **Inoiz ez dut ulertu zergatik ezkondu zen Transilbaniako banpiro horrekin!**
21. **Zer tragedia!>>**
22. **Goxok pazientzia galdu du.**
23. **<<Ez, ez, EZZZZ!!!! Ahaztu gutuna! Ahaztu egongela!**

24. Ahaztu dena! Nirekin joan behar duzu!
25. Saguzaharra harrapatu behar dugu! Gogoratzen?!!!>>
26. Xurga isildu da. Segundu batzuk pasatu dira.
27. Azkenean, Xurgak hilkutxako estalkia itxi du,
28. garbizapia bazterrera bota du, eta lasai-lasai Goxori esan dio,
29. <<Beno, Goxo maitea, prest nago. (Zuk niri) Bi aizto emango dizkidazu?>>
30. Goxok Xurgari bi aizto eman dizkio.
31. <<(Zuk) Hiru makila emango dizkidazu?>>
32. <<Makilak eman dizkizut lehenago.>>
33. <<Beno. Eta pistolak? Non daude pistolak?>>
34. Goxok Xurgari bi pistola eman dizkio.
35. <<Ederki. Ia-ia prest gaude. Itzali argiak, mesedez.
36. Goazen saguzaharra harrapatzera!>>

Hitz eta esaldi berriak

tolestu/tolesten — to fold
sarkasmo — sarcasm
sarkasmoz beteta — full of sarcasm
ahaztu/ahazten — to forget

ezkondu/ezkontzen — to get married, to marry
zen — past tense of **da**
Transilbania — Transylvania
tragedia — tragedy
pazientzia — patience
dena — everything
segundu — second (unit of time)

estalki — lid, cover
garbizapi — cleaning rag
ikasgai — lesson
urtu/urtzen — to melt
zahartu/zahartzen — to grow old

inoiz	ever
lapitz	pencil
mahaizapi	tablecloth
jarri	to put, to place
jarri mahaia	to set the table
behin	once
laguntza	help
adierazi/adierazten	to explain, explained
misteriotsu	mysterious
mugitu/mugitzen	to shake back and forth, to move
ezetz esateko	in order to say no, saying no
baietz esateko	in order to say yes, saying yes
gaixoa	poor thing
bereziki	especially
edozer	anything
hasperen	sigh
antolatu/antolatzen	to organize, organized
edari	beverage, drink
Eskozia	Scotland
ezagun	well known
falta da	is missing, isn't here
astegun	weekday
joateko gogoa daukat	I have a desire to go, I want to go
jaio nintzen	I was born
nintzen	past tense of **naiz**
. . . omen da	I hear that it is . . . , they say that . . .
ahots	voice
bidali/bidaltzen	to send, sent
bilatu/bilatzen	to look for
bilera	meeting
bizimodu	lifestyle

Olatz	a woman's name
Idoia	a woman's name
Naroa	a woman's name
biak	both [lit.: the two]
biok	both, we two
eta biok	and I (**Jon eta biok** Jon and I or both Jon and I)

NOTE: The words **biak** and **biok** are used differently. The **-ok** of **biok** indicates that the speaker includes himself or herself as part of the group, whereas **biak** indicates that the speaker is talking about two *other* people or things.

ACTIVITY 5.1 ■ QUESTION AND ANSWER PRACTICE

Here are some sample questions and answers based on the new vocabulary and the reading **Saguzaharra harrapatuko dugu!** Practice asking and answering these you-and-I questions, and invent some of your own as well.

1. **Prest zaude ikasgaia ikasteko?**
2. **Prest zaude ohea egiteko?**
3. **Prest zaude footing egiteko?**
4. **Zer ordutan hasiko zara garbitzen?**
5. **Zer ordutan hasiko zara ilea orrazten?**
6. **Zer ordutan hasiko zara gutunak idazten?**
7. **Badakizu aiztoa zorrozten?**
8. **Badakizu mahaizapia tolesten?**
9. **Badakizu ahotsa botatzen?**

ACTIVITY 5.2 ■ ROLE PLAYING

Study the text as a dialogue and practice the lines in quotation marks (what Goxo and Xurga say to each other). Play the roles of Goxo and Xurga with another student. Read your parts a few times aloud with each other. Then do your best to act out the dialogue. Have fun with it.

ACTIVITY 5.3 ■ QUESTIONS AND ANSWERS

Write out answers to these questions. Some possible answers are given at the end of the chapter.

1. **Nortzuek xurgatzen dute odola?**
2. **Zer urtuko du eguzkiak, abenduan, zure etxe aurrean?**
3. **Nork zainduko zaitu, zahartzen zarenean?**
4. **Suge batek inoiz ziztatu al zaitu?**
5. **Katuek zaunka egiten dute?**
6. **Zuk lapitzak zorrozten dituzunean, makina ala aiztoa erabiltzen duzu?**
7. **Gustatzen al zaizu patatak zuritzea?**
8. **Afaria prestatu eta gero, telebista pizten al duzu?**

ACTIVITY 5.4 ■ COMPREHENSION / TRANSLATION

Give English equivalents for the following:

1. **Lo egin nahi dugunean, oheratzen gara.**
2. **Sendagileek batzuetan zauritzen gaituzte.** (basic verb form is **zauritu**)
3. **Idoia! Leundu mahaizapia eta jarri mahaia!**
4. **Ikasleek klarionez arbelean idazten dute, eta irakasleak ezabatzen du.**
5. **Goiz esnatzen bagara, pozik egongo naiz.**
6. **Zer ezkutatzen duzu zure atzean?**
7. **Nolako edariak dauzkate taberna honetan?**
8. **Jaio nintzen mila bederatziehun eta hirurogeian.**
9. **Transilbaniako banpiroa oso ezaguna dela uste dut.**

■ Ukan (nor-nori-nork) with plural direct objects ■

In chapter 4 we built a chart of all the **nor-nori-nork** forms we have studied thus far. Now we're going to add one more element to the chart, a morpheme for plural direct objects: **dizk-**. The **d-** in the chart represents the singular direct object and **dizk-** will be used whenever the direct object is plural.

Amak Joni ipuina irakurriko dio.	Mother will read the story to Jon.
Amak Joni ipuinak irakurriko dizkio.	Mother will read the stories to Jon.
Guk neskari globo bat emango diogu.	We will give the girl a balloon.
Guk neskari globoak emango dizkiogu.	We will give the girl balloons.

Now our verb chart for **nor-nori-nork** looks like this:

Singular or Plural Direct Object	*Select an Indirect Object*	*Select a Subject Marker*
	io [to him, to her]	____ ***(berak)***
d	**ie** [to them]	**-te (haiek)**
dizk	**izu** [to you]	**-t / -da (nik)**
	izue [to you all]	**-zu (zuk)**
	igu [to us]	**-gu (guk)**
	it / ida [to me]	**-zue (zuek)**

ACTIVITY 5.5 ■ SUBSTITUTION / TRANSFORMATION DRILL

The purpose of this drill is to practice using the two direct object markers in the **nor-nori-nork** form of the auxiliary verb. The subject and indirect object remain the same for each model sentence. The cues are direct objects, singulars and plurals. Read through the exercise once, then try it with the responses covered.

Model:

Gurasoek ipuinak irakurriko dizkidate.

My parents will read the stories to me.

Cues:

ipuin bat — **Gurasoek ipuin bat irakurriko didate.**

gutunak	**Gurasoek gutunak irakurriko dizkidate.**
gutun hori	**Gurasoek gutun hori irakurriko didate.**
liburuak	**Gurasoek liburuak irakurriko dizkidate.**
liburu hau	**Gurasoek liburu hau irakurriko didate.**
ipuinak	**Gurasoek ipuinak irakurriko dizkidate.**

Model:

Lagun horrek ez dit globoa emango. That friend will not give me the balloon.

Cues:

edariak	**Lagun horrek ez dizkit edariak emango.**
edari bat	**Lagun horrek ez dit edari bat emango.**
edaririk	**Lagun horrek ez dit edaririk emango.**
aiztoak	**Lagun horrek ez dizkit aiztoak emango.**
pistola	**Lagun horrek ez dit pistola emango.**
makilarik	**Lagun horrek ez dit makilarik emango.**

Model:

Zuk kotxea erregalatu didazu. You have given me the car as a gift.

Cues:

giltzak	**Zuk giltzak erregalatu dizkidazu.**
txakur bat	**Zuk txakur bat erregalatu didazu.**
urrezko eraztunak	**Zuk urrezko eraztunak erregalatu dizkidazu.**
otsoaren letagina	**Zuk otsoaren letagina erregalatu didazu.**
inprimagailuak	**Zuk inprimagailuak erregalatu dizkidazu.**
ordenadorea	**Zuk ordenadorea erregalatu didazu.**

ACTIVITY 5.6 ■ SUBSTITUTION / TRANSFORMATION DRILLS

Practice all drills aloud. Pay attention to the meanings of each sentence. The direct objects in these drills are all plural. The purpose of these drills is to practice altering the indirect object markers and to become comfortable with the sound of the plural direct object marker. Use the cues in parentheses to guide you as you change the indirect object portion of the auxiliary verbs.

Model:

Haiek opariak erregalatu dizkidate. They gave me gifts.

Cues:

berari	**Haiek opariak erregalatu dizkiote.** They gave him/her gifts.
haiei	**Haiek opariak erregalatu dizkiete.** They gave them gifts.
zuri	**Haiek opariak erregalatu dizkizute.** They gave you gifts.
zuei	**Haiek opariak erregalatu dizkizuete.** They gave you (pl.) gifts.
guri	**Haiek opariak erregalatu dizkigute.** They gave us gifts.
niri	**Haiek opariak erregalatu dizkidate.** They gave me gifts.

Model:

Zuk ez dizkidazu aterkiak eman. You didn't give me the umbrellas.

Cues:

berari	**Zuk ez dizkiozu aterkiak eman.** You didn't give him/her the umbrellas.
haiei	**Zuk ez dizkiezu aterkiak eman.** You didn't give them the umbrellas.
guri	**Zuk ez dizkiguzu aterkiak eman.** You didn't give us the umbrellas.
niri	**Zuk ez dizkidazu aterkiak eman.** You didn't give me the umbrellas.

Model:

Zuek ez dizkidazue bileteak erosi nahi. You (pl.) don't want to buy me the tickets.

Cues:

berari	**Zuek ez dizkiozue bileteak erosi nahi.** You (pl.) don't want to buy him/her the tickets.

haiei	**Zuek ez dizkiezue bileteak erosi nahi.**
	You (pl.) don't want to buy them the tickets.
guri	**Zuek ez dizkiguzue bileteak erosi nahi.**
	You (pl.) don't want to buy us the tickets.
niri	**Zuek ez dizkidazue bileteak erosi nahi.**
	You (pl.) don't want to buy me the tickets.

Model:

Nik hiru gutun idatzi dizkizuet. I wrote three letters to you (pl.).

Cues:

berari	**Nik hiru gutun idatzi dizkiot.**
	I wrote three letters to him/her.
haiei	**Nik hiru gutun idatzi dizkiet.**
	I wrote three letters to them.
zuri	**Nik hiru gutun idatzi dizkizut.**
	I wrote three letters to you.
zuei	**Nik hiru gutun idatzi dizkizuet.**
	I wrote three letters to you (pl.).

Model:

Guk gozokiak erosiko dizkizuegu. We will buy you (pl.) the sweets.

Cues:

berari	**Guk gozokiak erosiko dizkiogu.**
	We will buy him/her the sweets.
haiei	**Guk gozokiak erosiko dizkiegu.**
	We will buy them the sweets.
zuri	**Guk gozokiak erosiko dizkizugu.**
	We will buy you the sweets.
zuei	**Guk gozokiak erosiko dizkizuegu.**
	We will buy you (pl.) the sweets.

ACTIVITY 5.7 ■ NOR-NORI-NORK PRACTICE

Provide the **nor-nori-nork** form of the auxiliary verb required by the suggested changes. Then practice the exercise aloud until you can do it smoothly. Answers are at the end of the chapter.

Model:

Txinakoek herensugeak emango dizkidate. The Chinese will give me dragons.

Cues:

1. **(berari) Txinakoek herensugeak emango** ______________________.
2. **(zuri) Txinakoek herensugeak emango** ______________________.
3. **(haiei) Txinakoek herensugeak emango** ______________________.
4. **(guri) Txinakoek herensugeak emango** ______________________.
5. **(niri) Txinakoek herensugeak emango** ______________________.

Model:

Sorginak saguzaharrak saldu dizkit. The witch sold me bats.

Cues:

6. **(guri) Sorginak saguzaharrak saldu** ______________________.
7. **(berari) Sorginak saguzaharrak saldu** ______________________.
8. **(zuri) Sorginak saguzaharrak saldu** ______________________.
9. **(haiei) Sorginak saguzaharrak saldu** ______________________.
10. **(niri) Sorginak saguzaharrak saldu** ______________________.

Model:

Nik giltzak emango dizkizut. I will give you the keys.

Cues:

11. **(berari) Nik giltzak emango** ______________________.
12. **(haiei) Nik giltzak emango** ______________________.
13. **(zuei) Nik giltzak emango** ______________________.
14. **(zuri) Nik giltzak emango** ______________________.

ACTIVITY 5.8 ■ SUBSTITUTION / TRANSFORMATION DRILL

In the following oral practice, the cues in parentheses are for the *direct object* instead of the indirect object. You will be choosing between **d-** and **dizk-** for your auxiliary verb. The indirect objects will not change.

Practice by reading the sentences aloud. Then cover the responses with a piece of paper and supply the verbs yourself.

Model:

Gurasoek dirua eman didate. My parents gave me the money.

Cues:

kotxe berria	**Gurasoek kotxe berria eman didate.**
belarritakoak	**Gurasoek belarritakoak eman dizkidate.**
gitarra	**Gurasoek gitarra eman didate.**
bileteak	**Gurasoek bileteak eman dizkidate.**

Model:

Zuk ez didazu globoa eman. You haven't given me the balloon.

Cues:

liburua	**Zuk ez didazu liburua eman.**
giltzak	**Zuk ez dizkidazu giltzak eman.**
berogailua	**Zuk ez didazu berogailua eman.**
betaurrekoak	**Zuk ez dizkidazu betaurrekoak eman.**
boligrafo hori	**Zuk ez didazu boligrafo hori eman.**
loreak	**Zuk ez dizkidazu loreak eman.**

ACTIVITY 5.9 ■ VERB FORMATION WITH SINGULAR AND PLURAL DIRECT OBJECTS

Fill in the blanks with the appropriate auxiliary verb forms. The new direct objects are underlined.

Model:

Jaiak dira! Nork emango dizkigu bileteak? It's festival time! Who will give us tickets?

Cues:

1. **Jaiak dira! Nork emango ______________________ ardoa?**
2. **Jaiak dira! Nork emango ______________________ boinak?**
3. **Jaiak dira! Nork emango ______________________ globoak?**
4. **Jaiak dira! Nork emango __________________ baimena joateko?**
5. **Jaiak dira! Nork emango ______________________ txanponak?**

Model:

Erraldoiek behiak kendu dizkiete! The giants have taken the cows away from them!

6. Erraldoiek etxea kendu ______________________!
7. Erraldoiek oiloak kendu ______________________!
8. Erraldoiek trena kendu ______________________!
9. Erraldoiek kotxe eta bizikleta kendu ______________________!
10. Erraldoiek zuhaitzak kendu ______________________!

Dialogue

Saguzaharraren bila

Xurga eta Goxo oinez doaz haitzulora, isil-isilik heltzera. Haitzuloko ahoan gelditzen dira. Gaueko hamarrak dira, baina Xurgak ez daki zenbat denbora beharko duten saguzaharra harrapatzeko. Horregatik Xurga urduri dago.

<<Goxo, zer gertatuko da saguzaharra aurkitu eta gero?>>

<<Hilko dugu, noski.>>

<<Goxo maitea, ba al dauzkazu sukaldeko aiztoak?>>

<<Bai, badauzkat.>>

<<Eta zorrotzak dira?>>

Goxo Sorginak hasperen egin du. <<Zer daukazu, Xurga? Zergatik zaude urduri?>>

<<Zure ustez, denbora asko beharko al dugu saguzaharra harrapatzeko?>>

<<Ez dakit. Beharbada, saguzaharra oraindik lotan dago. Kasu horretan, bost minutu edo beharko ditugu. Bestela, denbora gehiago beharko dugu. Esnatuta badago, hegaz egiten hasiko da ikusten gaituenean. Hala ere, gazte eta sendoak gara, ezta? Gainera, guk ere hegaz egiten dakigu. Orduan, lasai. Saguzaharrak ezin du ihes egin.>>

<<Ederki.>>

Aurreratzen dira. Bat-batean, Xurga berriro gelditzen da.

<<Kontuz, Goxo! Zerbait entzun dut!>>

<<Lasai, Xurga. Irratia piztu dut, haitzulotik irten baino lehen. Nire katuari gustatzen zaio musika entzutea. Aurrera!>>

Pixkanaka-pixkanaka aurreratzen dira. Azkenean Xurgak eta Goxok saguzaharra ikusten dute. Lotan dago! Azkar-azkar harrapatzen dute eta kaiola batean sartzen dute. Arrakasta!

Hitz eta esaldi berriak

Zer daukazu?	What's the matter? [lit.: What do you have?]
kasu horretan	in that case
edo	or, about
bost minutu edo	about five minutes
hala ere	however
hala eta guztiz ere	however
aurreratu/aurreratzen	to advance, to move forward
pixkanaka-pixkanaka	little by little
kaiola	cage
arrakasta	success
porrot	failure
ahots korda	vocal cord
arau	rule

argazki	photograph
bazter	corner
elkarte	association
funtzionatu/funtzionatzen	to work, function, worked, functioned
ihes egin/ihes egiten	to escape, escaped
jenio	genius
urrutiko aginte	remote-control device
sortu/sortzen	to created, created
tragedia	tragedy
webgune	Web site
zehazki	exactly
zen	past tense of **da**
zoritxarrez	unfortunately
artifizial	artificial

ACTIVITY 5.10 ■ DIRECTED TRANSLATION WITH A MODEL TEXT

Find the phrases or sentences in the reading that mean the following. Decide in class how these phrases can be altered to express moments in your own life.

1. They stop at the mouth of the cave.
2. What will happen . . .
3. . . . after we find the bat?
4. Goxo the Witch sighed.
5. In your opinion, will we need a lot of time?
6. Perhaps the bat is still asleep.
7. . . . he will start flying when he sees us.
8. Furthermore, we also know how to fly.

9. I turned on the radio before leaving the cave.
10. My cat likes to listen to music.

ACTIVITY 5.11 ■ REVIEWING QUESTION WORDS

Answer the following questions in Euskara based on the text **Saguzaharraren bila.** Use complete sentences.

1. **Nola doaz haitzulora Xurga eta Goxo?**
2. **Zer egingo dute, saguzaharra aurkitu eta gero?**
3. **Nor dago urduri?**
4. **Esnatuta badago saguzaharra, zer egingo du ikusten dituenean?**
5. **Nortzuek dakite hegaz egiten?**
6. **Zer entzun du Xurgak?**
7. **Goxok irratia piztu du haitzulotik irten baino lehen. Zergatik?**
8. **Nola aurreratzen dira?**

Dialogue

Xurgak Goxori zerbait esan behar dio.

Xurga must say something to Goxo.

Saguzaharra harrapatu eta gero, Xurgak euskara ikasi behar du.

After capturing the bat, Xurga must study Basque.

GOXO: **Xurga! Zer moduz? Zertan ari zara?**

Xurga! How are you? What are you doing?

XURGA: **Ai ene! Goxo, lagundu! Aditzak ikasten ari naiz, eta nahiko zailak direla uste dut.**

Oh, my! Goxo, help! I'm studying verbs, and I think they are rather difficult.

G: **Euskal aditzak?**

Basque verbs?

X: **Bai, noski. Asko aldatzen dira. Zergatik?**

Yes, of course. They change a lot. Why is that?

G: **Ez dakit zergatik. Ez dakit adierazten. Misterioa da, ez da? Euskaldunen historia misteriotsua omen da eta haien hizkuntza ere misteriotsua da.**

I don't know why. I don't know how to explain it. It's a mystery, isn't it? They say the history of the Basques is mysterious, and their language is mysterious, too.

X: **Nork esan dizu hori?**

Who told you that?

G: **Inork ez dit esan. Liburu batean irakurri dut, eta liburu batean badago, egia izan behar dela uste dut.**

No one told me. I've read it in a book, and if it's in a book, I think it must be true.

X: **(burua mugitzen, ezetz esateko) Goxo, gaixoa. Beharbada liburuan ikusi duzu, baina ez dakit egia den. Euskaldunak oso normalak iruditzen zaizkit.**

(shaking his head no) Poor Goxo. Perhaps you've seen it in a book, but I don't know if it's true. Basques seem very normal to me.

G: **Bai, bai, niri ere bai. Normalak. Baina haien historia misteriotsua da.**

Yes, yes, to me as well. Normal. But their history is mysterious.

X: **Beno, horrekin ados nago. Eta bereziki aditza! Laguntza behar dut. Lagunduko nauzu? Laguntza emango didazu?**

Well, I agree with that. And especially the verb! I need help. Will you help me? Will you give me some help?

G: **Bai, laguntza emango dizut. Baina lehenengoz zerbait esan behar didazu.**

Yes, I will help you. But first of all you must say something to me.

X: **Bai, bai. Edozer.**

Yes, yes. Anything.

G: **<<Mesedez>> esan behar didazu.**

You must say "Please" to me.

X: **(hasperena) Beno . . . Lagundu, mesedez!**

(sigh) Okay . . . Help me, please!

ACTIVITY 5.12 ■ COMPREHENSION PRACTICE

Read through the text aloud several times. Cover the English equivalents and give your best translation of the Basque. After you finish this chapter, come back and reverse this exercise by attempting to produce the Basque sentences, using the English as your cue.

ACTIVITY 5.13 ■ MORE REVIEW OF QUESTION WORDS

Answer the following questions in Euskara:

1. **Nolakoak dira aditzak?**
2. **Nortzuk dira misteriotsuak?**
3. **Non irakurri du Goxok egia?**
4. **Zer behar du Xurgak?**
5. **Ados zaude Goxorekin?**

ACTIVITY 5.14 ■ DIRECTED TRANSLATION / SENTENCE BUILDING

Say the following in Euskara. The purpose of this exercise is to begin with a familiar structure (as provided in the text), then alter it to create new meanings with similar structures, using vocabulary we have studied in previous chapters.

Model:

I am studying verbs. **Aditzak ikasten ari naiz.**

Cues:

1. I am studying geography.
2. I am studying this book.
3. I am reading this book.
4. We are reading this book.

Model:

I don't know if it is true. **Ez dakit egia den.**

Cues:

5. I don't know if she is mysterious.
6. I don't know if she will come.
7. You don't know if she will come.
8. You don't know if she will come or not.

Model:

I think you read it in that book. **Liburu horretan irakurri duzula uste dut.**

Cues:

9. I think they read it in that book.
10. I think they read it in that newspaper.
11. You think they read it in that newspaper.
12. You think I read it in that newspaper.

ACTIVITY 5.15 ■ NOR-NORI-NORK WITH DIFFERENT TENSES

The purpose of this exercise is to practice forming the recent past, future, and habitual present tenses with the **nor-nori-nork** (direct object–indirect object–subject) forms of the auxiliary verb **ukan.** Finish the sentences below as in the models. Then give English equivalents for all.

Model:

Zoritxarrez, gaur amak ez dit dirua eman. Bihar, bai . . . Unfortunately, today Mother has not given me money.

Response:

Bihar, bai, amak dirua emango dit. Tomorrow, yes, Mother will give me money.

Cues:

1. **Zoritxarrez, gaur sendagileek ez dizkiote ahots korda artifizialak eman. Bihar, bai . . .**
2. **Zoritxarrez, gaur zuk ez dizkidazu makilak erregalatu. Bihar, bai . . .**

3. **Gaur zuek ez diguzue urrutiko agintea kendu. Bihar, bai . . .**
4. **Gaur guk ez dizugu ezer esan sarkasmoz beteta. Bihar, bai . . .**

Model:

Gaur goizean zuk erantzunak eman dizkidazu. Egunero . . . This morning you gave me answers. Every day . . .

Response:

Egunero zuk erantzunak ematen dizkidazu. Every day you give me answers.

Cues:

5. **Gaur goizean haiek pistolak erregalatu dizkigute. Egunero . . .**
6. **Gaur goizean nik betaurrekoak kendu dizkizut. Egunero . . .**
7. **Gaur goizean Xurgak Goxori gutuna idatzi dio. Egunero . . .**
8. **Gaur goizean zuk janaria eman didazu. Egunero . . .**

ANSWERS

ENGLISH EQUIVALENT OF SAGUZAHARRA HARRAPATUKO DUGU! (WE'LL CAPTURE THE BAT!)

1. Goxo is ready to capture the bat.
2. "Xurga! Are you ready? We have to capture the bat!"
3. Xurga answers her, "No, no, I'm not ready.
4. Excuse me, Goxo, but I must tidy up my living room.
5. Furthermore, I have to make the bed.
6. And I have not yet combed my hair! I'm not ready."
7. Goxo folded her arms.
8. "And what else will you do? Will you have breakfast?
9. Will you read the paper? Will you go jogging?"
10. Xurga thought about it seriously.
11. "Yes, perhaps. If I start cleaning right now,
12. I will be able to finish before [we] go!"
13. Goxo said to him, her voice full of sarcasm,

14. "Don't forget, Xurga . . . you have to call your mother,
15. you want to listen to the news on the radio,
16. you need to write three letters to your friends,
17. and after that, you must take the letters to the post office."
18. "Oh, my! You're right!
19. Mother is sad because she's getting a divorce!
20. I have never understood why she married that Transylvanian vampire!
21. What a tragedy!"
22. Goxo lost her patience.
23. "No, no, no, NOOOOO!!!! Forget the letter! Forget the living room!
24. Forget everything! You have to come with me!
25. We must capture the bat! Remember?!!!"
26. Xurga fell silent. A few seconds passed.
27. At last Xurga closed the lid of his coffin,
28. threw the cleaning rag in the corner, and said very calmly to Goxo,
29. "Okay, Goxo dear, I'm ready. Will you give me two knives?"
30. Goxo gave Xurga two knives. (Goxo gave two knives to Xurga.)
31. "Will you give me three sticks?"
32. "I gave you the sticks earlier."
33. "Fine. And the guns? Where are the guns?"
34. Goxo gave Xurga two pistols.
35. "Excellent. We're almost ready. Turn off the lights, please.
36. Let's go capture the bat!"

ACTIVITY 5.1 ■ QUESTION AND ANSWER PRACTICE

1. **Prest zaude ikasgaia ikasteko?** Are you ready to study the lesson?
   Bai, prest nago. Bai, prest nago ikasgaia ikasteko.
   Ez, ez nago prest. Ez, ez nago prest ikasgaia ikasteko.
2. **Prest zaude ohea egiteko?** Are you ready to make the bed?
   Bai, prest nago ohea egiteko.
   Ez, ez nago prest ohea egiteko.

3. **Prest zaude footing egiteko?** Are you ready to go jogging?
   Bai, prest nago footing egiteko.
   Ez, ez nago prest footing egiteko.
4. **Zer ordutan hasiko zara garbitzen?** At what time will you start cleaning?
   Zortzietan hasiko naiz garbitzen.
   Inoiz ez naiz garbitzen hasiko. I will never start cleaning.
5. **Zer ordutan hasiko zara ilea orrazten?** At what time will you start combing your hair?
   Bederatzietan hasiko naiz ilea orrazten.
   Inoiz ez naiz ilea orrazten hasiko. I will never start combing my hair.
6. **Zer ordutan hasiko zara gutunak idazten?** At what time will you begin writing letters?
   Hamarretan hasiko naiz gutunak idazten.
   Inoiz ez naiz gutunak idazten hasiko. I will never begin writing letters.
7. **Badakizu aiztoa zorrozten?** Do you know how to sharpen the knife?
   Bai, badakit aiztoa zorrozten.
   Ez, ez dakit aiztoa zorrozten.
8. **Badakizu mahaizapia tolesten?** Do you know how to fold the tablecloth?
   Bai, badakit mahaizapia tolesten.
   Ez, ez dakit mahaizapia tolesten.
9. **Badakizu ahotsa botatzen?** Do you know how to throw your voice?
   Bai, badakit ahotsa botatzen.
   Ez, ez dakit ahotsa botatzen.

ACTIVITY 5.3 ■ QUESTIONS AND ANSWERS

1. **Nortzuek xurgatzen dute odola?** Who sucks blood? Which ones suck blood?
   Banpiroek xurgatzen dute odola.

2. **Zer urtuko du eguzkiak, abenduan, zure etxe aurrean?** What will the sun melt in December in front of your house?
   Elurra urtuko du. It will melt the snow.
3. **Nork zainduko zaitu, zahartzen zarenean?** Who will take care of you when you grow old?
   Erizain batek zainduko nau. A nurse will take care of me.
4. **Suge batek inoiz ziztatu al zaitu?** Did a snake ever bite you?
   Bai, behin suge batek ziztatu nau. Yes, once a snake bit me.
   Ez, suge batek inoiz ez nau ziztatu. No, a snake has never bitten me.
5. **Katuek zaunka egiten dute?** Do cats bark?
   Ez, katuek ez dute zaunka egiten. No, cats do not bark.
6. **Zuk lapitzak zorrozten dituzunean, makina ala aiztoa erabiltzen duzu?** When you sharpen pencils, do you use a machine or a knife?
   Nik lapitzak zorrozten ditudanean, makina erabiltzen dut. When I sharpen pencils, I use a machine.
7. **Gustatzen al zaizu patatak zuritzea?** Do you like peeling potatoes?
   Bai, gustatzen zait patatak zuritzea. Yes, I like peeling potatoes.
   Ez, ez zait gustatzen patatak zuritzea. No, I don't like peeling potatoes.
8. **Afaria prestatu eta gero, telebista pizten al duzu?** After fixing dinner, do you turn on the television?
   Bai, afaria prestatu eta gero, telebista pizten dut. Yes, after fixing dinner, I turn on the television.
   Ez, ez dut telebista pizten afaria prestatu eta gero. No, I do not turn on the television after fixing dinner.

ACTIVITY 5.4 ■ COMPREHENSION / TRANSLATION

1. When we want to sleep, we go to bed.
2. Doctors sometimes wound (injure) us.
3. Idoia! Smooth the tablecloth and set the table!
4. The students write on the blackboard with chalk, and the teacher erases it.
5. If we wake up early, I will be happy.

6. What are you hiding behind your back (behind you)?
7. What kind of beverages do they have in this tavern?
8. I was born in 1960.
9. I think the vampire from Transylvania is well known.

ACTIVITY 5.7 ■ NOR-NORI-NORK PRACTICE

1. **dizkiote**
2. **dizkizute**
3. **dizkiete**
4. **dizkigute**
5. **dizkidate**
6. **dizkigu**
7. **dizkio**
8. **dizkizu**
9. **dizkie**
10. **dizkit**
11. **dizkiot**
12. **dizkiet**
13. **dizkizuet**
14. **dizkizut**

ACTIVITY 5.9 ■ VERB FORMATION WITH SINGULAR AND PLURAL DIRECT OBJECTS

1. **digu**
2. **dizkigu**
3. **dizkigu**
4. **digu**
5. **dizkigu**
6. **diete**
7. **dizkiete**
8. **diete**

9. **dizkiete**
10. **dizkiete**

ENGLISH EQUIVALENT OF **SAGUZAHARRAREN BILA** (IN SEARCH OF THE BAT)

Xurga and Goxo go on foot to the cave, in order to arrive very quietly. They stop at the mouth of the cave. It's ten P.M., but Xurga doesn't know how much time they will need to catch the bat. For that reason, Xurga is nervous.

"Goxo, what will happen after we find the bat?"

"We'll kill it, of course."

"Goxo, dear, do you have the kitchen knives?"

"Yes, I have them."

"And are they sharp?"

Goxo the Witch sighed. "What's the matter, Xurga? Why are you worried?"

"In your opinion, will we need a lot of time to catch the bat?"

"I don't know. Perhaps the bat is still sleeping. In that case, we will need about five minutes. Otherwise, we will need more time. If it's awake, it will begin flying when it sees us. However, we are young and healthy, right? Furthermore, we also know how to fly. Then, calm down. The bat cannot escape."

"Excellent."

They move forward. Suddenly Xurga stops again.

"Careful, Goxo! I heard something!"

"Relax, Xurga. I turned the radio on before I left the cave. My cat likes to listen to music. Let's go! (Onward!)"

Little by little they move forward. At last Xurga and Goxo see the bat. It's asleep! Very quickly they catch it and put it into a cage. Success!

ACTIVITY 5.10 ■ DIRECTED TRANSLATION WITH A MODEL TEXT

1. They stop at the mouth of the cave. **Haitzuloko ahoan gelditzen dira.**
2. What will happen . . . ? **Zer gertatuko da?**

3. . . . after we find the bat? **. . . saguzarra aurkitu eta gero?**
4. Goxo the Witch sighed. **Goxo Sorginak hasperen egin du.**
5. In your opinion, will we need a lot of time? **Zure ustez, denbora asko beharko al dugu?**
6. Perhaps the bat is still asleep. **Beharbada, saguzaharra oraindik lotan dago.**
7. . . . he will start flying when he sees us. **. . . hegaz egiten hasiko da ikusten gaituenean.**
8. Furthermore, we also know how to fly. **Gainera, guk ere hegaz egiten dakigu.**
9. I turned on the radio before leaving the cave. **Irratia piztu dut, haitzulotik irten baino lehen.**
10. My cat likes to listen to music. **Nire katuari gustatzen zaio musika entzutea.**

ACTIVITY 5.11 ■ REVIEWING QUESTION WORDS

1. **Nola doaz haitzulora Xurga eta Goxo?** How do Xurga and Goxo go to the cave?
   Oinez doaz. Oinez doaz, isil-isilik. They go on foot, very quietly.
2. **Zer egingo dute, saguzaharra aurkitu eta gero?** What will they do after they find the bat?
   Hilko dute. They will kill it.
3. **Nor dago urduri?** Who is worried?
   Xurga dago urduri. Xurga is worried.
4. **Esnatuta badago saguzaharra, zer egingo du ikusten dituenean?** If the bat is awake, what will it do when it sees them?
   Hegaz egiten hasiko da. It will begin to fly.
5. **Nortzuek dakite hegaz egiten?** Who (pl.) knows how to fly?
   Xurgak eta Goxok dakite hegaz egiten. Xurga and Goxo know how to fly.

NOTE: Are you remembering the Q + V, A + V sentence order?

6. **Zer entzun du Xurgak?** What did Xurga hear?
   Irratia entzun du. He heard the radio.
7. **Goxok irratia piztu du haitzulotik irten baino lehen. Zergatik?**
   Goxo turned on the radio before she left the cave. Why?
   Katuari gustatzen zaiolako. Because the cat likes it.
   Katuari musika entzutea gustatzen zaiolako. Because the cat likes listening to music.
8. **Nola aurreratzen dira?** How do they move forward?
   Pixkanaka-pixkanaka aurreratzen dira. They move forward little by little.

ACTIVITY 5.13 ■ MORE REVIEW OF QUESTION WORDS

1. What are the verbs like? **Nahiko zailak dira.**
2. Who are mysterious? **Euskaldunak dira misteriotsuak.**
   Euskaldunen historia da misteriotsua.
3. Where did Goxo read the truth? **Liburu batean irakurri du.**
4. What does Xurga need? **Laguntza behar du.**
5. Do you agree with Goxo? **Bai, ados nago. Ez, ez nago ados.**

ACTIVITY 5.14 ■ DIRECTED TRANSLATION / SENTENCE BUILDING

1. **Geografia ikasten ari naiz.**
2. **Liburu hau ikasten ari naiz.**
3. **Liburu hau irakurtzen ari naiz.**
4. **Liburu hau irakurtzen ari gara.**
5. **Ez dakit misteriotsua den.**
6. **Ez dakit etorriko den.**
7. **Ez dakizu etorriko den.**
8. **Ez dakizu etorriko den ala ez.**
9. **Liburu horretan irakurri dutela uste dut.**
10. **Egunkari horretan irakurri dutela uste dut.**

11. **Egunkari horretan irakurri dutela uste duzu.**
12. **Egunkari horretan irakurri dudala uste duzu.**

ACTIVITY 5.15 ■ NOR-NORI-NORK WITH DIFFERENT TENSES

1. **Zoritxarrez, gaur sendagileek ez dizkiote ahots korda artifizialak eman.** Unfortunately, today the doctors have not given her artificial vocal cords.

   Bihar, bai, sendagileek ahots korda artifizialak emango dizkiote. Tomorrow, yes, the doctors will give her artificial vocal cords.
2. **Zoritxarrez, gaur zuk ez dizkidazu makilak erregalatu.** Unfortunately, today you have not given me sticks as a present.

   Bihar, bai, zuk makilak erregalatuko dizkidazu. Tomorrow, yes, you will give me sticks as a present.
3. **Gaur zuek ez diguzue urrutiko agintea kendu.** Today you (pl.) have not taken the television remote control away from us.

   Bihar, bai, zuek urrutiko agintea kenduko diguzue. Tomorrow, yes, you (pl.) will take the television remote away from us.
4. **Gaur guk ez dizugu ezer esan sarkasmoz beteta.** Today we have not said anything to you full of sarcasm.

   Bihar, bai, guk zerbait esango dizugu sarkasmoz beteta. Tomorrow, yes, we will say something to you full of sarcasm.
5. **Gaur goizean haiek pistolak erregalatu dizkigute.** This morning they gave us pistols as gifts.

   Egunero haiek pistolak erregalatzen dizkigute. Every day they give us pistols as gifts.
6. **Gaur goizean nik betaurrekoak kendu dizkizut.** This morning I took your glasses away from you.

   Egunero nik betaurrekoak kentzen dizkizut. Every day I take your glasses away from you.
7. **Gaur goizean Xurgak Goxori gutuna idatzi dio.** This morning Xurga wrote a letter to Goxo.

Egunero Xurgak Goxori gutuna idazten dio. Every day Xurga writes a letter to Goxo.

8. **Gaur goizean zuk janaria eman didazu.** This morning you gave me food.

Egunero zuk janaria ematen didazu. Every day you give me food.

CHAPTER SIX

When Were You Born?

Dialogue

Noiz jaio zinen?

1. **Bilboko eta Londresko kazetariek elkarrizketa egin nahi diote Xurga Banpiroari.**
2. **Haien lehenengo galdera: Noiz jaio zinen?**
3. **Xurga hitz egiten hasten da.**
4. **Mila zortziehun eta hamalauan jaio nintzen. Hemeretzigarren mendean.**
5. **Gurasoak oso banpiro zaharrak ziren.**
6. **Horregatik nire haurtzaroa pixkat zaila zen, jakina.**
7. **Txikitan ere banpiroa nintzen, baina nire ikaskideak ez ziren banpiroak.**
8. **Gaur nire laguna Goxo Begi-Oker sorgina da.**
9. **Baina haurtzaroan, Goxo neska normala zen.**
10. **Orain dela urte asko, hamabost urterekin,**
11. **Goxo eta bere ahizpa sorgin bihurtu ziren.**
12. **Ni ez nintzen banpiro bihurtu. Banpiroa nintzen jaiotzeko momentuan.**
13. **Orain dela bi urte, Goxo eta biok adiskidetu ginen Londresen.**
14. **Orduan, joan zen urtean Goxo eta biok Euskadira etorri ginen.**
15. **Oso denbora zaila zen niretzat, niretzat euskara hizkuntza arraroa zelako.**
16. **Zuek ez zineten etorri gurekin elkarrizketa egitera garai hartan.**
17. **Horregatik, zuek ez dakizue nolakoa zen gure bizitza, Euskadira etorri eta gero.**

18. **Goxo ezagutu baino lehen, bakarrik bizi nintzen.**
19. **Beno, gaur ere bakarrik bizi naiz,**
20. **nire hilkutxan beste pertsona batek lo egiteko lekurik ez dagoelako.**
21. **Goxo ere bakarrik bizi da haitzuloan. Bale, ez bakarrik.**
22. **Ehun saguzahar berarekin bizi dira.**
23. **Gu ez ginen lagunak orain dela hiru urte.**
24. **Orain, bizitza hobea da, lagunak garelako.**

Hitz eta esaldi berriak

Noiz jaio zinen?	When were you born?
elkarrizketa	interview, conversation
haurtzaro	childhood
ikaskide	classmate
jakina	of course
orain dela urte asko	many years ago
momentu	moment
jaiotzeko momentuan	at the moment of birth
adiskidetu (da)	to become friends
kontrako	opposite, antonym
lehenago	earlier
noiz edo noiz	someday
noski	of course
ordez	instead of, in place (poss. + **ordez**)
nire ordez	instead of me
ordezkari	substitute, representative, delegate
ordezkatu/ordezkatzen	to replace, to substitute
ordu berean	at the same time
ordu-orduan	right on time
juxtu-juxtuan	on the dot, exactly (on time)
puskatu/puskatzen	to break (into pieces)

edalontzi	drinking glass
kristalezko	made of glass
plater	plate (to eat off of)
seilu	postage stamp
sinetsi/sinesten	to believe, believed
sinonimo	synonym
zoriontsu	happy, full of happiness
pilak	batteries
poxpoluak	matches
xaboi	soap
xanpu	shampoo
pixoihal	diaper, nappy
preserbatibo	condom
kutxila	razor blade
garai hartan	at that time, in those days
txikitan	as a child, when [I was] little
mende	century
orain dela urte asko	years ago, many years ago
gaur	today
joan zen astean	last week
atzo	yesterday

Izan (nor): Simple past (preterite) or distant past

Until now, we've been using the so-called "recent past" in our Basque conversations, a past tense usually reserved for events that took place sometime during the current day. When we want to discuss events that happened before today, we have to use a different form of the past tense. We can call this the preterite (a word that may be familiar to those who have studied Spanish) or the "distant past." The important thing to remember is that this tense is used for events that happened before today: yesterday, last week, last year, or a thousand years ago.

Subject	Present Tense Forms	Past Tense Forms	
ni	**naiz**	**nintzen**	I was
gu	**gara**	**ginen**	we were
zu	**zara**	**zinen**	you were
zuek	**zarete**	**zineten**	you were (pl.)
bera/hura	**da**	**zen**	he/she/it was
haiek	**dira**	**ziren**	they were

Here are some memory aids to help you learn the new forms.

Notice that *I was* **nintzen** contains both the subject marker **-n** and the **-z** of **naiz.**

Notice that **gara** and **ginen** both share the same subject marker as well.

Zara and **zinen** also share a subject marker, but don't rely only on the **z** to cue you to the meaning of **zinen** (you were), because **zen** (he/she was) and **ziren** (they were) also have **z** as a subject marker. It will help you a great deal to think of **zine**- (SEEN-YEH) as the "you" part and **ze** as the "he/she" part. That way, when you see **zineten** (you all are), you will immediately think of "you" and not be tempted to confuse it with "they." (Notice that the vocabulary item **zine** "film" is pronounced SEE-NEH and the verb is pronounced SEEN-YEH, with the "ny" combination found in "onion.")

Another helper is the resemblance of **zen** to **den** (**da** + **n**) and of **ziren** to **diren** (**dira** + **n**). Keep in mind, however, that the final **n** on **zen** and **ziren** is a past-tense marker, not the relative subordination marker **-n.**

Pronunciation aids:

nintzen	NEEN-SEN	I was
ginen	GEEN-YEN	we were (a hard *g* as in *get*)
zinen	SEEN-YEN	you were
zineten	SEEN-YEH-TEN	you were (pl.)
zen	SEN	he/she/it was
ziren	SEE-REN	they were

The past tense of **izan** can be used anywhere the present tense of **izan** can be used, as you will see in the following examples. However, using the past tense of **izan** changes the meaning, or more specifically, the time frame of the sentence.

Irakaslea naiz.	I'm the teacher.
Gaur goizean irakaslea izan naiz.	This morning I have been [was] the teacher.
Atzo irakaslea nintzen.	Yesterday I was the teacher.
Afrikara zoaz?	Are you going to Africa?
Afrikara joan zara gaur?	Have you gone to Africa today? Did you go . . . today?
Afrikara joan zinen joan zen astean?	Did you go to Africa last week?
Oso polita da, ezta?	She's very pretty, isn't she?
Gaur goizean oso polita izan da, ezta?	She was very pretty this morning, wasn't she?
Oso polita zen haurtzaroan, ezta?	She was very pretty in her childhood, wasn't she?
Sendagilearengandik gatoz.	We are coming from the doctor.
Sendagilearengandik etorri gara gaur goizean.	We have come from the doctor's office this morning. We came from the doctor's office this morning.
Sendagilearengandik etorri ginen atzo.	We came from the doctor's office yesterday.

Q: **Nora joan zinen atzo?** Where did you go yesterday?

A: **Etxera joan nintzen. Ni etxera joan nintzen.** I went home.

Ez nintzen inora joan. I didn't go anywhere.

Q: **Norekin etorri ziren gurasoak?** Who did [your] parents come with?

A: **Nirekin etorri ziren.** They came with me.

Ez dakit norekin etorri ziren. I don't know who they came with.

Ez ziren inorekin etorri. They didn't come with anyone.

Q: **Non jaio zineten?** Where were you (pl.) born?

A: **Euskadin jaio ginen.** We were born in Euskadi.

ACTIVITY 6.1 ■ SUBSTITUTION / TRANSFORMATION DRILL

The purpose of this drill is to become familiar with the past-tense forms of **izan.**

Model:

Gu ez ginen Estatu Batuetan jaio. We were not born in the United States.

Cues:

ni	**Ni ez nintzen Estatu Batuetan jaio.**
zu	**Zu ez zinen Estatu Batuetan jaio.**
haiek	**Haiek ez ziren Estatu Batuetan jaio.**
zuek	**Zuek ez zineten Estatu Batuetan jaio.**
gu	**Gu ez ginen Estatu Batuetan jaio.**
Cameron	**Cameron ez zen Estatu Batuetan jaio.**

Model:

Zu mila bederatziehun eta laurogeian jaio zinen. You were born in nineteen eighty.

Cues:

gu	**Gu mila bederatziehun eta laurogeian jaio ginen.**
haiek	**Haiek mila bederatziehun eta laurogeian jaio ziren.**
ni	**Ni mila bederatziehun eta laurogeian jaio nintzen.**
zuek	**Zuek mila bederatziehun eta laurogeian jaio zineten.**
Joseba	**Joseba mila bederatziehun eta laurogeian jaio zen.**
zu	**Zu mila bederatziehun eta laurogeian jaio zinen.**

Model:

Ni ez nintzen joan. Nire ordez zu joan zinen. (replace **zu**) I did not go. You went in my place.

Cues:

haiek	**Ni ez nintzen joan. Nire ordez haiek joan ziren.**
Amaia	**Ni ez nintzen joan. Nire ordez Amaia joan zen.**

zuek	**Ni ez nintzen joan. Nire ordez zuek joan zineten.**
ordezkariak	**Ni ez nintzen joan. Nire ordez ordezkariak joan ziren.**
zu	**Ni ez nintzen joan. Nire ordez zu joan zinen.**
Nevadako ikaslea	**Ni ez nintzen joan. Nire ordez Nevadako ikaslea joan zen.**

ACTIVITY 6.2 ■ PRACTICE WITH THE PRETERITE

Provide the correct forms of the past tense of **izan.**

1. **Ama ordu-orduan heldu ____________________.**
2. **Gu ordu-orduan heldu ____________________.**
3. **Zuek ordu-orduan heldu ____________________.**
4. **Ni ordu-orduan heldu ____________________.**
5. **Zu ordu-orduan heldu ____________________.**
6. **Haiek ordu-orduan heldu ____________________.**
7. **Txikitan zu ez ____________________ barregarria.**
8. **Txikitan haiek ez ____________________ barregarriak.**
9. **Txikitan Edurne ez ____________________ barregarria.**
10. **Txikitan gu ez ____________________ barregarriak.**
11. **Txikitan zuek ez ____________________ barregarriak.**
12. **Txikitan ni ez ____________________ barregarria.**

■ Preterite with subordination markers -(e)n and -(e)la ■

How do the subordination markers -(**e**)**n** and -(**e**)**la** attach to this new tense?

When using the relative subordination marker -(**e**)**n** in the present tense, we add it to the end of the conjugated verb. In the past tense, the verb already ends in -**n,** so there is no visible change. The speaker and the listener must both understand from context what is being said.

Badakizu nor den emakume hori? Do you know who that woman is?
Badakizu nor zen emakume hori? Do you know who that woman was?

Haiek dakite norekin etorri naizen gaur.	They know who I came with today.
Haiek dakite norekin etorri nintzen atzo.	They know who I came with yesterday.

When the subordination marker -**(e)la** is used, the verb's past-tense marker -**n** disappears and the -**(e)la** is attached to what remains.

Bilbotik iritsi nintzen.
I arrived from Bilbao.
Bilbotik iritsi nintzela esango du.
She will say that I arrived from Bilbao.

Afrikara joan ginen.
We went to Africa.
Afrikara joan ginela esango dizute.
They will tell you that we went to Africa.

Nire lehengusuarekin bizi zinen.
You lived with my cousin.
Nire lehengusuarekin bizi zinela pentsatzen du amak.
Mother thinks you lived with my cousin.

1949an jaio zineten.
You (pl.) were born in 1949.
1949an jaio zinetela esan digute.
They have told us that you (pl.) were born in 1949.

NOTE: Remember how to say "in 1949"? **Mila bederatziehun eta berrogeita bederatzian.**

Charlie Chaplin oso barregarria zen.
Charlie Chaplin was very funny.
Charlie Chaplin oso barregarria zela uste dut.
I think Charlie Chaplin was very funny.

Sorgin horiek gaiztoak ziren.
Those witches were evil.
Uste du sorgin horiek gaiztoak zirela.
He thinks those witches were evil.

■ Ari nintzen (past progressive) ■

Just as the present-tense forms of **izan** can be used with the verb **ari** and a present participle to form the present progressive tense, so can the past tense of **izan** be used with **ari** and the same participle to form the past progressive. Observe the following examples.

Nire lagunarekin hitz egiten ari naiz.
I'm talking with my friend.
Nire lagunarekin hitz egiten ari nintzen.
I was talking with my friend.

Jon telebista ikusten ari da momentu honetan.
At this moment Jon is watching television.
Jon telebista ikusten ari zen momentu hartan.
At that moment Jon was watching television.

Nevadako ordezkaria ardoa edaten ari da.
Nevada's representative is drinking wine.
Nevadako ordezkaria ardoa edaten ari zen.
Nevada's representative was drinking wine.

ACTIVITY 6.3 ■ CHOOSING TENSES

Fill in the blanks with the appropriate present-tense or past-tense forms of **izan,** depending on the time frame for each sentence. Give the English equivalents for each completed sentence.

1. **Noiz edo noiz gu Parisera joango ______________.**
2. **Joan zen astean, unibertsitateko irakasleak klaseak ematen ari ______________.**

3. **Nire ordez, bihar zu tabernara sartuko ______________________ garagardoa erostera.**
4. **Ni jaio ______________________ mila bederatziehun eta berrogeita bederatzian.**
5. **Jon aldizkaria irakurtzen ari ______________________ atzo, eta ordu berean Edurne eta Maite etxea garbitzen ari ______________________.**
6. **Oraintxe bertan zuek xanpua erabiltzen ari ______________________.**
7. **Orain dela urte asko, Charlie Chaplin oso barregarria ______________________ uste dut.**
8. **Badakizu norekin gu etorri ______________________ gaur?**

ACTIVITY 6.4 ■ TRANSFORMATION DRILL

In the left-hand column are short sentences using the present tense of **izan.** The first group uses it in a compound verb to form the recent past. The second group uses it as the simple present tense. Cover the right-hand column and transform the sentences in the left-hand column into the distant past (preterite) tense.

Uste dute etorri naizela.	**Uste dute etorri nintzela.**
Uste dute etorri garela.	**Uste dute etorri ginela.**
Uste dute etorri zarela.	**Uste dute etorri zinela.**
Uste dute etorri zaretela.	**Uste dute etorri zinetela.**
Uste dute etorri dela.	**Uste dute etorri zela.**
Uste dute etorri direla.	**Uste dute etorri zirela.**
Ez dakite nor naizen.	**Ez dakite nor nintzen.**
Ez dakite nor garen.	**Ez dakite nor ginen.**
Ez dakite nor zaren.	**Ez dakite nor zinen.**
Ez dakite nor zareten.	**Ez dakite nor zineten.**
Ez dakite nor den.	**Ez dakite nor zen.**
Ez dakite nor diren.	**Ez dakite nor ziren.**

ACTIVITY 6.5 ■ BUILDING LONGER SENTENCES

Rewrite the following sentences as directed to form longer sentences with subordinate clauses. Give English equivalents of your new sentences.

1. **San Franciscotik etorri ginen.**
   Uste dute ______________________.
2. **Sorgin hauek gaiztoak ziren.**
   Ez dakit ea ______________________.
3. **Nor zen emakume hori?**
   Ez dakit ______________________.
4. **Emakume hori Goxoren laguna zen.**
   Uste dute ______________________.
5. **Zarautzen jaio zineten.**
   Esaten dute ______________________.
6. **Nevadako ordezkaria abesten ari zen.**
   Uste dute ______________________.
7. **Ni txikitan oso polita nintzen.**
   Edurnek ez daki ______________________.
8. **Gu Bilbotik etorri ginen.**
   Haiek uste dute ______________________.

Dialogue

Xurgaren Londresko komuna

1. **Beno, Xurga banpiroa naiz, eta atzo zurekin telefonoz hitz egiten ari nintzen.**
2. **Non nengoen? Komunean! Telefonoa daukat komunean.**
3. **Komunei buruz hitz egin nahi duzu?**
4. **Orain dela bi urte Londresen bizi nintzen,**
5. **eta nire Londresko komuna oso leku interesgarria zen.**
6. **Gela nahiko handia zen, eta gauza asko zegoen han.**

7. Bainuontzia mendebaldeko horman zegoen.
8. Komuna portzelanazkoa zen (ez porlanezkoa!), eta iparraldeko horman zegoen.
9. Konketa eta botikina ekialdeko horman zeuden.
10. Atea hegoaldeko horman zegoen.
11. Orain, buruan, grafikoa daukazu, ezta?
12. Begira, esaten dizut gauza batzuk bainuontzian zeudela.
13. Asmatu zenbat! Ezin duzu asmatu? Beno, esango dizut.
14. Bazeuden xaboiak, xanpua, plastikozko ahatea, eta beste jostailu batzuk.
15. Gustatzen zait jolastea bainuontzian.
16. Botikinean beste gauza batzuk zeuden.
17. Pozik nengoen, afeitatzeko makina zegoelako.
18. Gainera, bazeuden tiritak eta sendagaiak botikinean.
19. Bazegoen hortzorea konketa handi batean, baina ez hortzetako zepilorik.

Hitz eta esaldi berriak

afeitatzeko makina	razor (from Spanish *afeitar,* to shave)
ahate	duck
plastikozko ahate	rubber duck
bainuko toailak	bath towels
bainuontzi	bathtub
botika	medicine
botikin	medicine chest
eguzkitako krema	suntan lotion
krema	lotion
ekialdean	in the east, on the east
Hego Amerika	South America
hegoaldean	in the south, on the south
hortzore	toothpaste

ore	paste
hortzetako zepilo	toothbrush
zepilo	brush
idazteko paper	writing paper (**papera,** no double **r**)
komuneko paper	toilet paper
Ipar Amerika	North America
iparraldean	in the north, on the north
kleenex	tissues (pronounced KLEEN-ESS), not always Kleenex
kolonia	eau de cologne
konketa	bathroom sink, washbasin
konpresa	sanitary napkin
Lurra	the Earth
mendebaldean	in the west
medizina	medication, medicine
mendebalde	west
mundu	world
pastilak	pills
planeta	planet
posta-txartel	postcard
sendagai	medicine
kartazal	envelope
gutunazal	envelope (letter skin)
tampax	Tampax (pronounced TAM-PASS)
tiritak	Band-Aids, plasters
xanpu	shampoo
atzean	behind
azpian	beneath, under

Old and new location words

When used with inanimate objects, location words follow the bare word.

mahai aurrean	in front of the table
aulki atzean	behind the chair
konketa gainean	on top of the sink
ohe azpian	under the bed

If the location word is used with an animate being, the possessive (genitive) form of the word or name must be used.

txakurraren atzean	behind the dog
katuaren aurrean	in front of the cat
gizonaren ondoan	next to the man
emakumearen azpian	under the woman
Jonen eskuinaldean	on Jon's right
Edurneren ezkerraldean	on Edurne's left

And don't forget about the special declensions for the inessive with animate beings (built on the possessive form; see *Aurrera!* vol. 1, pp. 372–73).

Hezurra txakurrarengan dago.	The bone is in the dog.
Sagua katuarengan dago.	The mouse is in the cat.
Sendagilearengan fidatzen naiz.	I trust in the doctor.
Santarengan sinesten dugu.	We believe in Santa.

Now that we have reviewed our location words, we can use them with the past tense of **egon.**

EGON (NOR) IN THE SIMPLE PAST (PRETERITE)

	Present	*Past*	
ni	**nago**	**nengoen**	I was
gu	**gaude**	**geunden**	we were
zu	**zaude**	**zeunden**	you were
zuek	**zaudete**	**zeundeten**	you were (pl.)
bera	**dago**	**zegoen**	he/she/it was
haiek	**daude**	**zeuden**	they were

Here are some memory aids to help you learn these new forms.

Notice that the first- and second-person forms (the *I* and *we* and *you* forms) all contain an internal **-n-,** but the third-person forms (*he, she, it,* and *they*) do not. This is a characteristic that **egon** shares with **izan.** It's especially important in the past tense of **egon** because the only difference between **zeuden** (they were) and **zeunden** (you were) is the internal **-n-** in "you were." You must listen closely and enunciate clearly to make the distinction.

All the persons end in the past-tense marker **-n.**

The first letters of the subject markers for the past tense of **egon** are the same as those for **izan.**

The singular forms ("I" and "he, she, it") both contain the **-go-** of **egon,** just as the present-tense forms do (**nago, dago**).

Pronunciation aids:

nengoen	NEN-GO-EN	I was
geunden	GAY-OON-DEN	we were
zeunden	SAY-OON-DEN	you were
zeundeten	SAY-OON-DAY-TEN	you were (pl.)
zegoen	SAY-GO-EN	he/she/it was
zeuden	SAY-OO-DEN	they were

Preterite of **egon** with subordination markers **-(e)n / -(e)la**

Because the past-tense forms of **egon** end in **-n,** the relative subordination marker **-(e)n** is not apparent. The speaker and the listener must understand from context what is going on in the sentence. The first example below is in the present tense, a reminder of how **-(e)n** attaches to **dago.** The second example is in the past tense.

Badakizu non dagoen banpiroaren hilkutxa? Do you know where the vampire's coffin is?
Badakizu non zegoen banpiroaren hilkutxa? Do you know where the vampire's coffin was?

When the subordination marker **-(e)la** is required, the past-tense marker **-n** disappears and what remains takes **-(e)la.**

nengoen	minus **-n** + **-la** =	**nengoela**
geunden	minus **-n** + **-la** =	**geundela**
zeunden	minus **-n** + **-la** =	**zeundela**
zeundeten	minus **-n** + **-la** =	**zeundetela**
zegoen	minus **-n** + **-la** =	**zegoela**
zeuden	minus **-n** + **-la** =	**zeudela**

ACTIVITY 6.6 ■ SUBSTITUTION / TRANSFORMATION DRILL

Practice the following drills orally until you are comfortable with the forms of **egon** in the past tense. Cover the right-hand column with a piece of paper and use the cues in the left column to direct your verb changes.

Model:

Ni etxean nengoen. I was at home.

Cues:

zu	**Zu etxean zeunden.**
gu	**Gu etxean geunden.**

haiek	**Haiek etxean zeuden.**
zuek	**Zuek etxean zeundeten.**
Jon	**Jon etxean zegoen.**
ni	**Ni etxean nengoen.**

Model:

Zu ez zeunden ikasgelan atzo! You weren't in the classroom yesterday!

Cues:

haiek	**Haiek ez zeuden ikasgelan atzo!**
ni	**Ni ez nengoen ikasgelan atzo!**
gu	**Gu ez geunden ikasgelan atzo!**
Edurne	**Edurne ez zegoen ikasgelan atzo!**
zuek	**Zuek ez zeundeten ikasgelan atzo!**
zu	**Zu ez zeunden ikasgelan atzo!**

Model:

Gu liburutegian geundela uste dute. They think that we were at the library.

Cues:

haiek	**Haiek liburutegian zeudela uste dute.**
ni	**Ni liburutegian nengoela uste dute.**
Maite	**Maite liburutegian zegoela uste dute.**
zu	**Zu liburutegian zeundela uste dute.**
gu	**Gu liburutegian geundela uste dute.**
zuek	**Zuek liburutegian zeundetela uste dute.**

ACTIVITY 6.7 ■ PRACTICE WITH THE PRETERITE OF **EGON**

Provide the correct forms of the past tense of **egon.**

1. **Hortzorea komunean** ________________________.
2. **Konpresak komunean** ________________________.
3. **Gu komunean** ________________________.
4. **Zuek komunean** ________________________.

5. **Ni komunean ________________________.**
6. **Zu komunean ________________________.**
7. **Gu ez ________________________ sukaldean.**
8. **Zuek ez ________________________ sukaldean.**
9. **Kolonia ez ________________________ sukaldean.**
10. **Tiritak ez ________________________ sukaldean.**
11. **Ni ez ________________________ sukaldean.**
12. **Zu ez ________________________ sukaldean.**

ACTIVITY 6.8 ■ COMPREHENSION / TRANSLATION

Give English equivalents of the following:

1. **Nire hortzetako zepiloa txakurraren ohe atzean zegoen.**
2. **Txakurra kanpotik etorri zen atzo, eta ohera sartu zen.**
3. **Txakurraren aurrean, lurrean, posta-txartel batzuk zeuden.**
4. **Baina idatzeko papera zure motxilan zegoen.**
5. **Non zeunden zu? Nire ondoan. Telebista ikusten ari ginen.**
6. **Saioa ez zen oso interesgarria. Horregatik, txakurrarengana joan ginen jolastera.**
7. **Baina momentu hartan, txakurra ez zegoen ohean. Nora joan zen?**
8. **Logelan sartu zen! Hor zegoen, nire ohe gainean, eta bere muturrean zegoen nire eguzkitako krema!**
9. **Nola nengoen? Haserre! Baina pixka bat bakarrik. Benetan, oso barregarria zen txakurra.**
10. **Logela txukuntzen hasi nintzen, eta zu ere garbitzen ari zinen.**
11. **Nola geunden, bukatu eta gero? Poz-pozik! Txakurrarekin jolasten ari ginen.**

ACTIVITY 6.9 ■ DIRECTED TRANSLATION / SENTENCE BUILDING

Rewrite the following sentences as directed. Be careful! There's a lot to think about. First, you must write the English part in Euskara. (These verbs will be **nor-nori-nork.**) Next, you must rewrite the original sentence as a subordinate clause, adding -**(e)la** to the subordinate verb.

1. **Atzo banpiroa hilkutxatik atera zen.** Jon told me that . . .
2. **Gaueko hamarretan, sorginak parkean elkartu ziren.** Miren told us that . . .
3. **Hamarrak eta laurdenetan, gu ere parkera joan ginen.** They told me that . . .
4. **Ez da egia.** I told them that . . .
5. **Hamaiketan, zuek liburu misteriotsuak parkera ekartzen ari zineten.** We told her that . . .
6. **Han, zuek eta banpiroa eta sorginak elkarrekin zeundeten.** She told me that . . .
7. **Hamabietan, banpiroa eta sorginak kimika ikasten hasi ziren!** They told us that . . .

ACTIVITY 6.10 ■ COMPREHENSION / TRANSLATION

Give the English equivalents of the sentences you created in activity 6.9.

ANSWERS

ENGLISH EQUIVALENT OF NOIZ JAIO ZINEN? (WHEN WERE YOU BORN?)

1. Journalists from London and Bilbao want to interview Xurga the Vampire.
2. Their first question: When were you born?

3. Xurga begins speaking.
4. I was born in eighteen fourteen. In the nineteenth century.
5. My parents were very old vampires.
6. For that reason my childhood was a little difficult, of course.
7. I was also a vampire as a child, but my classmates were not vampires.
8. Today Goxo Evil-Eye the Witch is my friend.
9. But in her childhood, Goxo was a normal girl.
10. Many years ago, at the age of fifteen,
11. Goxo and her sister turned into witches.
12. I didn't turn. I was a vampire at the moment of my birth.
13. Two years ago, Goxo and I became friends in London.
14. Then last year Goxo and I came to Euskadi.
15. It was a very difficult time for me, because Basque was a very strange language for me.
16. You all didn't come to do an interview with us back then.
17. For that reason, you (pl.) don't know what our life was like after coming to Euskadi.
18. Before meeting Goxo, I lived alone.
19. Okay, I live alone today as well,
20. because there is no room for another person to sleep in my coffin.
21. Goxo also lives alone, in a cave. Well, not alone.
22. One hundred bats live with her.
23. We were not friends three years ago.
24. Now, life is better because we are friends.

ACTIVITY 6.2 ■ PRACTICE WITH THE PRETERITE

1. **zen** Mother arrived right on time.
2. **ginen**
3. **zineten**
4. **nintzen**
5. **zinen**
6. **ziren**
7. **zinen** As a child you were not funny.

8. **ziren**
9. **zen**
10. **ginen**
11. **zineten**
12. **nintzen**

ACTIVITY 6.3 ■ CHOOSING TENSES

1. **gara**	Someday we will go to Paris.
2. **ziren**	Last week, university professors were giving classes.
3. **zara**	Instead of me, tomorrow you will enter the tavern to buy beer.
4. **nintzen**	I was born in 1949.
5. **zen, ziren**	Jon was reading the magazine yesterday and at the same time Edurne and Maite were cleaning the house.
6. **zarete**	Right now you (pl.) are using the shampoo.
7. **zela**	Many years ago, I think that Charlie Chaplin was very funny.
8. **garen**	Do you know who we have come with today?

ACTIVITY 6.5 ■ BUILDING LONGER SENTENCES

1. **Uste dute San Franciscotik etorri ginela.**
   They think that we came from San Francisco.
2. **Ez dakit sorgin hauek gaiztoak ziren.**
   I don't know if these witches were evil.
3. **Ez dakit nor zen emakume hori.**
   I don't know who that woman was.
4. **Uste dute emakume hori Goxoren laguna zela.**
   They think that that woman was Goxo's friend.

5. **Esaten dute Zarautzen jaio zinetela.**
   They say that you (pl.) were born in Zarautz.
6. **Uste dute Nevadako ordezkaria abesten ari zela.**
   They think that Nevada's representative was singing.
7. **Edurnek ez daki ni txikitan oso polita nintzen.**
   Edurne doesn't know if I was pretty when I was a child.
8. **Haiek uste dute gu Bilbotik etorri ginela.**
   They think that we came from Bilbao.

ENGLISH EQUIVALENTS OF **XURGAREN LONDRESKO KOMUNA** (XURGA'S LONDON BATHROOM)

1. Well, I am Xurga the Vampire, and yesterday I was talking to you on the phone.
2. Where was I? In the bathroom! I have a phone in the toilet.
3. You want to talk about bathrooms?
4. Two years ago I lived in London,
5. and my London bathroom was a very interesting place.
6. The room was rather large, and a lot of things were there.
7. The bathtub was on the west wall.
8. The toilet was porcelain (not concrete!), and it was on the north wall.
9. The sink and medicine cabinet were on the east wall.
10. The door was in the south wall.
11. Now you have a picture in your head, right?
12. Look, I'm telling you that some things were in the bathtub.
13. Guess how many! You can't guess? Okay, I'll tell you.
14. There were soaps, shampoo, a plastic duck, and some other toys.
15. I like to play in the bathtub.
16. In the medicine chest were some other things.
17. I was happy because there was an electric shaver.
18. Furthermore, there were Band-Aids and medicines in the medicine cabinet.
19. There was toothpaste on a big sink, but no toothbrush.

ACTIVITY 6.7 ■ PRACTICE WITH THE PRETERITE OF EGON

1. **zegoen**
2. **zeuden**
3. **geunden**
4. **zeundeten**
5. **nengoen**
6. **zeunden**
7. **geunden**
8. **zeundeten**
9. **zegoen**
10. **zeuden**
11. **nengoen**
12. **zeunden**

ACTIVITY 6.8 ■ COMPREHENSION / TRANSLATION

1. My toothbrush was behind the dog's bed.
2. The dog came in from outside yesterday and got into bed.
3. On the floor in front of the dog, there were some postcards.
4. But the writing paper was in your backpack.
5. Where were you? Next to me. We were watching television.
6. The program was not very interesting. For that reason, we went to the dog to play (we went to play with the dog).
7. But at that moment, the dog was not in the bed. Where did she go?
8. She went into the bedroom! There she was, on top of my bed, and on her muzzle was my sunscreen lotion!
9. How was I feeling? Angry! But only a little bit. Really, the dog was very funny.
10. I started tidying up the bedroom, and you were cleaning, too.
11. How were we feeling after we finished? Very happy! We were playing with the dog.

ACTIVITY 6.9 ■ DIRECTED TRANSLATION / SENTENCE BUILDING

Remember, the main clauses "She told me" and "Miren told us," etc. can go either at the beginning or at the end.

1. **Jonek esan dit atzo banpiroa hilkutxatik atera zela.**
2. **Mirenek esan digu gaueko hamarretan sorginak parkean elkartu zirela.**
3. **Hamarrak eta laurdenetan, gu ere parkera joan ginela esan didate.**
4. **Nik esan diet egia ez dela.**
5. **Guk esan diogu hamaiketan zuek liburu misteriotsuak parkera ekartzen ari zinetela.**
6. **Han, zuek eta banpiroa eta sorginak elkarrekin zeundetela esan dit.**
7. **Hamabietan, banpiroa eta sorginak kimika ikasten hasi zirela esan digute.**

ACTIVITY 6.10 ■ COMPREHENSION / TRANSLATION

1. Jon told me that yesterday the vampire left his coffin (got out of his coffin).
2. Miren told us that at ten o'clock at night the witches gathered (met) in the park.
3. They told me that at ten fifteen we went to the park, too.
4. I told them that it isn't true. [A present tense!]
5. We told her that at eleven o'clock, you all were bringing mysterious books to the park.
6. She told me that there, you all and the vampire and the witches were together.
7. They told us that at twelve o'clock the vampire and the witches started studying chemistry!

REMEMBER: The verb **hasi** takes the auxiliary verb **izan,** and is used with the present participle of other verbs.

CHAPTER SEVEN

The Bats Wanted to Talk

Dialogue

Saguzaharrek hitz egin nahi zuten

1. **Goxo Begi-Oker oso sorgin jatorra zen.**
2. **Baina benetan Goxo ez zen jenioa.**
3. **Horregatik, ahaztu zuen zenbat saguzahar bizi zen bere haitzuloan.**
4. **Goxok uste zuen saguzahar bat bakarrik bizi zela, baina hori ez zen egia.**
5. **Ehun eta sei saguzahar bizi ziren han.**
6. **Saguzaharrak nahiko adimentsuak ziren.**
7. **Goxoren leizean bazeuden irratia, telebista eta ordenadorea.**
8. **Egunero Goxok irratia, telebista eta ordenadorea erabiltzen zituen.**
9. **Goxok irratia pizten zuenean, saguzaharrek musika eta berriak entzuten zituzten.**
10. **Telebista ere egunero ikusten zuten.**
11. **Behin, telebistan, ikusi zuten nola funtzionatzen zuen munduak.**
12. **Saguzaharrek urrutiko agintea erabiltzen ikasi zuten.**
13. **Gainera, ordenadorea pizten ikasi zuten, eta ordenadoreko "sagua" erabiltzen ikasi zuten.**
14. **Webgune asko ikusi zituzten.**
15. **Poliki-poliki irakurri zuten, baina argazkiak azkar ulertu zituzten.**
16. **Webguneak ikusi eta gero, haitzuloko saguzaharrek elkartea sortu zuten.**
17. **Haitzuloko Saguzaharren Elkartea zen. Arauak ere sortu zituzten.**

18. **Gainera, webgune bat egin zuten, munduko saguzaharrekin hitz egin nahi zutelako.**
19. **Zoritxarrez, saguzaharrek ezin zuten ahoz hitz egin.**
20. **Horregatik, makinaz idazten ikasi zuten, ordenadorea erabiltzeko.**

Hitz eta esaldi berriak

Except for the past-tense forms of **ukan,** there are very few new words in this chapter's text, but there will be some new words in the activities. Those new words are listed below.

blusa	blouse
lehortu	to dry off, dried (off) (**lehortu nuen**)
argazkidenda	photography shop
karrete	roll of film
errebelatu/errebelatzen	to develop (film)
argazki makina	camera
argazkigailu	camera
pelikula	film (from Spanish)
zinta	tape
bideo-zinta	videotape
estanko	a store, often very small, where tobacco and stamps are sold
txiskero	lighter (for cigarettes)
ibilbide	course, path
ibilbidea marraztu	to chart a course (nautical) (**ibilbidea marraztu nuen**)
marrazki	drawing
marrazki bizidun	cartoon (animated)
hegaldi	flight (on a plane)
alokatutako hegaldi	chartered flight
ilustrazio	illustration

eskema	diagram
diagrama	diagram
grafiko	graph, graphic
mapa	map
taula	chart
disko	record or disk of music
disko salduenen zerrenda	the charts (of best-selling music)
txosten	report, paper (academic)
erreportaje	report in a newspaper
kronika	report in a newspaper
eguraldiaren berri	the weather report
kontatu/kontatzen	to report, to tell (**kontatu nuen**)
jakinarazi/jakinarazten	to report, to make known (**jakinarazi nuen**)
berriena	the newest one
joan zen astean	last week
gelditu/gelditzen	to remain
ez da gelditzen	there isn't any left, we've run out
gelditzen zait	I've still got . . . , I have [something] left
jo	to play (a musical instrument)
tronpeta jo/tronpeta jotzen	to play the trumpet; played the trumpet (**jo nuen**)
hamaiketako	eleven o'clock snack
merienda	late-afternoon snack
bokadilo	sandwich
ogitarteko	sandwich [lit.: between bread]
patatak	potato chips
haragi	meat

gatz	salt
olio	oil
letxuga	lettuce
gazta	cheese
azukre	sugar
tipula	onion
tomate	tomato
gaileta	cookie (from Spanish *galleta*)
kukija	cookie (coined by Idaho Basques from English *cookie;* pronounced KOO-KEE-JEH, with *J* like the second *G* of *garage*)
izozki	ice cream
helatu	ice cream (from Spanish *helado*)

Ukan (nork-zer) in the simple past with third-person-singular direct objects

	Present Tense	*Past Tense*	
nik	**dut**	**nuen**	I had
zuk	**duzu**	**zenuen**	you had
guk	**dugu**	**genuen**	we had
zuek	**duzue**	**zenuten**	you had (pl.)
berak	**du**	**zuen**	he/she/it had
haiek	**dute**	**zuten**	they had

The subject markers on the present-tense forms of **ukan** appear at the end of the verb: **-t, -zu, -gu, -zue,** and **-te,** with no ending for the third-person-singular **berak.** But in the simple past (preterite) of **ukan** all of the persons of the verb end with the past-tense marker **-n,** and we must look for the subject marker at the beginning of the verb, as we do with **izan.** We can think of the subject markers now as:

	Subject Markers	*Singular Direct Object*	*Subject Pluralizer*	*Past-Tense Marker*
nik	N	U		EN
zuk	ZEN	U		EN
guk	GEN	U		EN
zuek	ZEN	U	+ T (a pluralizer)	EN
berak	Z	U		EN
haiek	Z	U	+ T (a pluralizer)	EN

In the simplistic chart above, the **u** would be the marker for the singular direct object (or you can think of it as representing the verb **ukan**). The **-en** can be thought of as the past-tense marker. Notice that the verb forms for **zuek** and **haiek** have an extra subject pluralizer **t** that occurs immediately before the past-tense marker. The purpose of this pluralizer is to distinguish the **zuek** and **haiek** forms from the **zuk** and **berak** forms.

The biggest hurdle to learning the past-tense forms of **ukan** is to realize up front that the subject marker has moved to the front of the verb and the last part of the verb is now just a past-tense marker. You'll need to practice the past-tense forms for quite a while before they feel comfortable and natural, so do not get discouraged.

ACTIVITY 7.1 ■ SUBSTITUTION DRILLS

The purpose of these drills is to provide you with practice in using each of the new verb forms while performing simple substitutions in similar sentences.

Model:

Nik liburua irakurri nuen atzo. I read the book yesterday.

Cues:

gutuna	**Nik gutuna irakurri nuen atzo.**
agiria	**Nik agiria irakurri nuen atzo.**

egunkaria	**Nik egunkaria irakurri nuen atzo.**
aldizkaria	**Nik aldizkaria irakurri nuen atzo.**
textua	**Nik textua irakurri nuen atzo.**
liburua	**Nik liburua irakurri nuen atzo.**

Model:

Zuk kotxea garbitu zenuen atzo. You cleaned the car yesterday.

Cues:

logela	**Zuk logela garbitu zenuen atzo.**
egongela	**Zuk egongela garbitu zenuen atzo.**
alkondara	**Zuk alkondara garbitu zenuen atzo.**
bizikleta	**Zuk bizikleta garbitu zenuen atzo.**
komuna	**Zuk komuna garbitu zenuen atzo.**
kotxea	**Zuk kotxea garbitu zenuen atzo.**

Model:

Xurgak odola edan zuen atzo. Xurga drank blood yesterday.

Cues:

kafea	**Xurgak kafea edan zuen atzo.**
tea	**Xurgak tea edan zuen atzo.**
ura	**Xurgak ura edan zuen atzo.**
ardoa	**Xurgak ardoa edan zuen atzo.**
garagardoa	**Xurgak garagardoa edan zuen atzo.**
odola	**Xurgak odola edan zuen atzo.**

Model:

Sorginek pozoia saldu zuten joan zen astean. The witches sold poison last week.

Cues:

pottoka bat	**Sorginek pottoka bat saldu zuten joan zen astean.**
igela	**Sorginek igela saldu zuten joan zen astean.**
karretea	**Sorginek karretea saldu zuten joan zen astean.**
erratza	**Sorginek erratza saldu zuten joan zen astean.**
herensugea	**Sorginek herensugea saldu zuten joan zen astean.**
pozoia	**Sorginek pozoia saldu zuten joan zen astean.**

Model:

Guk ez genuen zerrenda idatzi. We did not write the list.

Cues:

agiria	**Guk ez genuen agiria idatzi.**
liburua	**Guk ez genuen liburua idatzi.**
ipuina	**Guk ez genuen ipuina idatzi.**
artikulua	**Guk ez genuen artikulua idatzi.**
txostena	**Guk ez genuen txostena idatzi.**
zerrenda	**Guk ez genuen zerrenda idatzi.**

Model:

Zuek ez zenuten aiztoa zorroztu. You (pl.) did not sharpen the knife.

Cues:

lapitza	**Zuek ez zenuten lapitza zorroztu.**
arkatza	**Zuek ez zenuten arkatza zorroztu.**
makila	**Zuek ez zenuten makila zorroztu.**
labana	**Zuek ez zenuten labana zorroztu.**
aiztoa	**Zuek ez zenuten aiztoa zorroztu.**

ACTIVITY 7.2 ■ SUBSTITUTION / TRANSFORMATION DRILLS

The purpose of these drills is to practice substituting different subjects and transforming the auxiliary verb.

Model:

Atzo nik gutuna idatzi nuen. Yesterday I wrote a letter.

Cues:

zuk	**Atzo zuk gutuna idatzi zenuen.**
haiek	**Atzo haiek gutuna idatzi zuten.**
Jonek	**Atzo Jonek gutuna idatzi zuen.**
guk	**Atzo guk gutuna idatzi genuen.**
zuek	**Atzo zuek gutuna idatzi zenuten.**
nik	**Atzo nik gutuna idatzi nuen.**

Model:

Guk ez genuen kotxea erosi. We didn't buy the car.

Cues:

nik	**Nik ez nuen kotxea erosi.**
zuk	**Zuk ez zenuen kotxea erosi.**
Gurasoek	**Gurasoek ez zuten kotxea erosi.**
zuek	**Zuek ez zenuten kotxea erosi.**
Edurnek	**Edurnek ez zuen kotxea erosi.**
guk	**Guk ez genuen kotxea erosi.**

ACTIVITY 7.3 ■ SUBSTITUTION / TRANSFORMATION DRILLS

Read through the following sentences several times to practice the past-tense forms of **ukan.** When you're ready, cover the right-hand sentences with a piece of paper and try to anticipate the verb form you'll need there. In order to master these verbs, you will need to practice them this way many times. You may even want to create some simple changes for yourself, based on sentences in your activities, and practice them aloud. If these oral drills feel too difficult, treat them as written exercises first, then attempt to do them orally.

Model:

Gaur <u>nik</u> ohea egin <u>dut</u>, eta atzo ere ohea egin <u>nuen</u>. Today I have made the bed, and I made the bed yesterday, too.

Cues:

zuk	**Gaur zuk ohea egin duzu, eta atzo ere ohea egin zenuen.**
haiek	**Gaur haiek ohea egin dute, eta atzo ere ohea egin zuten.**
guk	**Gaur guk ohea egin dugu, eta atzo ere ohea egin genuen.**
zuek	**Gaur zuek ohea egin duzue, eta atzo ere ohea egin zenuten.**
berak	**Gaur berak ohea egin du, eta atzo ere ohea egin zuen.**
nik	**Gaur nik ohea egin dut, eta atzo ere ohea egin nuen.**

Model:

Ez duzu filmik ikusi gaur, eta ez zenuen filmik ikusi atzo. You didn't see any movies today, and you didn't see any movies yesterday.

Cues:

nik	**Ez dut filmik ikusi gaur, eta ez nuen filmik ikusi atzo.**
haiek	**Ez dute filmik ikusi gaur, eta ez zuten filmik ikusi atzo.**
guk	**Ez dugu filmik ikusi gaur, eta ez genuen filmik ikusi atzo.**
zuek	**Ez duzue filmik ikusi gaur, eta ez zenuten filmik ikusi atzo.**
berak	**Ez du filmik ikusi gaur, eta ez zuen filmik ikusi atzo.**
zuk	**Ez duzu filmik ikusi gaur, eta ez zenuen filmik ikusi atzo.**

ACTIVITY 7.4 ■ PRACTICE WITH THE PRETERITE

Provide the appropriate past-tense forms of the auxiliary verb **ukan,** and then practice the drills aloud.

Model:

Berandu zen, eta horregatik nik aharrausi egin nuen. It was late and for that reason I yawned.

Cues:

1. **Berandu zen, eta horregatik zuk aharrausi egin** ______________.
2. **Berandu zen, eta horregatik Edurnek aharrausi egin** ______________.
3. **Berandu zen, eta horregatik haiek aharrausi egin** ______________.
4. **Berandu zen, eta horregatik guk aharrausi egin** ______________.
5. **Berandu zen, eta horregatik zuek aharrausi egin** ______________.
6. **Berandu zen, eta horregatik nik aharrausi egin** ______________.

Model:

Zuek ez zenuten argazki makinarik erosi. You (pl.) did not buy any cameras.

Cues:

7. **Goxok ez ______________ argazki makinarik erosi.**
8. **Gurasoek ez ______________ argazki makinarik erosi.**
9. **Nik ez ______________ argazki makinarik erosi.**
10. **Zuk ez ______________ argazki makinarik erosi.**
11. **Guk ez ______________ argazki makinarik erosi.**
12. **Zuek ez ______________ argazki makinarik erosi.**

ACTIVITY 7.5 ■ FROM THE RECENT PAST TO THE DISTANT PAST

Below are sentences in the recent past. Auxiliary verbs are underlined. Rewrite each into a sentence that happened prior to today.

1. **Gaur goizean esnatu naiz seietan eta gosaldu dut arin-arin.**
   Atzo . . .
2. **Zu zure ohean zaude eta ez duzu jaiki nahi.**
3. **Elkarrekin argazkidendara joan gara, karreteak errebelatzera.**
4. **Edurnek eta Cameronek gurekin joan nahi dute, baina ez daude tren geltokian.**
5. **Edurnek berandu gosaldu du, eta biek ez dute ilea orraztu.**
6. **Joan baino lehen, nik arropa eseki behar dut amarentzat.**
7. **Zuek estankora joan zarete ni gabe, tabakoa erosi nahi duzuelako.**

ACTIVITY 7.6 ■ COMPREHENSION / TRANSLATION

Give English equivalents for the new sentences you created in activity 7.5.

ACTIVITY 7.7 ■ IDEAS FOR ADDITIONAL PAST-TENSE PRACTICE

It takes a great deal of oral practice to master the past tense of **ukan.** Do not be discouraged. The trick is to remember that the present tense of **ukan** was really the exception to the rule, with subject markers occurring at the end of the verb. The past tense of **ukan** works like the present and past tenses of **izan** and **egon** in that the subject markers are at the beginning of the verb, with objects in the middle and a past-tense marker at the end.

In order to increase your practice with the past tense, go back to the early chapters of *Aurrera!* vol. 1 and rewrite your easiest texts and dialogues using the past tense of **izan, egon,** and **ukan.** If you are studying with an instructor, correct them in class together. If you are studying alone, just have fun with it.

ACTIVITY 7.8 ■ DIRECTED TRANSLATION WITH RECENT AND DISTANT PAST

Write out the list of things you did today, using the recent past. Then rewrite the list for yesterday, using the distant past.

1. I woke up.
2. I got up.
3. I took a shower. (I showered.)
4. I had breakfast.
5. I had (took) coffee.
6. I left the house.
7. I went to the university.
8. I studied Basque.
9. I drove my car.
10. I talked with a friend.
11. I cleaned my bedroom.

ACTIVITY 7.9 ■ QUESTIONS IN THE DISTANT PAST

Ask the following questions in Basque in the distant past.

1. Did you wake up? (Or a more complicated version: At what time did you wake up?)
2. Did you get up?
3. Did you take a shower?
4. Did you eat breakfast?
5. Did you have coffee?
6. Did you leave the house?
7. Did you go to the university?
8. Did you study Basque?
9. Did you drive your car?
10. Did you talk with a friend?
11. Did you clean your bedroom?

Pair off with a classmate and practice asking and answering questions. Focus especially on activities you did yesterday or last week (distant past).

This activity should be repeated every day while you are studying the distant past.

■ Past tense of **ukan** with plural direct objects ■

Now let's see how plural direct objects are marked by inserting a familiar plural element into the preterite forms we've just learned. This plural marker is the infix -**it**-, and we are familiar with it from the present-tense forms of **ukan** with plural direct objects, as you can see in boldface below in the present-tense column.

If you examine the past-tense forms below, you will find that -**it**- has been inserted into the subject markers, immediately before the **u.**

	Present Tense	*Past Tense*	
nik	**ditut**	**nituen**	I had
zuk	**dituzu**	**zenituen**	you had
guk	**ditugu**	**genituen**	we had
zuek	**dituzue**	**zenituzten**	you (pl. had)
berak	**ditu**	**zituen**	he/she/it had
haiek	**dituzte**	**zituzten**	they had

Another way to think of this plural marker is to compare what happens in the present-tense forms with what happens in the past-tense forms. In the present tense of **ukan,** we saw that the singular direct object was represented by **du** and the plural direct object was represented by **ditu.** But in the past tense, the objects are marked only by -**u** and -**itu.**

Subject Markers		*Plural Direct Object*	*Subject Pluralizer*	*Past-Tense Marker*
nik	**N**	**ITU**		**EN**
zuk	**ZEN**	**ITU**		**EN**
guk	**GEN**	**ITU**		**EN**
zuek	**ZEN**	**ITU**	+ **ZT** (a pluralizer)	**EN**
berak	**Z**	**ITU**		**EN**
haiek	**Z**	**ITU**	+ **ZT** (a pluralizer)	**EN**

Notice how the extra plural marker -**t**- in the **zuek** and **haiek** forms is now reinforced with a **z,** so they both contain -**zt**- immediately before the past-tense marker.

	With Singular Direct Object	*With Plural Direct Objects*
nik	**nuen**	**nituen**
zuk	**zenuen**	**zenituen**
guk	**genuen**	**genituen**
zuek	**zenuten**	**zenituzten**
bera	**zuen**	**zituen**
haiek	**zuten**	**zituzten**

ACTIVITY 7.10 ■ SUBSTITUTION DRILL

The purpose of this substitution drill is to become familiar with the new forms of the verb **ukan.**

Model:

Nik erizainak ezagutu nituen. I met the nurses.

Cues:

taxistak	**Nik taxistak ezagutu nituen.**
ileapaintzaileak	**Nik ileapaintzaileak ezagutu nituen.**
ikasleak	**Nik ikasleak ezagutu nituen.**
sorginak	**Nik sorginak ezagutu nituen.**
sendagileak	**Nik sendagileak ezagutu nituen.**

Model:

Zuk luzemetraiak ikusi zenituen. You saw the full-length movies.

Cues:

marrazki bizidunak	**Zuk marrazki bizidunak ikusi zenituen.**
irudiak	**Zuk irudiak ikusi zenituen.**
mapak	**Zuk mapak ikusi zenituen.**
grafikoak	**Zuk grafikoak ikusi zenituen.**
saioak	**Zuk saioak ikusi zenituen.**

Model:

Berak ez zituen arrautzak ukitu. She did not touch the eggs.

Cues:

gaztak	**Berak ez zituen gaztak ukitu.**
tipulak	**Berak ez zituen tipulak ukitu.**
gailetak	**Berak ez zituen gailetak ukitu.**
tomateak	**Berak ez zituen tomateak ukitu.**
arrainak	**Berak ez zituen arrainak ukitu.**

Model:

Haiek ez zituzten aiztoak kamustu. They did not dull the knives.

Cues:

lapitzak	**Haiek ez zituzten lapitzak kamustu.**
arkatzak	**Haiek ez zituzten arkatzak kamustu.**
labanak	**Haiek ez zituzten labanak kamustu.**
makilak	**Haiek ez zituzten makilak kamustu.**
aiztoak	**Haiek ez zituzten aiztoak kamustu.**

Model:

Zuek ikasgaiak ikasi zenituzten. You (pl.) studied the lessons.

Cues:

agiriak	**Zuek agiriak ikasi zenituzten.**
txostenak	**Zuek txostenak ikasi zenituzten.**
zerrendak	**Zuek zerrendak ikasi zenituzten.**
gutunak	**Zuek gutunak ikasi zenituzten.**
liburuak	**Zuek liburuak ikasi zenituzten.**

Model:

Guk oheak zikindu genituen. We dirtied the beds.

Cues:

logelak	**Guk logelak zikindu genituen.**
blusak	**Guk blusak zikindu genituen.**
bainugelak	**Guk bainugelak zikindu genituen.**
toailak	**Guk toailak zikindu genituen.**
komunak	**Guk komunak zikindu genituen.**

ACTIVITY 7.11 ■ SUBSTITUTION / TRANSFORMATION DRILL

The purpose of this drill is to practice substituting different subjects and transforming the auxiliary verb.

Model:

Atzo nik hiru zepilo erosi nituen. Yesterday I bought three brushes.

Cues:

zuk	**Atzo zuk hiru zepilo erosi zenituen.**
haiek	**Atzo haiek hiru zepilo erosi zituzten.**
guk	**Atzo guk hiru zepilo erosi genituen.**
Edurnek	**Atzo Edurnek hiru zepilo erosi zituen.**
nik	**Atzo nik hiru zepilo erosi nituen.**
zuek	**Atzo zuek hiru zepilo erosi zenituzten.**

Model:

Joan zen astean, guk ikasgaiak ikasi genituen. Last week, we studied the lessons.

Cues:

zuek	**Joan zen astean, zuek ikasgaiak ikasi zenituzten.**
nik	**Joan zen astean, nik ikasgaiak ikasi nituen.**
haiek	**Joan zen astean, haiek ikasgaiak ikasi zituzten.**
Josebak	**Joan zen astean, Josebak ikasgaiak ikasi zituen.**
zuk	**Joan zen astean, zuk ikasgaiak ikasi zenituen.**
guk	**Joan zen astean, guk ikasgaiak ikasi genituen.**

Model:

Txikitan, nik ez nituen horrelako saioak ikusten. As a child, I did not watch programs like that.

Cues:

guk	**Txikitan, guk ez genituen horrelako saioak ikusten.**
zuk	**Txikitan, zuk ez zenituen horrelako saioak ikusten.**
aitak	**Txikitan, aitak ez zituen horrelako saioak ikusten.**
gurasoek	**Txikitan, gurasoek ez zituzten horrelako saioak ikusten.**

nik	**Txikitan, nik ez nituen horrelako saioak ikusten.**
zuek	**Txikitan, zuek ez zenituzten horrelako saioak ikusten.**

ACTIVITY 7.12 ■ MORE PRETERITE PRACTICE

Here is a challenging written exercise. Complete the sentences below as in the model, using the appropriate form of the auxiliary verb. Once you have written them out, practice reading them aloud until you can do so with ease. The purpose of this exercise is to help you make the connection between the present-tense auxiliary used to form the recent past and the past-tense auxiliary used to form the distant past.

Model:

Gaur lau otsogizon ikusi ditut, baina atzo bost ikusi nituen. Today I saw four werewolves, but yesterday I saw five.

Cues:

1. **zuk**
2. **guk**
3. **haiek**
4. **zuek**
5. **berak / hark**

Model:

Zuk ez dituzu bileteak ordaindu? Zergatik ez zenituen ordaindu atzo? You haven't paid for the tickets? Why didn't you pay for them yesterday?

Cues:

6. **guk**
7. **zuek**
8. **haiek**
9. **berak / hark**
10. **nik**

ACTIVITY 7.13 ■ VERB PRACTICE AND COMPREHENSION

Zer egin zuten abenduan? What did they do in December? Fill in the blanks with the appropriate past-tense form of **ukan.** Then give English equivalents for each sentence.

1. **Amonak etxe zikina garbitu ______________________.**
2. **Lehengusuek itsasontzi bat erosi ______________________ eta ibilbideak marraztu ______________________.**
3. **Guk hegazkina alokatu ______________________ eta Mexicora joan ginen.**
4. **Zuek disko salduenei buruz irakurri ______________________ egunkarietan.**
5. **Amak hiru puntuzko jertse egin ______________________.**
6. **Nik janaria etxera ekarri ______________________, gelditzen ezer ez zelako.**
7. **Guk bost opari merke bilatu ______________________, lehengusuei erregalatzeko.**
8. **Zuk erreportajeak idatzi ______________________, aldizkari batentzat.**
9. **Nik irudiak marraztu ______________________ zure oparietako paketeetan.**
10. **Zuk ez ___________________ grafikorik erabili zure txostenean.**

ACTIVITY 7.14 ■ VERB TRANSFORMATION AND COMPREHENSION

Rewrite the following sentences in the distant past, changing verbs **ukan, izan,** and **egon.** Give English equivalents for each.

1. **Oso triste nago, ondo marraztu ezin dudalako.**
2. **Baina zu artista zara, eta irudi politak pintatu dituzu.**
3. **Haiek ez dituzte hegaldi merkeak aurkitu, baina etorri dira gu ikustera.**

4. **Kapitaina itsasoan galdu da, itsasontzian taulak ez daudelako.**
5. **Guk ilargira joan nahi dugu, baina zuek ezetz esan duzue.**

ACTIVITY 7.15 ■ PRACTICE WITH SINGULAR DIRECT OBJECTS

Replace the present-tense auxiliary verbs in the following sentences with past-tense auxiliaries. The direct objects in these sentences are all third-person singular (him, her, it).

1. **Nik elefantea nahi dut.**
2. **Zuk hortzetako zepilo berri bat nahi duzu.**
3. **Zuek banpiroarekin telefonoz hitz egin nahi duzue.**
4. **Edurnek ez du argazki makinarik erosi argazkidenda honetan.**
5. **Guk eskema bat marraztu dugu . . .**
6. **. . . baina haiek ezin dute kalea aurkitu.**
7. **Zuek ez duzue ikusi estankoa.**
8. **Zuk esan duzu alokatutako hegazkinak garestiak direla.**
9. **Guk ez dugu pelikula ikusi hegaldian.**
10. **Haiek karrete bat errebelatu behar dute.**
11. **Nik ezin dut argazki makina ondo erabili.**

ACTIVITY 7.16 ■ PRACTICE WITH PLURAL DIRECT OBJECTS

Replace the auxiliary verbs in the following sentences with their past-tense forms. The direct objects in these sentences are all third-person plural (them).

1. **Jonek marrazki bizidunak ikusi ditu.**
2. **Nik ez ditut bi karrete atera.**
3. **Nire ustez, zuek zerrenda berrienak egin dituzue.**
4. **Guk egunkarian erreportajeak irakurri ditugu honi buruz.**
5. **Ikasleek irudiak ipini dituzte haien txostenetan.**
6. **Zuk bainuko toailak lehortu behar dituzu.**
7. **Nik inoiz ez ditut ipuin horiek entzun.**

8. **Josek bideo-zintak erakutsi ditu klasean.**
9. **Guk seiluak aurkitu ditugu estankoan.**
10. **Lehengusuek gutun interesgarriak idatzi dituzte.**

ACTIVITY 7.17 ■ COMPREHENSION / TRANSLATION

Give the English equivalents for the following sentences (taken from the exercises above).

1. **Zuk hortzetako zepilo berri bat nahi zenuen.**
2. **Edurnek ez zuen argazki makinarik erosi argazkidenda honetan.**
3. **Zuk esan zenuen alokatutako hegazkinak garestiak zirela.**
4. **Haiek karrete bat errebelatu behar zuten.**
5. **Guk eskema bat marraztu genuen . . .**
6. **. . . baina haiek ezin zuten kalea aurkitu.**
7. **Nire ustez, zuek zerrenda berrienak egin zenituzten.**
8. **Guk egunkarian erreportajeak irakurri genituen honi buruz.**
9. **Ikasleek irudiak ipini zituzten haien txostenetan.**
10. **Zuk bainuko toailak lehortu behar zenituen.**
11. **Nik inoiz ez nituen ipuin horiek entzun.**

Dialogue

Goxoren etxea Xurgarena baino hobea al da?

1. **Xurga Goxoren kobazulora joan zen ogitartekoa hartzera.**
2. **Goxoren haitzuloa Xurgaren etxea baino handiago eta hotzagoa da.**
3. **Xurgak galdetzen dio Goxori, <<Zergatik bizi zara leize hotz honetan?>>**
4. **<<Haitzulo hau zure etxea baino hobea da. Nire iritziz, nire etxea onena da.>>**
5. **<<Ez nago ados,>> esaten dio Xurgak. <<Zure leizea hotzegi eta ilunegia da!>>**

6. **<<Beno, zuriz pintatuko dugu. Horrela, argitsuagoa izango da.>>**
7. **<<Bale. Pixa egin eta gero, lagunduko zaitut,>> esaten dio Xurgak. <<Non dago komuna?>>**
8. **<<Ez daukat komunik leize barruan. Hor dago komuna, kanpoan, txabola txiki horretan.>>**
9. **<< Nahiago dut etxeratu pixa egitera. Bueltatzen naizenean, berogailua ekarriko dizut!>>**

■ Hitz eta esaldi berriak ■

leize	cave
iritzi	opinion (don't confuse with **iritsi,** to arrive)
nire iritziz	in my opinion
pixa egin/pixa egiten	to pee, peed (**pixa egin nuen**)
loteria	lottery ticket
txokolatinak	chocolate bars
lanpostu	job, position
txabola	hut, shack, outhouse
posible	possible
puntu egin/puntu egiten	to knit; knitted (**puntuzko jertsea egin**)
erakutsi/erakusten	to show, showed

■ Bigger, biggest, and too big: Comparatives (-ago, -en, -egi) ■

We've learned how to make simple comparisons with **baino . . . -ago;** for example:

Zure kotxea nirea baino handiagoa da. Your car is bigger than mine.
Nire kotxea zurea baino txikiagoa da. My car is smaller than yours.

Now we'll learn how to use the suffixes **-en(a)** and **-egi(a)** to make superlatives and excessives.

-ago	Used for comparisons. It's the equivalent of English *-er,* as in "bigger, smaller," etc.
-en	Used for superlatives. It's the equivalent of English *-est,* as in "biggest, smallest," etc.
-egi	Used to express excessiveness. It's the equivalent of English *too* as in "too big, too small," etc.

Bideo-zinta hori nirea baino merkeagoa da. That videotape is cheaper than mine.

Zure bideo-zinta merkeena da. Your videotape is the cheapest one.

Edurneren zinta merkeegia da. Ez du funtzionatzen! Edurne's tape is too cheap. It doesn't work!

Non zegoen estanko txikiagoa?
Where was the smaller tobacco shop?
Banketxe ondoan zegoen.
It was next to the bank.

Estanko hori Bilboko txikiena al da?
Is that tobacco shop Bilbao's smallest?
Bai, hori txikiena da.
Yes, that's the smallest one.

Karrete hau laburregia da.
This roll of film is too short.
Argazki gehiago atera nahi dut.
I want to take more pictures.

Ikasle hauek unibertsitateko adimentsuenak dira.
These students are the smartest at the university.
Baina gizon arraro horiek adimentsuegiak dira.
But those strange men are too smart.

Posiblea da aberatsegia izatea?

Is it possible to be too rich?

Nire iritziz, ez, ez da posiblea.

In my opinion, no, it's not possible.

Zuk beste jendea baino diru gehiago badaukazu . . .

If you have more money than other people . . .

. . . lagundu ahal dituzu!

. . . you can help them!

Goxo, Xurga baino altuagoa da.

Goxo is taller than Xurga.

Baina otsogizona altuena da.

But the werewolf is the tallest of all.

Eta erraldoiak? Altuegiak dira!

And giants? They are too tall!

ACTIVITY 7.18 ■ BIGGER, BIGGEST, TOO BIG!

Complete the sentences below in a progression, as demonstrated in the example: bigger, biggest, too big (comparatives, superlatives, and excessives).

Model:

Adjective: **merke** (cheap)

Nire bideo-zinta Jonena baino <u>merkeagoa</u> da.

Zure bideo-zinta <u>merkeena</u> da.

Edurneren bideo-zinta <u>merkeegia</u> da. Ez du funtzionatzen!

Model:

1. Adjective: **labur** (short)

Cues:

Karrete hau zurea baino ______________________ da.

Karrete hori ______________________ da.

Karrete hura ______________________ da.

Model:

2. Adjective: **aberats** (rich)

Cues:

Posiblea da ni baino ________________________ **izatea?**

Posiblea da ________________________ **izatea?**

Posiblea da ________________________ **izatea?**

Model:

3. Adjective: **indartsu** (strong)

Cues:

Otsogizonak otsoak baino ________________________ **dira.**

Sorginak ________________________ **dira.**

Banpiroak ________________________ **dira.**

Model:

4. Adjective: **pozoitsu** (poisonous)

Cues:

Zure bokadiloak nireak baino ________________________ **dira.**

Zure hamaiketakoak ________________________ **dira.**

Zure txokolatinak ________________________ **dira.**

Model:

5. Adjective: **adimentsu** (intelligent)

Cues:

Gu haiek baino ________________________ **gara.**

Zuek ________________________ **zarete.**

Posiblea da ________________________ **izatea?**

ACTIVITY 7.19 ■ PRETERITE AND COMPREHENSION

Supply the past-tense forms of the verbs **ukan, izan,** or **egon,** as needed. Then give English equivalents for each sentence.

1. **Mila bederatziehun eta hirurogeita zazpian, ni unibertsitatera sartu** ________________________**.**

2. **Guk hizkuntzak ikasi ____________________.**
3. **Jonek eta Edurnek errusieraz hitz egin nahi ____________________.**
4. **Haien irakaslea beti haserre ____________________.**
5. **Baina gu ez ____________________ haserre.**
6. **Ni oso pozik ____________________, eta Jon ere bai.**
7. **Mila bederatziehun eta laurogeita batean, zu lan egiten hasi ____________________.**
8. **Gurasoak animatuta ____________________.**
9. **Baina Jonek ez ____________________ lanposturik aurkitu.**
10. **Jon Europara joan ____________________.**
11. **Europan, zuek Jon ikusi ____________________ Donostiako hondartzan.**
12. **Zuek harrituta ____________________.**

ANSWERS

ENGLISH EQUIVALENT OF **SAGUZAHARREK HITZ EGIN NAHI ZUTEN** (THE BATS WANTED TO TALK)

1. Goxo Evil-Eye was a very decent witch.
2. But really, Goxo was not a genius.
3. That's why she forgot how many bats lived in her cave.
4. Goxo thought that only one bat lived there, but that was not true.
5. One hundred and six bats lived there.
6. The bats were rather intelligent.
7. In Goxo's cave, there was a radio, a television, and a computer.
8. Every day Goxo used (habitually) the radio, television, and computer.
9. When Goxo would turn on the radio (habitually), the bats would listen to the music. ("would turn on" and "would listen" refer to actions repeated many times in the past; these are not conditional uses)
10. They also watched television every day.
11. Once, on television they saw how the world worked.
12. The bats learned to use the remote control.

13. Furthermore, they learned how to turn on the computer and they learned how to use the computer mouse.
14. They saw a lot of Web sites.
15. They read very slowly, but they quickly understood the photographs.
16. After seeing the Web sites, the cave bats created an association.
17. It was the Cave Bats' Association. They also created rules.
18. Furthermore, they made a Web site because they wanted to talk with the bats of the world.
19. Unfortunately, the bats could not speak with a voice.
20. That's why they learned how to type, in order to use the computer.

ACTIVITY 7.4 ■ PRACTICE WITH THE PRETERITE

1. **Berandu zen, eta horregatik zuk aharrausi egin zenuen.**
2. **Berandu zen, eta horregatik Edurnek aharrausi egin zuen.**
3. **Berandu zen, eta horregatik haiek aharrausi egin zuten.**
4. **Berandu zen, eta horregatik guk aharrausi egin genuen.**
5. **Berandu zen, eta horregatik zuek aharrausi egin zenuten.**
6. **Berandu zen, eta horregatik nik aharrausi egin nuen.**
7. **Goxok ez zuen argazki makinarik erosi.**
8. **Gurasoek ez zuten argazki makinarik erosi.**
9. **Nik ez nuen argazki makinarik erosi.**
10. **Zuk ez zenuen argazki makinarik erosi.**
11. **Guk ez genuen argazki makinarik erosi.**
12. **Zuek ez zenuten argazki makinarik erosi.**

ACTIVITY 7.5 ■ FROM THE RECENT PAST TO THE DISTANT PAST

1. **Atzo goizean esnatu nintzen seietan eta gosaldu nuen arin-arin.**
2. **Zu zure ohean zeunden eta ez zenuen jaiki nahi.**
3. **Elkarrekin argazkidendara joan ginen, karreteak errebelatzera.**
4. **Edurnek eta Cameronek gurekin joan nahi zuten, baina ez zeuden tren geltokian.**
5. **Edurnek berandu gosaldu zuen, eta biek ez zuten ilea orraztu.**

6. **Joan baino lehen, nik arropa eseki behar <u>nuen</u> amarentzat.**
7. **Zuek estankora joan <u>zineten</u> ni gabe, tabakoa erosi nahi <u>zenutelako</u>.**

ACTIVITY 7.6 ■ COMPREHENSION / TRANSLATION

1. Yesterday morning I woke up at six and had breakfast very quickly.
2. You were in your bed and you did not want to get up.
3. We went to the camera shop together in order to develop the rolls of film.
4. Edurne and Cameron wanted to come with us, but they were not at the train station.
5. Edurne ate breakfast late, and the two of them did not comb their hair.
6. Before going, I had to hang up the clothes for Mother.
7. You (pl.) went to the little store without me because you wanted to buy tobacco.

ACTIVITY 7.8 ■ DIRECTED TRANSLATION WITH RECENT AND DISTANT PAST

1. I woke up. **Esnatu naiz.**
   Esnatu nintzen.
2. I got up. **Jaiki naiz.**
   Jaiki nintzen.
3. I took a shower. **Dutxatu naiz.**
   Dutxatu nintzen.
4. I had breakfast. **Gosaldu dut.**
   Gosaldu nuen.
5. I had (took) coffee. **Kafea hartu dut.**
   Kafea hartu nuen.
6. I left the house. **Etxetik irten naiz.**
   Etxetik irten nintzen.
7. I went to the university. **Unibertsitatera joan naiz.**
   Unibertsitatera joan nintzen.

8. I studied Basque. **Euskara ikasi dut.**
   Euskara ikasi nuen.
9. I drove my car. **Kotxea gidatu dut.**
   Kotxea gidatu nuen.
10. I talked with a friend. **Lagun batekin hitz egin dut.**
   Lagun batekin hitz egin nuen.
11. I cleaned my bedroom. **Logela garbitu dut.**
   Logela garbitu nuen.

ACTIVITY 7.9 ■ QUESTIONS IN THE DISTANT PAST

1. **Esnatu zinen? Zer ordutan esnatu zinen?**
2. **Jaiki zinen?**
3. **Dutxatu zinen?**
4. **Gosaldu zenuen?**
5. **Kafea hartu zenuen?**
6. **Etxetik irten zinen?**
7. **Unibertsitatera joan zinen?**
8. **Euskara ikasi zenuen?**
9. **Kotxea gidatu al zenuen?**
10. **Lagun batekin hitz egin zenuen? Lagun batekin hitz egin al zenuen?**
11. **Logela garbitu zenuen? Logela garbitu al zenuen?**

ACTIVITY 7.12 ■ MORE PRETERITE PRACTICE

1. **Gaur lau otsogizon ikusi dituzu, baina atzo bost ikusi zenituen.**
2. **Gaur lau otsogizon ikusi ditugu, baina atzo bost ikusi genituen.**
3. **Gaur lau otsogizon ikusi dituzte, baina atzo bost ikusi zituzten.**
4. **Gaur lau otsogizon ikusi dituzue, baina atzo bost ikusi zenituzten.**
5. **Gaur lau otsogizon ikusi ditu, baina atzo bost ikusi zituen.**
6. **Guk ez ditugu bileteak ordaindu? Zergatik ez genituen ordaindu atzo?**
7. **Zuek ez dituzue bileteak ordaindu? Zergatik ez zenituzten ordaindu atzo?**

8. **Haiek ez dituzte bileteak ordaindu? Zergatik ez zituzten ordaindu atzo?**
9. **Berak ez ditu bileteak ordaindu? Zergatik ez zituen ordaindu atzo?**
10. **Nik ez ditut bileteak ordaindu? Zergatik ez nituen ordaindu atzo?**

ACTIVITY 7.13 ■ VERB PRACTICE AND COMPREHENSION

1. **Amonak etxe zikina garbitu zuen.**
   Grandmother cleaned the dirty house.
2. **Lehengusuek itsasontzi bat erosi zuten eta ibilbideak marraztu zituzten.**
   The cousins bought an oceangoing boat and charted courses.
3. **Guk hegazkina alokatu genuen eta Mexicora joan ginen.**
   We chartered a plane and went to Mexico.
4. **Zuek disko salduenei buruz irakurri zenuten egunkarietan.**
   You (pl.) read about the best-selling music in the newspapers.
5. **Amak hiru puntuzko jertse egin zituen.**
   Mother knitted three sweaters.
6. **Nik janaria etxera ekarri nuen, gelditzen ezer ez zelako.**
   I took food to the house because there was nothing left (remaining).
7. **Guk bost opari merke bilatu genituen, lehengusuei erregalatzeko.**
   We looked for five inexpensive gifts to give to the cousins.
8. **Zuk erreportajeak idatzi zenituen, aldizkari batentzat.**
   You wrote reports (journalistic stories) for a magazine.
9. **Nik irudiak marraztu nituen zure oparietako paketeetan.**
   I drew pictures on the packages of your gifts.
10. **Zuk ez zenuen grafikorik erabili zure txostenean.**
    You didn't use any graphics in your report.

ACTIVITY 7.14 ■ VERB TRANSFORMATION AND COMPREHENSION

1. **Oso triste nengoen, ondo marraztu ezin nuelako.**
   I was very sad because I could not draw well.

2. **Baina zu artista zinen, eta irudi politak pintatu zenituen.**
   But you were an artist, and you painted pretty pictures.
3. **Haiek ez zituzten hegaldi merkeak aurkitu, baina etorri ziren gu ikustera.**
   They did not find cheap flights, but they came to see us.
4. **Kapitaina itsasoan galdu zen, itsasontzian taulak ez zeudelako.**
   The captain got lost at sea because there were no (nautical) charts on the ship.
5. **Guk ilargira joan nahi genuen, baina zuek ezetz esan zenuten.**
   We wanted to go to the moon, but you (pl.) said no.

ACTIVITY 7.15 ■ PRACTICE WITH SINGULAR DIRECT OBJECTS

1. **nuen**
2. **zenuen**
3. **zenuten**
4. **zuen**
5. **genuen**
6. **zuten**
7. **zenuten**
8. **zenuen**
9. **genuen**
10. **zuten**
11. **nuen**

ACTIVITY 7.16 ■ PRACTICE WITH PLURAL DIRECT OBJECTS

1. **zituen**
2. **nituen**
3. **zenituzten**
4. **genituen**
5. **zituzten**
6. **zenituen**
7. **nituen**
8. **zituen**

9. **genituen**
10. **zituzten**

ACTIVITY 7.17 ■ COMPREHENSION / TRANSLATION

1. You wanted a new toothbrush.
2. Edurne did not buy a camera in this camera store.
3. You said that chartered planes were expensive.
4. They had to develop a roll of film.
5. We drew a diagram . . .
6. . . . but they could not find the street.
7. In my opinion, you (pl.) made the newest lists.
8. We read articles in the newspaper about this.
9. The students put pictures in their reports.
10. You had to dry the bath towels.
11. I never heard those stories.

ENGLISH EQUIVALENT OF **GOXOREN ETXEA XURGARENA BAINO HOBEA AL DA?** (IS GOXO'S HOUSE BETTER THAN XURGA'S?)

1. Xurga went to Goxo's cave for a sandwich.
2. Goxo's cave is bigger and colder than Xurga's house.
3. Xurga asks Goxo, "Why do you live in this cold cave?"
4. "This cave is better than your house. In my opinion, my house is the best."
5. "I do not agree," Xurga says to her. "Your cave is too cold and too dark!"
6. "Okay, we'll paint it white. That way, it will be lighter."
7. "Okay. After I go pee, I will help you," Xurga says to her. "Where is the toilet?"
8. "I don't have a toilet inside the cave. There's the toilet, outside, in that little hut."
9. "I prefer to go home to pee. When I return, I will bring you a heater!"

ACTIVITY 7.18 ■ BIGGER, BIGGEST, TOO BIG!

1. Adjective: **labur** (short)
   laburragoa
   laburrena
   laburregia
2. Adjective: **aberats** (rich)
   aberatsagoa
   aberatsena
   aberatsegia
3. Adjective: **indartsu** (strong)
   indartsuagoak
   indartsuenak
   indartsuegiak
4. Adjective: **pozoitsu** (poisonous)
   pozoitsuagoak
   pozoitsuenak
   pozoitsuegiak
5. Adjective: **adimentsu** (intelligent)
   adimentsuagoak
   adimentsuenak
   adimentsuegia

ACTIVITY 7.19 ■ PRETERITE AND COMPREHENSION

1. nintzen	In 1967 I entered the university.
2. genituen	We studied languages.
3. zuten	Jon and Edurne wanted to study Russian.
4. zegoen	Their teacher was always angry.
5. geunden	But we were not angry.
6. nengoen	I was very happy, and so was Jon.
7. zinen	In 1981 you started working.
8. zeuden	[Your] parents were excited.

9. zuen	But Jon did not find a job.
10. zen	Jon went to Europe.
11. zenuten	In Europe you (pl.) saw Jon on the beach in Donosti/San Sebastian [on the Donosti/San Sebastian beach].
12. zeundeten	You (pl.) were surprised.

CHAPTER EIGHT

The Things We Used to Do

Dialogue

Goxoren lehengusu arraroak

1. **Gau batean, Xurga banpiroa esnatu zen eta, hilkutxatik irten eta gero, Goxo aurkitu zuen hilkutxa ondoan.**

2. XURGA: **Kaixo, Goxo, maitea. Zer moduz?**
3. GOXO: **Deprimituta nago. Eta pixkat bakarti nago.**
4. **Nostalgia daukat txikitako lagunengatik.**
5. X: **Eta nortzuk ziren txikitako lagunak?**
6. G: **Eskoziako lehengusuak.**
7. **Urtero gonbidapena jasotzen genuen, eta urtero onartzen genuen.**
8. **Aste bat barru, Eskoziara bidaia egiten genuen.**
9. **Maletak antolatzen genituen, eta amak beti garrasi egiten zuen.**
10. **Beti uste zuen berandu helduko ginela.**
11. X: **Nolakoak ziren lehengusuak?**
12. G: **Lehengusuak Bau eta Uau otsogizonak ziren.**
13. **Gauetan ilargi azpian abesten zuten.**
14. X: **(irribarrez) <<Beno . . . hori polita iruditzen zait.**
15. G: **(jarraituz) Lehengusina Garratzak afariak prestatzen zituen.**
16. **Zopa berezia egiten zuen, behiaren odolarekin.**
17. X: **Odolarekin? Zer goxoa!**
18. G: **Eta lehengusu Txupalomutxo banpiroa zen.**
19. X: **Ez esan! (Orain, Xurga guztiz animatuta zegoen.)**
20. **Zer ondo. Txikitan urtero lehengusuengana!**
21. **Zergatik ez duzu ohitura jarraitzen?**
22. G: **Oso istorio tristea da. Urte batean gonbidapena jaso genuen,**

23. **baina aita pixkat gaixorik zegoen, eta horregatik berak ez zuen joan nahi.**
24. **Esan zuen ezin genuela joan, zerua estalita zegoelako.**
25. **Eta gero esan zuen ezin genuela joan,**
26. **lehengusuen gaztelu zaharra hotzegia zelako.**
27. **Orduan esan zuen Eskozian gaizki lo egiten zuela,**
28. **gazteluan burukorik ez zegoelako.**
29. **Ama triste zegoen, baina aita setatia zen. Urte hartan ez ginen joan.**
30. **Eta zoritxarrez, hurrengo urtean lehengusuek ez zuten gonbidapena bidali.**
31. X: **Eta orain zuk nostalgia daukazu.**
32. **Beno, Goxo, maletak armairuan daude. Hartu eta goazen!**
33. G: **Benetan? Nirekin joango zara?**
34. X: **Bai, noski!**
35. **(Orduan Xurga konturatu zen oso berandu zela eta ez zituztela bileteak erosi.)**
36. **Ai, ene! Goxo, maitea, ez dago hegaldirik ordu honetan.**
37. G: **Lasai, Xurga. Ez goaz hegazkinez. Aireratuko gara erratzez!**

Hitz eta esaldi berriak

bakarti	lonely
nostalgia	nostalgia
txikitako	from childhood, childhood (as an adj.)
lagunengatik	because of friends
Eskozia	Scotland
jaso/jasotzen	to receive, to lift
onartu/onartzen	to accept, to welcome
bidaia	trip, voyage
bidaia egin	to take a trip
antolatu/antolatzen	to make ready, to get ready, to prepare

garrasi	scream
garrasi egin	to scream, to shout
garrasika (egon)	to be screaming
gauetan	in the evenings
zopa	soup
berezi	special
goxo	delicious, sweet

Txupalomutxo is a Basque spelling of the Spanish phrase meaning "Sucksa-lot."

ohitura	custom
estalita	cloudy, overcast
gaztelu	castle
buruko	pillow
hurrengo	next
konturatu/konturatzen	to realize
aireratu/aireratzen	to take off, to get in the air (a plane)
ezezagun	stranger
kantaldi	concert
kontzertu	concert
jaialdi	festival
diska	record (also **disko**)
diska konpaktu	compact disk
musikadenda	music store
nobela	novel
idazle	writer
talde	group, band
haragitegi	meat market
arraindegi	fish market
okindegi	bakery, bread store (from **ogi,** bread)
gozotegi	candy store, sweets shop
izozkitegi	ice cream parlor

ardotegi	wine store
farmazia	pharmacy
burdindegi	hardware store
askoz ere	much, very much (used in comparisons)
bezain	as . . . as . . .
euli	fly (insect)
lanegun	workday

Habitual past

Remember the habitual present tense? We use it to describe events in the present, events that are often repeated or habitual, as in the following examples:

Egunero etxeko lana egiten dut.
I do homework every day.
Guk irakaslea ondo ezagutzen dugu!
We know the teacher very well!
Goizero bulegora sartzen dira.
Every morning they go into the office.
Astelehenero hirugarren pisura igotzen gara.
Every Monday we climb to the fourth floor.

NOTE: Basques count floors in the European manner. For Americans, the first floor is the ground floor. For Europeans, the first floor is what Americans call the second floor.

Now that we know the past-tense forms of the auxiliary verbs **ukan** and **izan,** we can begin using the *habitual past.* Made by pairing the present participle (or the habitual form of the main verb, as King describes it) and the past tense of the auxiliary verb, the habitual past is used to talk about repeated or habitual actions in the past.

Normalki, lanegunetan, goizeko zazpietan esnatzen nintzen.
Normally, on workdays, I woke up at seven a.m.

Normally, on workdays, I used to wake up at seven a.m.

Normally, on workdays, I would [habitually] wake up at seven a.m.

Baina ez ninzten ordu hartan jaikitzen.

But I didn't get up at that hour.

But I didn't used to get up at that hour.

But I wouldn't [habitually] get up at that hour.

Nire ohean gelditzen nintzen eta jostailuekin jolasten nuen.

I would [habitually] stay in my bed and play with my toys.

I stayed in my bed and played with my toys.

I used to stay in my bed and play with my toys.

Zoritxarrez, aita beti garrasika zegoen, ni berandu jaikitzen nintzelako.

Unfortunately, Father was always yelling because I would get up late.

Unfortunately, Father was always yelling because I used to get up late.

Unfortunately, Father was always yelling because I got up late.

Goizero, elkarrekin gosaltzen genuen.

Every morning, we had breakfast together.

Every morning, we used to have breakfast together.

Every morning, we would [habitually] have breakfast together.

Astearteetan, amak gazta eta arrautzak erosten zituen azokan.

On Tuesdays, Mother bought cheese and eggs at the market.

On Tuesdays, Mother used to buy cheese and eggs at the market.

On Tuesdays, Mother would [habitually] buy cheese and eggs at the market.

Aitak burdindegian lan egiten zuen.

Father worked in the hardware store.

Father used to work in the hardware store.

Father would [habitually] work in the hardware store.

Asteburuetan, bi pelikula ikusten genituen.

On the weekends, we watched two movies.

On the weekends, we used to watch two movies.

On the weekends, we would [habitually] watch two movies.

Oso pozik geunden!
We were very happy!

In the examples above, notice that "would" is always followed by [habitually]. This is to remind us as English speakers that we can use "would" in a past-tense construction to talk about habitual actions, but when we do so, we are not using the conditional (a completely different situation). In Basque, the conditional is expressed in a different way. Just remember that at this point we don't know how to make the conditional.

ACTIVITY 8.1 ■ GETTING THE MOST OUT OF OUR DIALOGUES

Divide the dialogue between Goxo and Xurga into segments (lines 2–8, 9–15, 16–23, 24–30, and 31–37). Pair off in teams of two and practice the dialogue together. Take turns presenting segments to the class. This activity can extend over several classes. The first presentation may be read aloud (practicing for fluency). The second presentation may be a retelling or approximation of the dialogue. Your instructor may or may not suggest memorization as a third presentation.

ACTIVITY 8.2 ■ REVIEWING THE PRETERITE FORMS OF IZAN AND EGON

Return to chapter 6 and practice the oral drills in activities 6.1 (**izan,** *Aurrera!* vol.1, pp. 169–70) and 6.6 (**egon,** *Aurrera!* vol. 1, pp. 180–81).

ACTIVITY 8.3 ■ REVIEWING THE PRETERITE FORMS OF UKAN

Return to chapter 7 and practice activities 7.1, 7.2, 7.10, and 7.11.

ACTIVITY 8.4 ■ QUESTIONS AND ANSWERS

First, give English equivalents for all the questions below. Then answer them in Euskara.

1. **Txikitan, normalki, zer ordutan jaikitzen zinen?**
2. **Asteburuetan, kantaldietara joaten zinen?**
3. **Egunero, zuek sartzen zineten supermerkatura amarekin?**
4. **Gauza ezberdinak erosten zenituzten gozotegian?**
5. **Zure aitak burdindegian lan egiten zuen garai hartan?**
6. **Mila bederatziehun eta laurogeita hamabostean, zure amak erosketak egiten zituen egunero arraindegian?**
7. **Txikitan, diska konpaktuak entzuten zenituen?**
8. **Haurtzaroan, larunbatetan, ohean gelditzen zinen?**

ACTIVITY 8.5 ■ CREATING YOUR OWN QUESTIONS

Create some simpler questions about childhood activities that you can ask your classmates. Be prepared to answer their questions in turn. Some suggestions are given in English with the Basque equivalents provided at the end of the chapter.

1. When you were little, did you used to watch television every day?
2. When you were little, did you habitually study Basque?
3. As a child, did you used to live with your parents?
4. As a child, were you always busy?
5. When you were small, did you used to sing at church?
6. When you were small, did you habitually fix dinners (for your parents)?
7. With whom did you live when you were little?
8. When you were little, where was your house?
9. How many rooms were there in your house?

More ways to make comparisons

Observe the following examples of comparisons made with adjectives:

Zaldia ni baino indartsuagoa da.
The horse is stronger than I am.
Elefantea ni baino askoz ere indartsuagoa da.
The elephant is a lot stronger than I am.
Oiloa ni baino ahulagoa da.
The chicken is weaker than I am.
Eulia ni baino askoz ere ahulagoa da.
The fly is a lot weaker than I am.

When comparing *adverbial* qualities, "how" you do something, remember that adverbs do not take markers (singular and plural) like adjectives do.

Nekatuta nago. I'm tired.

But . . .

Ni zu baino nekatuAGO nago. I'm more tired than you.

Notice that **-ago** does not attach to the **-ta** adverb form. Drop the **-ta,** then add the suffix **-ago.**

Lanpetuta gaude. We are busy.

But . . .

Zuek gu baino lanpetuago zaudete.
You all are busier than we are.

Zure gurasoak haserre zeuden.
Your parents were angry.
Nire gurasoak zureak baino haserreago zeuden.
My parents were angrier than yours.

Zuk arin-arin egiten duzu etxeko lana.
You do your homework very fast.

Baina, Edurnek zuk baino arinago egiten du etxeko lana.

But Edurne does homework faster than you.

Eta Jonek zuk baino askoz ere arinago egiten du etxeko lana!

And Jon does homework a lot faster than you!

ACTIVITY 8.6 ■ COMPARING WITH ADVERBS

Rewrite the sentences below according to the model. The English equivalent of your new sentence is provided.

Model:

Ni nekatuta nago. I'm tired.

Cue:

I'm more tired than you.

Response:

Ni zu baino nekatuago nago.

1. **Lanpetuta gaude.** We are busy.

Cue:

We are busier than Edurne.

2. **Gure gurasoak haserre zeuden.** Our parents were angry.

Cue:

Our parents were angrier than you (pl.).

3. **Nik etxeko lana arin egiten dut.** I do homework quickly.

Cue:

I do homework more quickly than you.

4. (based on number 3) And Jon does homework a lot faster than I!
5. **Guk poliki irakurtzen dugu euskaraz.** We read slowly in Basque.

Cue:

We read more slowly than Maite in Basque.

6. (based on number 5) And Maite reads a lot more slowly than Edurne!

■ Saying "as . . . as . . ." ■

Edurne <u>Maite bezain polita</u> da.

Edurne is <u>as pretty as Maite</u>.

Gu zuek bezain aberatsak gara.

We are as rich as you (pl.).

Gizon burusoil hori Elvis bezain sexya al da?

Is that bald man as sexy as Elvis?

Ni ez naiz zu bezain altua.

I am not as tall as you.

Zuek ez zarete gu bezain barregarriak.

You all are not as funny as we [are].

Ni zu bezain triste nago.

I'm as sad as you [are].

Haiek gu bezain nekatuta daude.

They are as tired as we [are].

Ama ni bezain pozik zegoen.

Mother was as happy as I [was].

Aita ez zegoen gu bezain pozik.

Father was not as happy as we [were].

Notice that Euskara uses one word to express what we need two words for in English. Do not succumb to the temptation to use **bezain** twice.

Observe the word order in the comparative phrase in English and in Euskara:

as	pretty	as	Maite	**Maite**	**bezain**	**polita**	
(2)	1	2	3	3	2	1	(2)

I'm not suggesting that you reduce Basque syntax to a numbering system, but sometimes seeing it in this fashion helps fix the new structure in our minds. Notice that the Basque phrase is exactly the opposite of the English. Just remember not to repeat **bezain.** (See the blank space above the (2) on the Basque side? You need only one **bezain.**)

ACTIVITY 8.7 ■ PRACTICING WITH **BEZAIN**

In this directed translation, begin with the model sentence and rewrite it with the changes indicated.

Model:

I am as smart as you [are]. **Ni zu bezain adimentsua naiz.**

Responses:

Maite is as smart as you. **Maite zu bezain adimentsua da.**

We are as smart as you. **Gu zu bezain adimentsuak gara.**

We are as tall as you. **Gu zu bezain altuak gara.**

Model:

We are as rich as you [are]. **Gu zuek bezain aberatsak gara.**

1. They are as rich as you [are]. ______________________
2. They are as sexy as you [are]. ______________________
3. She is as sexy as you [are]. ______________________
4. She is as sexy as we [are]. ______________________

Model:

You are not as funny as I [am]. **Zu ez zara ni bezain barregarria.**

5. They are not as funny as I [am]. ______________________
6. They are not as serious as I [am]. ______________________
7. You all are not as serious as I [am]. ______________________
8. She is not as serious as I [am]. ______________________

Model:

They are as tired as we [are]. **Haiek gu bezain nekatuta daude.**

9. They are as tired as you all [are]. ______________________
10. We are as tired as you all [are]. ______________________
11. We are as busy as you all [are]. ______________________
12. I am as busy as you all [are]. ______________________

Reminder about adverbs

The verb **egon** is often used with adverbs, but that is not the only place you will find them, so read the sentences in your exercises very carefully. Look for the endings on comparison words and check to see if the original sentence has a marker on the comparison word or not. If there is no marker in the original sentence, the word is either an adverb or one of the words that are considered indefinite (**asko,** for example). Adverbs, such as "often," "faster," "slower," modify verbs. Adjectives modify nouns or noun phrases.

Adverbs

Ni poliki noa etxera. I am going home slowly.

Zu polikiago zoaz. You are going more slowly.

Zuek ni baino polikiago zoazte. You all are going more slowly than I.

Gu haiek bezain poliki goaz. We go as slowly as they.

Bera polikien doa. He goes the slowest.

Haiek polikiegi doaz! They go too slowLY!

Adjectives

Nik arrain handia erosi nuen. I bought a big fish.

Zuk arrain handiagoa erosi zenuen. You bought a bigger fish.

Zuek nik baino arrain handiagoa erosi zenuten. You all bought a bigger fish than I [did].

Gure arraina haien arraina bezain handia zen. Our fish was as big as their fish.

Berak arrain handiena erosi zuen. She bought the biggest fish.

Haiek arrain handiegia erosi zuten! They bought too big a fish! (Lit.: They bought a too big fish.)

ACTIVITY 8.8 ■ COMPARATIVES, SUPERLATIVES, AND EXCESSIVES

Change one word as directed in the sentences below, but write out the whole sentence each time.

Model:

My dictionary is small. **Nire hiztegia txikia da.**

1. My dictionary is smaller.
2. My dictionary is the smallest.
3. My dictionary is too small.

Model:

Edurne's chocolate bars are sweet. **Edurneren txokolatinak gozoak dira.**

4. Edurne's chocolate bars are sweeter.
5. Edurne's chocolate bars are the sweetest.
6. Edurne's chocolate bars are too sweet.

Model:

The witch used to make good poisons. **Sorginak pozoi onak egiten zituen.**

7. The witch used to make better poisons.
8. The witch used to make the best poisons.
9. The witch used to make excessively good poisons.

ACTIVITY 8.9 ■ COMPREHENSION / TRANSLATION

Give the English equivalents for the following. The purpose of this activity is to practice recognizing comparative structures, superlatives, and excessives.

1. **Haragitegia ogidenda baino handiagoa da.**
2. **Amonaren gozotegiak merkeenak ziren.**
3. **Ni zu baino arinago irakurtzen nuen.**
4. **Supermerkatuaren letxuga azokarena baino garestiagoa izango da.**
5. **Arinegi gidatzen duzu!**
6. **Eulia ni baino askoz ere ahulagoa da.**
7. **Nire gurasoak zureak baino haserreago zeuden!**
8. **Posiblea da aberatsegia izatea?**

ACTIVITY 8.10 ■ REVIEWING **BEZAIN** "AS . . . AS" WITH ADJECTIVES AND ADVERBS

Rewrite the model sentences to conform to the English equivalents.

Model:

Edurne is as pretty as Maite. **Edurne Maite bezain polita da.**

1. Edurne is as pretty as Nere.
2. Edurne is as rich as Nere.
3. Edurne is as rich as I [am].

Model:

I am as sad as you [are]. **Ni zu bezain triste nago.**

4. We are as sad as you [are].

5. They are as sad as you [are].
6. She is as sad as you [are].

Model:

That bald man is not as sexy as Elvis. **Gizon burusoil hori ez da Elvis bezain sexya.**

7. I am not as sexy as Elvis.
8. You are not as sexy as Elvis.
9. They are not as sexy as Elvis.

Model:

Mother was as happy as I [was]. **Ama ni bezain pozik zegoen.**

10. Mother was as happy as you [were].
11. Mother was as happy as we [were].
12. Mother was as happy as Nere [was].

Dialogue

Ez duzu hainbeste diru behar *(You don't need that much money)*

XURGA: **Zaunka otsogizonaren kotxea erosi nahi nuen.**

I wanted to buy Barky the Werewolf's car.

Baina kotxe hori ez da hain merkea.

But that car is not so cheap.

GOXO: **Ez, baina zikin dago. Ez diozu kotxeari kontuz begiratu?**

No, but it's dirty. Didn't you examine the car carefully?

X: **Ez dago hain zikin. Ezin dut izena idatzi hautsean.**

It's not so dirty. I can't write my name in the dust.

G: **Zikin dago barruan. Otsogizonaren ileaz beteta dago.**

It's dirty inside. It's full of the werewolf's hair.

X: **Kontuan eduki behar dugu, Zaunka iletsua dela.**

We have to keep in mind that Barky is hairy.

G: **Beno, hori ez da arazoa.**

Okay, that's not a problem.

Prezioa da arazoa, zuk ez daukazulako hainbeste diru.

The price is the problem, because you don't have that much money. (. . . so much money)

X: **Egia da. Diru gehiago behar dut kotxea erosteko. Baina banpiroa naiz.**

It's true. I need more money in order to buy the car. But I'm a vampire.

Nola irabaziko dut dirua? Ai ene! Ezin dut kotxea erosi dirurik gabe.

How will I earn the money? Oh, my! I can't buy a car without money.

G: **Ez duzu hainbeste diru behar. Ni aberatsa naiz.**

You don't need so much money. I am rich.

X: **Segi, segi.**

Go on, go on. (Continue with what you're saying.)

G: **Nik diru gehiegi daukat. Ez da hain zaila niretzat kotxea erostea.**

I have too much money. It's not so difficult for me to buy the car.

X: **Ai, ene! Zuk kotxea erosiko didazu? Zer lagun ona zaren!**

Oh, my gosh! You will buy the car for me? What a good friend you are!

Hitz eta esaldi berriak

In the vocabulary list below, several possibilities are given for "as many as." All are valid. Since we have learned **bezain** for "as . . . as," we will concentrate on using **bezainbat** for "as many as." In this section we will become familiar with other possibilities as vocabulary items.

begiratu/begiratzen	to look at, to examine (used with **dio** forms, **nor- nori-nork**)
hauts	dust, ash
errauts	ash [lit.: burn dust]
irabazi/irabazten	to earn, to win
beste	other, as many as
haina	as many as
bezainbat	as many as
hainbat	as many as
adina	as many as

hain	so (**ez da hain merkea** = it's not so cheap)
hainbeste	so much, so many
Zer ordutatik?	From what time?
Zer ordutara?	Until what time?
kosk egin/kosk egiten	to bite; bit, bitten
gaitz	sickness, illness
amorru	rabies
biztanle	citizen
kutsatu/kutsatzen	to pollute, polluted
eta abar	et cetera, and so on
lorategi	garden
zabortegi	garbage dump
estolda	sewer
estolda-sare	sewer system
tentel	silly, foolish
engainatu	to deceive, to trick, deceived, tricked
Engainatu zaitut!/engainatzen	I tricked you!
kontuan eduki/kontuan edukitzen	to keep in mind
segitu/segitzen	to continue; continued
bizirik segitzen dute	they continue to live
Joni begiratzen diot.	I examine Jon.
hantxe bertan	right there
bertan	right there (often appears without **hantxe**)
bertara	right there ("Go in right there" directional, from **bertan**)
kanpaina	campaign
lur jota (dago)	depressed

ACTIVITY 8.11 ■ GETTING THE MOST OUT OF OUR DIALOGUE

Tell your classmates about a car-buying experience. Rely heavily on the text **Ez duzu hainbeste diru behar.**

ACTIVITY 8.12 ■ QUESTIONS AND ANSWERS

Answer the following questions based on the text **Ez duzu hainbeste diru behar.**

1. **Nork erosi nahi zuen otsogizonaren kotxea?**
2. **Nola zegoen kotxea?**
3. **Zer ezin zuen idatzi hautsean Xurgak?**
4. **Nolakoa da Zaunka?**
5. **Azken finean, zer zen arazoa?**
6. **Nor zen aberatsa?**
7. **Noren lagun ona da Goxo?**

Reading

Xurgaren ordenadorea

1. **<< Txikitan, ez zen hain zaila gauza berriak ikastea,>> esan zuen Xurgak.**
2. **<<Egia da,>> erantzun zuen Goxok. Besaulkian eserita zegoen Xurgaren etxean. Kafea hartzen ari zen eta errebista bat irakurtzen ari zen. <<Zein gauza berri ikasten duzu?>>**
3. **<<Ordenadorea erosi nuen joan zen astean, baina arazoak dauzkat makinarekin. Ezin nuen ulertu nola funtzionatzen zuen.>> Xurga pixkat lur jota zegoen.**
4. **<<Non dago orain? Hilkutxan?>> galdetu zuen Goxok.**

5. **<<Ez, ez dago hilkutxan. Ez daukat lekurik. Jangelako mahaian dago. Han ipini nuen kartoia ireki nuenean, eta han geratu da. Hainbeste kable, hainbeste zati . . . Ez dut ulertzen.>>**
6. **<<Beno, lagunduko dizut. Goazen.>> Goxok pozoiari buruzko errebista lurrean utzi zuen, eta jangelako mahaira joan zen. <<A, zer polita den zure ordenadorea!>>**
7. **Xurgak hasperen egin zuen. <<Hasieran, pozik nengoen. Baina laster konturatu nintzen ez dakidala zer egin zatiekin.>>**
8. **Goxok barre egin zuen. <<Zatiak eta kableak ez dira arazoa. Konponduko dut zuretzat.>> Eta arin-arin dena konpondu zuen Goxok. Hamar minutu barru, ordenadorea prest zegoen. <<Piztu! Piztu! Prest dago,>> esan zuen Goxok.**
9. **Xurga guztiz pozik zegoen. <<Mila esker, Goxo! Orain erabili ahal dut!>>**
10. **<<Eta zer egin nahi duzu? Posta elektronikoa erabili nahi duzu? Liburu bat idatzi nahi duzu? Esperimentu zientifikoak egin nahi dituzu? Zer?>>**
11. **<<Ez, ez. Gauza horiek, ez. Ordenadorea erosi nuen, jokoak erabili nahi nituelako!>>**

NOTICE that the noun or phrase that begins with the question word **zein** takes no marker. **Zein gauza berri** = what new thing. This is the indefinite case. We use this also with numbers. **Hiru etxe** = three houses (no plural marker, or any marker at all, on **etxe**).

Here's another word that takes no marker on the noun or noun phrase it is paired with: **Hainbeste kable** = so many cables.

Hitz eta esaldi berriak

besaulki	armchair
lur jota	depressed
goibel	depressed, sad
kartoi	box, cardboard box

zati	piece
utzi/uzten	to leave, to allow
hasieran	at first, in the beginning
posta elektroniko	e-mail
esperimentu	experiment
zientifiko	scientific
joko	game

ACTIVITY 8.13 ■ PRACTICING THE PRETERITE FORMS

Change the underlined verbs to the past tense.

1. **Kafea <u>hartzen du</u>**
2. **. . . eta errebista bat <u>irakurtzen du</u>.**
3. **Xurga pixkat deprimituta <u>dago</u>.**
4. **Goxok pozoiari buruzko errebista lurrean <u>utzi du</u>,**
5. **. . . eta jangelako mahaira <u>joan da</u>.**
6. **Goxok <u>barre egin du</u>.**
7. **Eta arin-arin dena <u>konpondu du</u> Goxok.**
8. **Posta elektronikoa <u>erabili nahi duzu</u>?**
9. **Esperimentu zientifikoak <u>egin nahi dituzu</u>?**

ACTIVITY 8.14 ■ DIRECTED TRANSLATION

Change the sentences below to reflect the new English equivalent.

She was sitting in the armchair. **Besaulkian eserita zegoen.**

Change to:

1. <u>I was</u> sitting in the armchair.
2. <u>We were</u> sitting in the armchair.
3. <u>You were</u> sitting in the armchair.

Last week I bought a computer. **Ordenadorea erosi nuen joan zen astean.**

Change to:

4. Last year I bought a computer.
5. Last year we bought a computer.
6. Last year you all bought a computer.

I could not understand how it worked. **Ezin nuen ulertu nola funtzionatzen zuen.**

Change to:

7. We could not understand how it worked.
8. We could not understand why it worked.
9. They could not understand why it worked.

I put it there when I opened the carton. **Han ipini nuen kartoia ireki nuenean.**

Change to:

10. I put it here when I closed the carton.
11. You put it here when you closed the carton.

Saying "so" and "so much" (**hain** and **hainbeste**)

Observe the following examples:

Ez da hain merkea.	It's not so cheap.
Ez da hain zaila niretzat.	It's not so difficult for me.
Ez dago hain zikin.	It's not so dirty.
Ez daukazu hainbeste diru.	You don't have so much money. You don't have that much money.
Ez duzu hainbeste diru behar.	You don't need so much money.

Notice that **hainbeste** requires an unmarked noun, just as **asko** does, but **hainbeste** is placed in front of the noun and **asko** follows it.

ACTIVITY 8.15 ■ PRACTICING WITH **HAIN** AND **HAINBESTE**

First, insert either **hain** or **hainbeste** in the blanks below, depending on which meaning is needed ("so" or "so much"). Then give the English equivalents for each sentence.

1. **Ez da _______________ zaila orduaz kontuan edukitzea.**
2. **Ez daukagu _______________ diru.**
3. **Otsogizonaren kotxea ez dago _______________ zikin.**
4. **Haurrek ez dute _______________ esne behar.**
5. **Pentsatzen duzu _______________ etxeko lan behar dugula?**
6. **Nire ustez, emakume hori ez da _______________ polita.**

■ Saying "as much . . . as," "as many . . . as . . ." (**bezainbat**) ■

Now that we can say "so" and "so much," let's move on to "as much as," and "as many as." The difficulty here lies in not confusing all these similar-looking and similar-sounding forms. For English speakers, this can be a problem. There are various ways to express "as many as" in Euskara. The different dialects favor different words. Here are five possibilities—and look how many times the syllable **hain** (or its soundalike) appears.

beste	other; as many as
haina	as many as
bezainbat	as many as
hainbat	as many as
adina	as many as

If we consider that **adina** is pronounced very similarly to **haina** by a native speaker, we have that sound in four of the five possibilities! In addition, we already know the word **beste** as "other."

Beste kaña bat, mesedez!
Another beer, please!
Amorrua eta beste gaitz batzuk transmititzen dituzte arratoiek.
Rats transmit rabies and some other diseases.

This could also add to our confusion. So let's practice with the word that sounds the least like the others that we have studied: **bezainbat.** We've seen **bezain** before, too, but its meaning "as . . . as" is included in this new quantitative expression.

Ni zu bezain altua naiz.
I am as tall as you.
Nire etxea zurea bezain zikin dago.
My house is as dirty as yours.
Nik zuk bezainbat diru irabazten dut.
I earn as much money as you.
Jonek Edurnek bezainbat lagun dauka.
Jon has as many friends as Edurne [does].
Niri zuri bezainbat opari emango didate.
They will give me as many presents as they give you.

Notice that in English we sometimes have to say "as many" instead of "as much." Also note that **bezainbat** requires a noun without a marker, or the **mugagabe** "indefinite" form of the noun. Nouns with markers are **mugatuak,** "determinate" or definite nouns.

ACTIVITY 8.16 ■ WORKING WITH BEZAINBAT AND BEZAIN

Fill in the blanks with the appropriate word in Euskara, then give the English equivalents for the sentences.

1. **Nik ez daukat zuk ____________________ lagun.**
2. **Baina ni zu ____________________ atsegina naiz.**
3. **Nire amak esan zuen zure gurasoak elefanteak ____________________ indartsuak zirela.**
4. **Haiek niri, zuri ____________________ opari emango didate.**
5. **Guk haiek ____________________ laster bukatu genuen proiektua.**
6. **Baina haiek ez zuten guk ____________________ proiektu egiten.**

ANSWERS

ENGLISH EQUIVALENT OF GOXOREN LEHENGUSU ARRARAOK (GOXO'S STRANGE COUSINS)

1. One evening, Xurga the Vampire woke up and, after getting out of his coffin, he found Goxo beside the coffin.

2. XURGA: Hello, Goxo, dear, how are you?
3. GOXO: I'm depressed. And I'm a little lonely.
4. I'm feeling nostalgic for my childhood friends.
5. X: And who were your childhood friends?
6. G: Cousins from Scotland.
7. Every year we received an invitation, and every year we accepted it.
8. Within a week, we were traveling to Scotland.
9. We would prepare our suitcases, and Mother was always screaming.
10. She always thought we would arrive late.
11. X: What were your cousins like?
12. G: Cousins Bow and Wow were werewolves.
13. At night they would sing under the moon.
14. X: (smiling) Well . . . that seems lovely to me.
15. G: (continuing) Cousin Bitter prepared the suppers.
16. She used to make a special soup, with cow's blood.
17. X: With blood?! How delicious!
18. G: And cousin Sucksalot was a vampire.
19. X: You don't say! (Now Xurga was very excited.)
20. How nice. Off to your cousins' every year as a child!
21. Why haven't you continued that custom?
22. G: It's a very sad tale. One year, we received the invitation,
23. but Father was a little sick, and for that reason he didn't want to go.
24. He said that we couldn't go because the sky was cloudy.
25. And later he said that we couldn't go
26. because our cousins' old castle was too cold.
27. Then he said that he didn't sleep well in Scotland,

28. because there were no pillows in the castle.
29. Mother was sad, but Father was stubborn. That year we didn't go.
30. And unfortunately, the next year our cousins did not send an invitation.
31. X: And now you are feeling nostalgic.
32. Well, Goxo, the suitcases are in the closet. Get them and let's go!!
33. G: Really? You'll go with me?
34. X: Yes, of course!
35. (Then Xurga realized that it was very late and they had not bought tickets.)
36. Oh, my! Goxo, dear, there are no flights at this hour.
37. G: Relax, Xurga. We're not going by plane. We'll take off by broom!

ACTIVITY 8.4 ■ QUESTIONS AND ANSWERS

1. As a child, normally, at what time did you get up?
   Txikitan, normalki, zazpietan jaikitzen nintzen.
2. On weekends, did you used to go to concerts?
   Bai, asteburuetan, kantaldietara joaten nintzen.
   Ez, ez nintzen kantaldietara joaten.
3. Every day did you (pl.) go into the supermarket with Mother?
   Bai, egunero gu sartzen ginen supermerkatura amarekin.
   Ez, ez ginen supermerkatura sartzen amarekin.
4. Do you (pl.) buy different things at the candy store?
   Bai, gauza ezberdinak erosten genituen gozotegian.
   Ez, ez genuen ezer erosten.
5. Did your father work at the hardware store at that time?
   Bai, aitak burdindegian lan egiten zuen garai hartan.
   Ez, aitak ez zuen burdindegian lan egiten garai hartan.
6. In 1995, did your mother go shopping every day at the fish store?
   Bai, amak erosketak egiten zituen egunero arraindegian.
   Ez, amak ez zituen erosketak egiten arraindegian.
7. As a child, did you listen to compact discs?
   Ez, txikitan ez nituen diska konpaktuak entzuten.

8. In your childhood, on Saturdays, did you remain in bed?
   Bai, ohean gelditzen nintzen.
   Ez, ez nintzen ohean gelditzen.

ACTIVITY 8.5 ■ CREATING YOUR OWN QUESTIONS

1. **Txikitan, egunero telebista ikusten zenuen?**
2. **Txikitan, euskara ikasten zenuen?**
3. **Haurtzaroan, gurasoekin bizi al zinen?**
4. **Haurtzaroan, beti lanpetuta zeunden?**
5. **Txikitan, elizan abesten zenuen?**
6. **Txikitan, zuk afariak prestatzen zenituen (gurasoentzat)?**
7. **Norekin bizi zinen txikitan?**
8. **Txikitan, non zegoen zure etxea?**
9. **Zenbat gela zegoen etxean?**

ACTIVITY 8.6 ■ COMPARING WITH ADVERBS

1. **Lanpetuta gaude.** We are busy.
   Gu Edurne baino lanpetuago gaude. We are busier than Edurne.
2. **Gure gurasoak haserre zeuden.** Our parents were angry.
   Gure gurasoak zuek baino haserreago zeuden. Our parents were angrier than you (pl.).
3. **Nik etxeko lana arin egiten dut.** I do homework quickly.
   Nik etxeko lana zuk baino arinago egiten dut. I do homework more quickly than you.
4. **Eta Jonek etxeko lana nik baino askoz arinago egiten du!** And Jon does homework a lot faster than I!
5. **Guk poliki irakurtzen dugu euskaraz.** We read slowly in Basque.
   Guk Maitek baino polikiago irakurtzen dugu euskaraz. We read more slowly than Maite in Basque.
6. **Eta Maitek Edurnek baino askoz polikiago irakurtzen du!** And Maite reads a lot more slowly than Edurne!

ACTIVITY 8.7 ■ PRACTICING WITH **BEZAIN**

1. They are as rich as you [are]. **Haiek zuek bezain aberatsak dira.**
2. They are as sexy as you [are]. **Haiek zuek bezain sexyak dira.**
3. She is as sexy as you [are]. **Bera zuek bezain sexya da.**
4. She is as sexy as we [are]. **Bera gu bezain sexya da.**
5. They are not as funny as I [am]. **Haiek ez dira ni bezain barregarriak.**
6. They are not as serious as I [am]. **Haiek ez dira ni bezain serioak.**
7. You (pl.) are not as serious as I [am]. **Zuek ez zarete ni bezain serioak.**
8. She is not as serious as I [am]. **Bera ez da ni bezain serioa.**
9. They are as tired as you all [are]. **Haiek zuek bezain nekatuta daude.**
10. We are as tired as you all [are]. **Gu zuek bezain nekatuta gaude.**
11. We are as busy as you all [are]. **Gu zuek bezain lanpetuta gaude.**
12. I am as busy as you all [are]. **Ni zuek bezain lanpetuta nago.**

ACTIVITY 8.8 ■ COMPARATIVES, SUPERLATIVES, AND EXCESSIVES

1. **Nire hiztegia txikiagoa da.**
2. **Nire hiztegia txikiena da.**
3. **Nire hiztegia txikiegia da.**
4. **Edurneren txokolatinak gozoagoak dira.**
5. **Edurneren txokolatinak gozoenak dira.**
6. **Edurneren txokolatinak gozoegiak dira.**
7. **Sorginak pozoi hobeak egiten zituen.**
8. **Sorginak pozoi onenak egiten zituen.**
9. **Sorginak pozoi onegiak egiten zituen.**

ACTIVITY 8.9 ■ COMPREHENSION / TRANSLATION

1. The butcher shop is bigger than the bakery.
2. Grandmother's candy stores were the cheapest.

3. I used to read faster than you.
4. The supermarket lettuce will be more expensive than the open air market's.
5. You drive too fast!
6. The fly is a lot weaker than I am.
7. My parents were angrier than yours!
8. Is it possible to be too rich?

ACTIVITY 8.10 ■ REVIEWING **BEZAIN** "AS . . . AS . . ." WITH ADJECTIVES AND ADVERBS

1. Edurne is as pretty as Nere. **Edurne Nere bezain polita da.**
2. Edurne is as rich as Nere. **Edurne Nere bezain aberatsa da.**
3. Edurne is as rich as I [am]. **Edurne ni bezain aberatsa da.**
4. We are as sad as you [are]. **Gu zu bezain triste gaude.**
5. They are as sad as you [are]. **Haiek zu bezain triste daude.**
6. She is as sad as you [are]. **Bera zu bezain triste dago.**
7. I am not as sexy as Elvis. **Ni ez naiz Elvis bezain sexya.**
8. You are not as sexy as Elvis. **Zu ez zara Elvis bezain sexya.**
9. They are not as sexy as Elvis. **Haiek ez dira Elvis bezain sexya.**
10. Mother was as happy as you [were]. **Ama zu bezain pozik zegoen.**
11. Mother was as happy as we [were]. **Ama gu bezain pozik zegoen.**
12. Mother was as happy as Nere [was]. **Ama Nere bezain pozik zegoen.**

ACTIVITY 8.12 ■ QUESTIONS AND ANSWERS

1. **Nork erosi nahi zuen otsogizonaren kotxea?**
Who wanted to buy the werewolf's car?
Xurgak erosi nahi zuen.
Xurgak erosi nahi zuen otsogizonaren kotxea.

2. **Nola zegoen kotxea?** What condition was the car in?
Zikin zegoen.

3. **Zer ezin zuen idatzi hautsean Xurgak?** What could Xurga not write in the dust?
Bere izena ezin zuen idatzi hautsean.

4. **Nolakoa da Zaunka?** What is Barky like?
   Iletsua da.
5. **Azken finean, zer zen arazoa?** In the final analysis, what was the problem?
   Dirua zen arazoa.
6. **Nor zen aberatsa?** Who was rich?
   Goxo zen aberatsa.
7. **Noren lagun ona da Goxo?** Whose good friend is Goxo?
   Xurgaren lagun ona da.

ENGLISH EQUIVALENT OF **XURGAREN ORDENADOREA** (XURGA'S COMPUTER)

1. "When we were little, learning new things was not so difficult," said Xurga.
2. "It's true," replied Goxo. She was sitting in an armchair in Xurga's house. She was having coffee and reading a magazine. "What new thing are you studying?"
3. "I bought a computer last week, but I have problems with the machine. I could not understand how it worked." Xurga was a little depressed.
4. "Where is it now? In your coffin?" asked Goxo.
5. "No, it's not in my coffin. I don't have room. It's on the dining room table. I put it there when I opened the box, and there it has remained. So many cables, so many pieces . . . I don't understand it."
6. "Well, I will help you. Let's go." Goxo left the magazine about poison on the floor and went to the dining room table. "Oh, how pretty your computer is!"
7. Xurga heaved a sigh. "At first, I was happy. But soon I realized that I don't know what to do with the pieces."
8. Goxo laughed. "The pieces and the cables are not the problem. I will fix it for you." And Goxo fixed everything very quickly. Within ten minutes, the computer was ready. "Turn it on! Turn it on! It's ready," said Goxo.

9. Xurga was completely happy. "Thanks a million, Goxo! Now I can use it!"
10. "And what do you want to do? Do you want to use e-mail? Do you want to write a book? Do you want to do scientific experiments? What?"
11. "No, no. Not those things. I bought the computer because I want the games!" (Lit: "I want to use the games.")

ACTIVITY 8.13 ■ PRACTICING THE PRETERITE FORMS

1. **Kafea hartzen zuen**
2. **. . . eta errebista bat irakurtzen zuen.**
3. **Xurga pixkat deprimituta zegoen.**
4. **Goxok pozoiari buruzko errebista lurrean utzi zuen,**
5. **. . . eta jangelako mahaira joan zen.**
6. **Goxok barre egin zuen.**
7. **Eta arin-arin dena konpondu zuen Goxok.**
8. **Posta elektronikoa erabili nahi zenuen?**
9. **Esperimentu zientifikoak egin nahi zenituen?**

ACTIVITY 8.14 ■ DIRECTED TRANSLATION

1. I was sitting in the armchair. **Besaulkian eserita nengoen.**
2. We were sitting in the armchair. **Besaulkian eserita geunden.**
3. You were sitting in the armchair. **Besaulkian eserita zeunden.**
4. Last year I bought a computer. **Ordenadorea erosi nuen joan zen urtean.**
5. Last year we bought a computer. **Ordenadorea erosi genuen joan zen urtean.**
6. Last year you all bought a computer. **Ordenadorea erosi zenuten joan zen urtean.**
7. **Ezin genuen ulertu nola funtzionatzen zuen.**
8. **Ezin nuen ulertu zergatik funtzionatzen zuen.**
9. **Ezin zuten ulertu nola funtzionatzen zuen.**

10. **Hemen ipini nuen kartoia itxi nuenean.**
11. **Hemen ipini zenuen kartoia itxi zenuenean.**

ACTIVITY 8.15 ■ PRACTICING WITH **HAIN** AND **HAINBESTE**

1. **Ez da <u>hain</u> zaila ordua kontuan edukitzea.**
   It is not so difficult keeping the hour in mind.
2. **Ez daukagu <u>hainbeste</u> diru.**
   We do not have so much money.
3. **Otsogizonaren kotxea ez dago <u>hain</u> zikin.**
   The werewolf's car is not so dirty.
4. **Haurrek ez dute <u>hainbeste</u> esne behar.**
   The children don't need that much (so much) milk.
5. **Pentsatzen duzu <u>hainbeste</u> etxekolan behar dugula?**
   Do you think that we need so much homework?
6. **Nire ustez, emakume hori ez da <u>hain</u> polita.**
   In my opinion, that woman is not so pretty.

ACTIVITY 8.16 ■ WORKING WITH **BEZAINBAT** AND **BEZAIN**

1. **Nik ez daukat zuk <u>bezainbat</u> lagun.**
   I don't have as many friends as you [have].
2. **Baina ni zu <u>bezain</u> atsegina naiz.**
   But I am as pleasant as you.
3. **Nire amak esan zuen zure gurasoak elefanteak <u>bezain</u> indartsuak zirela.**
   My mother said that your parents are as strong as elephants.
4. **Haiek niri, zuri <u>bezainbat</u> opari emango didate.**
   They will give me as many gifts as [they give] to you.
5. **Guk haiek <u>bezain</u> laster bukatu genuen proiektua.**
   We finished the project as quickly as they [did].
6. **Baina haiek ez zuten guk <u>bezainbat</u> proiektu egiten.**
   But they did not [habitually] do as many projects as we used to.

CHAPTER NINE

We Met You Long Ago

Dialogue

Sinesgabearen hitzaldia

1. Unibertsitateko irakasle Jon Setatiberria hitz egiten ari zen.
2. <<Antzina, jende askok banpiroengan sinesten zuen.
3. Nik ere sinesten nuen, txikitan. Gaur egun, gauzak desberdinak dira.
4. Gaur, gizakiek badakite banpiroak mitoak direla.
5. Baina gizajaleak benetako izakiak dira.
6. Gizajaleak izaten ziren antzina,
7. eta munduko toki batzuetan, gaur ere izaten dira. >>
8. <<Goazen etxera,>> esan zuen Goxok. <<Hitzaldia amaitu da.>>
9. Xurga banpiroa guztiz haserre zegoen.
10. Aurpegia gorritu zitzaion, eta bekokia ilundu zitzaion.
11. <<Zergatik esan zuen blasfemia hori?
12. Gauza biraotiak esan zituen! Eta jendeak gezurrak onartu ditu!>>
13. <<Ez hemen!>> susurratu zuen Goxok.
14. <<Lasai! Etxean hitz egingo dugu.>>
15. Etxeratu ziren Goxo eta Xurga.
16. Kale ilunetan, Xurgaren ahotsa entzuten zen.
17. Marmarka ari zen. Ez zegoen pozik.
18. Katu beltz bat zegoen kalean, baina Xurgaren marmarra entzun zuenean,
19. beldur zen eta desagertu zen iluntasunean.
20. Goxo Xurga baretzen saiatu zen.
21. <<Lasai, maitea. Pertsona bat da, besterik ez.

22. **Bere iritziak bereak dira.**
23. **Ziur nago, jende askok banpiroengan sinesten jarraitzen duela.>>**
24. **<<Nola dakizu? Non daude sinesleak, nik behar ditudanean?>>**
25. **<<Beno . . . iruditzen zait bart harrapatu zenuen gizona guztiz sineslea dela!>>**
26. **<<Bai, horixe! Arrazoia daukazu.>>**
27. **Xurga pixkat pozago zegoen.**
28. **<<Gizonaren odola xurgatu nuen, eta bat-batean banpiroengan sinetsi zuen.**
29. **Mila esker, Goxo maitea. Orain, badakit zer egin behar dudan.**
30. **Jende gehiago harrapatuko dut, eta odol gehiago xurgatuko dut.**
31. **Horrela, nik banpiroen benetakotasuna erakutsiko diot gizarteari.>>**
32. **Poz-pozik, elkarrekin kalea zeharkatu zuten.**

LINE 7: Notice how we use the present participle of **izan** with the auxiliary verb **izan** to emphasize the ongoing nature of being. **Izaten ziren** = existed, used to exist. **Izaten dira** = exist, are in existence.

LINE 10: **Zitzaion** is a **nor-nori** form, the past tense of **zaio.**

LINE 16: Notice how we are using a transitive verb (**entzuten**) with an intransitive auxiliary verb (**zen**) to create a passive voice. **Entzuten zen** = was heard. Note the difference below between the passive voice and the active voice.

Xurgaren ahotsa entzuten zen. Xurga's voice was heard.
Xurgaren ahotsa entzuten zuen. She [he, someone] heard Xurga's voice.

LINE 25: This noun phrase must be kept together in our minds as we read the sentence: **bart harrapatu zenuen gizona.** Read from the end to the beginning, and you find: "the man [that] you caught last night."

■ Hitz eta esaldi berriak ■

sinesgabe	disbeliever, nonbeliever
sinesle	believer

presaka	in a hurry
soldata	salary
armiarma	spider
gor	deaf
antzina	long ago, in ancient times
bana	one each, one for each
baretsu	calm, sedate
baretasun	calmness, tranquillity
baretu/baretzen	to calm down, be still, to quiet down
bidezko	just, equitable, rightful, right
desberdin	different
desberdintasun	difference
gaur egun	today
gaur eguneko	of today, modern
lorazain	gardener
eskubide	right
giza eskubideak	human rights
gizakume	person, man, male, baby boy
gizarte	society
gizarte kapitalista	capitalist society
gizarte-laguntza	social work
gizalege	courtesy, manners [lit.: social law]
gizatsu	courteous, polite
gizaki	human, human being
gizajale	man-eating (animal), cannibal
adibide	example
are . . . ago	even . . . -er, even more so
ukatu/ukatzen	to deny; denied
zeharkatu/zeharkatzen	to cross, crossed
bekoki	forehead

kopeta	forehead
gorritu/gorritzen	to redden, turn red, blush
Aurpegia gorritu zitzaion.	His face turned red. (**zitzaion** is the past tense of **zaio, izan** [**nor-nori**])
ilundu/iluntzen	to darken, get dark
Bekokia ilundu zitzaion.	His forehead darkened. (**zitzaion,** past tense of **zaio**)
blasfemia	blasphemy
birao	blasphemy
biraoti	blasphemous
izaki	being
marmar	muttering (the sound)
marmarka	muttering (way of speaking)
marmarka ari	to mutter
marmar egin/marmar egiten	to mutter
murmurikatu/murmurikatzen	to murmur
benetakotasun	reality

ACTIVITY 9.1 ■ ORAL REVIEW OF PRETERITE FORMS OF IZAN AND EGON

Return to chapter 6 and orally review activities 6.1 and 6.6. Make these practice drills a part of your daily study routine.

ACTIVITY 9.2 ■ ORAL REVIEW OF PRETERITE FORMS OF UKAN

Return to chapter 7 and orally review activities 7.1, 7.2, 7.9, and 7.10. Make these practice drills a part of your daily study routine.

ACTIVITY 9.3 ■ VERB PRACTICE

In the excerpt below, ten verbs have been underlined and numbered. Rewrite the ten verbs by changing their auxiliaries from past tense to present.

<<Antzina, jende askok banpiroengan sinesten zuen (1).
Nik ere sinesten nuen (2), txikitan.
Gaur egun, gauzak desberdinak dira. Gaur, gizakiek badakite banpiroak mitoak direla. Baina gizajaleak benetako izakiak dira.
Gizajaleak izaten ziren (3) antzina, eta munduko toki batzuetan, gaur ere izaten dira.>> Hori esan zuen (4) unibertsitateko irakasle Jon Setatiberriak.

<<Goazen etxera,>> esan zuen (5) Goxok. <<Hitzaldia amaitu da.>>

Xurga banpiroa guztiz haserre zegoen. (6)
Aurpegia gorritu zitzaion (7), eta bekokia ilundu zitzaion.
<<Zergatik esan zuen (8) blasfemia hori?
Gauza biraotiak esan zituen (9)! Eta jendeak gezurrak onartzen ditu!>>

<<Ez hemen!>> xuxurlatu zuen (10) Goxok. <<Lasai! Etxean hitz egingo dugu.>>

ACTIVITY 9.4 ■ IDENTIFYING BASIC VERBS (INFINITIVES)

Identify the basic verb (infinitive) that the underlined verb is derived from.

Etxeratu ziren (1) Goxo eta Xurga. Kale ilunetan, Xurgaren ahotsa entzuten zen. Marmarka ari zen. Ez zegoen (2) pozik. Katu beltz bat zegoen kalean, baina Xurgaren marmarra entzun zuenean (3), beldur zen eta desagertu zen (4) iluntasunean.

Goxo Xurga baretzen saiatu zen. <<Lasai, maitea. Pertsona bat da, besterik ez. Bere iritziak bereak dira (5). Ziur nago (6), jende askok banpiroengan sinesten jarraitzen duela (7).>>

<<Nola dakizu? Non daude sinesleak, nik behar ditudanean (8)?>>

<<Beno . . . iruditzen zait (9) bart harrapatu zenuen (10) gizona guztiz sineslea dela (11)!>>

<<Bai, horixe! Arrazoia daukazu (12).>> Xurga pixkat pozago zegoen. <<Gizonaren odola xurgatu nuen (13), eta bapatean banpiroengan sinetsi zuen. Mila esker, Goxo maitea. Orain, badakit (14) zer egin behar dudan (15). Jende gehiago harrapatuko dut, eta odol gehiago xurgatuko dut. Horrela, nik banpiroen benetakotasuna erakutsiko diot gizarteari (16).>>

Poz-pozik, elkarrekin kalea zeharkatu zuten (17).

■ Past of **eduki** with singular and plural third-person objects ■

	Present	*Past (Preterite)*	
berak	**dauka**	**zeukan**	he/she/it had
nik	**daukat**	**neukan**	I had
haiek	**daukate**	**zeukaten**	they had
guk	**daukagu**	**geneukan**	we had
zuk	**daukazu**	**zeneukan**	you had
zuek	**daukazue**	**zeneukaten**	you (pl.) had
berak	**dauzka**	**zeuzkan**	he/she/it had
nik	**dauzkat**	**neuzkan**	I had
haiek	**dauzkate**	**zeuzkaten**	they had
guk	**dauzkagu**	**geneuzkan**	we had
zuk	**dauzkazu**	**zeneuzkan**	you had
zuek	**dauzkazue**	**zeneuzkaten**	you (pl.) had

Let's look at the changes and similarities between the present and past tense of **eduki.**

Changes

The subject markers of the past tense of **eduki** have moved to the front of the verb, just as they did in the past tense of **ukan.**

The past-tense forms all carry the past-tense marker **-n-.**

The direct object markers are now **euka** (singular) and **euzka** (plural), instead of present tense **dauka** and **dauzka.**

Similarities

The plural direct object is still distinguished by the appearance of **-z-** in the object marker.

ACTIVITY 9.5 ■ SUBSTITUTION / TRANSFORMATION DRILL

Practice the following drills aloud before moving on to the written exercises.

Model:

Txikitan, sorginak ez zeukan hegorik. When she was little, the witch did not have any wings.

Cues:

Txikitan, nik	**Txikitan, nik ez neukan hegorik.**
Txikitan, zuk	**Txikitan, zuk ez zeneukan hegorik.**
Txikitan, Jonek	**Txikitan, Jonek ez zeukan hegorik.**
Txikitan, haiek	**Txikitan, haiek ez zeukaten hegorik.**
Txikitan, guk	**Txikitan, guk ez geneukan hegorik.**
Txikitan, zuek	**Txikitan, zuek ez zeneukaten hegorik.**

Model:

Hirurehun dolar neuzkala uste dute. They think that I had three hundred dollars.

Cues:

zuk	**Hirurehun dolar zeneuzkala uste dute.**
guk	**Hirurehun dolar geneuzkala uste dute.**
berak	**Hirurehun dolar zeuzkala uste dute.**
zuek	**Hirurehun dolar zeneuzkatela uste dute.**
haiek	**Hirurehun dolar zeuzkatela uste dute.**
nik	**Hirurehun dolar neuzkala uste dute.**

NOTICE in the latter exercise how the verb drops the past-tense marker **-n-** before taking the subordination marker **-la.**

ACTIVITY 9.6 ■ WRITTEN SUBSTITUTION / TRANSFORMATION DRILL

Write out the responses to the following drill, then practice it orally.

Model:

Armiarmak ez zeukan giza eskubiderik. The spider did not have any human rights.

Cues:

1. **Haiek**
2. **Nik**
3. **Zuk**
4. **Guk**
5. **Zuek**
6. **Gizarte kapitalista horrek**

Model:

Abokatu baretsuak guraso gorrak zeuzkan. The peaceful lawyer had deaf parents.

Cues:

7. **Zuk**
8. **Emakume txiki batek**
9. **Haiek**
10. **Nik**
11. **Zuek**
12. **Guk**

ACTIVITY 9.7 ■ MORE PRACTICE WITH EDUKI

Read the first sentence, then substitute the suggested objects and make the necessary changes in the verb as you write the new sentences. The purpose of this activity is to practice the new verb forms with the new vocabulary.

Model:

Abokatu gizatsuak alokatutako hegazkina zeukan. The polite lawyer had a chartered plane.

Cues:

1. **bi kotxe handi**
2. **lau adibide**
3. **emazte bat**

Model:

Gizajaleek zaramategi zikin bat zeukaten. The cannibals had a dirty garbage dump.

Cues:

4. **amorruak**
5. **gaur eguneko estolda-sarea**

Model:

Zuk biztanlearen eskubideak zeneuzkan. You had the rights of a citizen.

Cues:

6. **izozkitegi bat**
7. **hiru euli**

Model:

Nik hiru ospitale neuzkan nire herrian. I had three hospitals in my town.

Cues:

8. **aire kutsatua**
9. **bi gozotegi**

Model:

Guk sei pinguino geneuzkan garajean. We had six penguins in the garage.

Cues:

10. **burdindegi bat**
11. **hiru telebista**

Model:

Zuek lagun baretsu bat zeneukaten. You all had a tranquil friend.

Cues:

12. **hilkutxako frigo batzuk**
13. **funtzionatzen ez zuen ordenadore bat**

ACTIVITY 9.8 ■ COMPREHENSION / TRANSLATION

Provide English equivalents for your responses in activity 9.7.

ACTIVITY 9.9 ■ SENTENCE BUILDING WITH SUBORDINATION MARKER -(E)LA

Rewrite the following sentences by appending the phrase "they thought that . . ." -[e]**la uste zuten** to them. The purpose of this activity is to practice attaching subordination marker -[**e**]**la** to the appropriate verbs.

1. **Antzina, egunetan, banpiroak baretsuak ziren.**
2. **Eguzkitan, haiek ez zuten ezer egiten.**
3. **Antzina jende askok banpiroengan sinesten zuten.**
4. **Nik ere, txikitan, haiengan sinesten nuen.**
5. **Zuk inoiz ez zenuen banpirorik ikusi.**
6. **Nire amona gorrak kalea zeharkatu zuen.**
7. **Normalki amona guztiz maitagarria zen.**
8. **Amonaren sukaldean, oso pozik geunden.**
9. **Antzinako gizarteetan, amona maitagarriak zeuzkaten.**

ACTIVITY 9.10 ■ COMPREHENSION / TRANSLATION

Give English equivalents for the compound sentences you created in activity 9.9.

ACTIVITY 9.11 ■ SUBSTITUTION / TRANSFORMATION DRILL

The purpose of this activity is to practice using the present and past tenses of **ukan** with third-person objects.

Model:

Gaur nik marmar egiten dut, eta atzo ere marmar egiten nuen. Today I am muttering, and I muttered yesterday, too.

Cues:

zuk	**Gaur zuk marmar egiten duzu, eta atzo ere marmar egiten zenuen.**
haiek	**Gaur haiek marmar egiten dute, eta atzo ere marmar egiten zuten.**
guk	**Gaur guk marmar egiten dugu, eta atzo ere marmar egiten genuen.**
zuek	**Gaur zuek marmar egiten duzue, eta atzo ere marmar egiten zenuten.**
berak	**Gaur berak marmar egiten du, eta atzo ere marmar egiten zuen.**
nik	**Gaur nik marmar egiten dut, eta atzo ere marmar egiten nuen.**

Model:

Zuk ez dituzu gizajaleak harrapatu? Zergatik ez zenituen harrapatu atzo? You haven't caught the cannibals? Why didn't you catch them yesterday?

Cues:

guk	**Guk ez ditugu gizajaleak harrapatu? Zergatik ez genituen harrapatu atzo?**
zuek	**Zuek ez dituzue gizajaleak harrapatu? Zergatik ez zenituzten harrapatu atzo?**
haiek	**Haiek ez dituzte gizajaleak harrapatu? Zergatik ez zituzten harrapatu atzo?**
berak	**Berak ez ditu gizajaleak harrapatu? Zergatik ez zituen harrapatu atzo?**
nik	**Nik ez ditut gizajaleak harrapatu? Zergatik ez nituen harrapatu atzo?**

Dialogue

Gaur goizean ikusi zaitugu! *(We saw you this morning!)*

Anderrek Maiteri hitz egiten dio. Batzuetan beste pertsonei ere hitz egiten die.

Ander speaks to Maite. Sometimes he also speaks to other people.

ANDER: **Gaur goizean, haragitegira joan naiz. Zer ikusi dut han?**

This morning I went to the butcher shop. What did I see there?

Nik ikusi zaitut haragitegian! Ez dut Edurne ikusi.

I saw you at the butcher shop! I didn't see Edurne.

Ez ditut lehengusuak ikusi. Ez. Ikusi zaitut!

I didn't see my cousins. No. I saw you!

Eta zuk ikusi nauzu, ezta, Maite? Ez? Zergatik ez? Ni han egon naiz.

And you saw me, right, Maite? No? Why not? I was there.

Zu han egon zara. Baina esaten didazu ez nauzula ikusi. Ez dut ulertzen.

You were there. But you are telling me that you didn't see me. I don't understand.

(amari) Ama! Etorri! Nirekin joan zara haragitegira, ezta?

(to his mother) Mom! Come here! You went to the butcher shop with me, right?

Eta nor ikusi dugu han? Bai! Arrazoia daukazu! Maite ikusi dugu!

And who did we see there? Yes! You're right! We saw Maite!

(Maiteri) Guk ikusi zaitugu. Elkarrekin joan gara eta han egon gara, eta denbora berean, zu ere han egon zara.

(to Maite) We saw you. We went together and we were there, and at the same time you were there, too.

Ez gaituzu ikusi? Ez?! Ezin dut sinetsi. Begira . . . Azafata horiek ere haragitegian egon dira.

You didn't see us? No?! I can't believe it. Look . . . Those flight attendants were also in the butcher shop.

(azafatei) Barkatu! Neskak? Galdera bat, mesedez.

(to the flight attendants) Excuse me! Girls? A question, please.

Gaur goizean amak eta biok ikusi zaituztegu haragitegian.

This morning Mother and I saw you all in the butcher shop.

Eta zuek ikusi gaituzue, ezta?

And you saw us, didn't you?

Maite ere ikusi duzue? Bai? Mila esker.

Did you also see Maite? Yes? Thanks a lot.

(Maiteri) Beno, denok ikusi zaitugu.

(to Maite) Well, we all saw you.

Baina zuk esaten didazu ez gaituzula ikusi. [burua mugitzen]

But you are telling me that you did not see us. [shaking his head]

MAITE: **Egia da, ez zaitut ikusi.**

It's true, I didn't see you.

Baina lasai. Entzun zaitut! Nola ezin zaitut entzun?

But relax. I heard you! How could I not hear you?

Beti, beti, beti hitz egiten ari zara! Utz nazazu bakean!

You are always, always, always talking! Leave me in peace!

■ Review of **ukan (nor-nork)**, first-, second-, and third-person direct objects ■

We will now review the present-tense forms of **ukan** in preparation for studying the past tense of **ukan** with first- and second-person direct objects. The chart below is a reminder of the present-tense **nor-nork** forms of **ukan** that we have studied in previous lessons.

UKAN (TO HAVE)

Direct Objects (choose one)	*Subject Marker (choose one)*
	____ (**berak**) (he/she/it)
nau (me), **gaitu** (us)	**-te** (**haiek**) (they)
zaitu (you), **zaituzte** (you, pl.)	**-t** / **-da** (**nik**) (I)
du (him/her/it), **ditu** (them)	**-zu** (**zuk**) (you)
	-gu (**guk**) (we)
	-zue (**zuek**) (you, pl.)

Let's review the present tense of the forms that take first- and second-person objects before we tackle the past tense.

ACTIVITY 9.12 ■ SUBSTITUTION / TRANSFORMATION DRILLS

The cues below are for the direct objects.

Model:

Xurgak harrapatu gaitu. Xurga has caught us.

Cues (direct objects):

ni	**Xurgak harrapatu nau.**	Xurga has caught me. Xurga caught me.
zu	**Xurgak harrapatu zaitu.**	Xurga has caught you.
gu	**Xurgak harrapatu gaitu.**	Xurga has caught us.
zuek	**Xurgak harrapatu zaituzte.**	Xurga has caught you all.
bera	**Xurgak harrapatu du.**	Xurga has caught her.
haiek	**Xurgak harrapatu ditu.**	Xurga has caught them.

Model:

Banpiroek ikusi zaituztete. The vampires have seen you (pl.).

Cues (direct objects):

ni	**Banpiroek ikusi naute.**	The vampires have seen me.
haiek	**Banpiroek ikusi dituzte.**	The vampires have seen them.
zu	**Banpiroek ikusi zaituzte.**	The vampires have seen you.
gu	**Banpiroek ikusi gaituzte.**	The vampires have seen us.
zuek	**Banpiroek ikusi zaituztete.**	The vampires have seen you all.
bera	**Banpiroek ikusi dute.**	The vampires have seen them.

Model:

Zuek ez gaituzu joko. You will not hit us.

Cues (direct objects):

ni	**Zuk ez nauzu joko.**	You will not hit me.
gu	**Zuk ez gaituzu joko.**	You will not hit us.
haiek	**Zuk ez dituzu joko.**	You will not hit them.
bera	**Zuk ez duzu joko.**	You will not hit him.
ni	**Zuk ez nauzu joko.**	You will not hit me.

Model:

Zuek ez duzue gorrotatzen. You don't hate her.

Cues (direct objects):

haiek	**Zuek ez dituzue gorrotatzen.**	You don't hate them.
ni	**Zuek ez nauzue gorrotatzen.**	You all don't hate me.
gu	**Zuek ez gaituzue gorrotatzen.**	You all don't hate us.
bera	**Zuek ez duzue gorrotatzen.**	You don't hate him.
gu	**Zuek ez gaituzue gorrotatzen.**	You don't hate us.

ACTIVITY 9.13 ■ PRACTICE WITH FIRST- AND SECOND-PERSON OBJECTS

Fill in the blanks below with the correct present tense **nor-nork** form of the auxiliary verb. The direct object is provided in parentheses at the end of each sentence.

1. **Nik ikusi ________________________ taberna ilun eta txiki horretan. (zu)**
2. **Zuk ez ________________________ ikusi, baina zuk usaindu ________________________la uste dut. (ni)**
3. **Giza eskubideak garrantzitsuak direla uste dut, eta horregatik haiek gorrotatzen ________________________ (ni).**
4. **Zuek oso itsusiak zarete, baina nik ez ________________________ gorrotatzen. (zuek)**
5. **Haiek gorrotatzen ________________________. (zuek)**
6. **Nork ukitu ________________________? (ni)**
7. **Ez, zuk ez ________________________ berriro joko! (gu)**
8. **Banpiroek harrapatu ________________________. (gu)**
9. **Haiek esan dit zuek zinera eramango ____________________ la. (ni)**
10. **Zergatik zoaz hemendik? Nik eskuz jo __________________ lako. (zu)**

■ Past tense of **ukan (nor-nork)**, first- and second-person objects (nau / ninduen) ■

Now let's examine and compare the present and past tenses of the **nor-nork** auxiliary verb with a first-person direct object.

(Subject)	*(Object)*	*Main Verb*	*Present Auxiliary*	*Past Auxiliary*
(berak)	**(ni)**	**ikusi**	**nau**	**ninduen**
(haiek)	**(ni)**	**ikusi**	**naute**	**ninduten**
(zuk)	**(ni)**	**ikusi**	**nauzu**	**ninduzun**
(zuek)	**(ni)**	**ikusi**	**nauzue**	**ninduzuen**

SEE the changes and similarities in the auxiliary verbs?

Changes

Instead of **nau,** the direct object marker is **nindu.**

The past auxiliary carries the past-tense marker -**n**-.

Similarities

The order of direct object–subject is the same for both **(nor-nork).**

The subject markers are the same (none for **berak**, **te** for **haiek**, **zu** for **zuk**, and **zue** for **zuek**).

ALSO NOTE: In Batua (Unified Basque) there is a bridging -**e**- between the direct-object marker **nindu** and the past-tense marker -**n**- when **berak** is the subject. I'm sure they had a very good reason for doing this. Let's not worry about it now. Some things in language learning we just have to accept. Now let's use these verb forms in sentences.

Recent Past	*Distant Past*
Nork ikusi nau tabernan?	**Nork ikusi ninduen tabernan?**
Who has seen me in the bar?	Who saw me in the bar?
Poliziek ni harrapatu naute kalean.	**Poliziek ni harrapatu ninduten kalean.**
The police have caught me in the street.	The police caught me in the street.
Jo nauzu!	**Jo ninduzun!**
You have hit me!	You hit me!
Nire irakasleak mindu nau.	**Nire irakasleak mindu ninduen.**
My teacher has hurt my feelings.	My teacher hurt me (my feelings).

Now let's make the same comparisons for the second-person direct object **zu** (you).

(Subject)	*(Object)*	*Main Verb*	*Present Auxiliary*	*Past Auxiliary*
(berak)	**(zu)**	**ikusi**	**zaitu**	**zintuen**
(haiek)	**(zu)**	**ikusi**	**zaituzte**	**zintuzten**
(nik)	**(zu)**	**ikusi**	**zaitut**	**zintudan**
(guk)	**(zu)**	**ikusi**	**zaitugu**	**zintugun**

Once again, note the changes and the similarities in the auxiliary verbs.

Changes

Instead of **zaitu,** the direct-object marker is **zintu.**

The past auxiliary carries the past-tense marker **-n-.**

The subject marker for **nik (-t-)** becomes **-da-** because it is now an infix (surrounded by other parts of the word).

Similarities

The order of direct object–subject is the same for both **(nor-nork).**

The other subject markers are the same (none for **berak, te** for **haiek, gu** for **guk**).

ALSO NOTE: In Batua (Unified Basque) there is a bridging **-e-** between the direct-object marker **zintu** and the past-tense marker **-n-** when **berak** is the subject. Finally, just as **zaitu** takes a **-z** when the subject marker is **-te** (they), so does **zintu-** take a **-z** in **zintuzte**. This prevents the unwanted **tute** combination.

Ikusi zaitut tabernan!	**Ikusi zintudan tabernan!**
I have seen you in the bar!	I saw you in the bar!
Baina inoiz ez zaitut jo.	**Baina inoiz ez zintudan jo.**
But I've never hit you.	But I never hit you.
Zure irakasleak mindu zaitu?	**Zure irakasleak mindu zintuen?**
Your teacher has hurt your feelings?	Your teacher hurt you (your feelings)?
Zergatik gelditu zaituzte poliziek?	**Zergatik gelditu zintuzten poliziek?**
Why have the police stopped you?	Why did the police stop you?
Atxilotu zaituzte?	**Atxilotu zintuzten?**
Have they arrested you?	Did they arrest you?

ACTIVITY 9.14 ■ SUBSTITUTION / TRANSFORMATION DRILL

Practice the following drills aloud several times before moving on to the written exercises.

Model:

Jonek ikusi ninduen liburutegian. Jon has seen me in the library.

Cues (subjects):

zuk	**Zuk ikusi ninduzun liburutegian.**
haiek	**Haiek ikusi ninduten liburutegian.**
Mirenek	**Mirenek ikusi ninduen liburutegian.**
zuek	**Zuek ikusi ninduzuen liburutegian.**
irakasleek	**Irakasleek ikusi ninduten liburutegian.**
irakasle batek	**Irakasle batek ikusi ninduen liburutegian.**

Model:

Nik aukeratu zintudan, lana egiteko. I chose you to do the job.

Cues (subjects):

guk	**Guk aukeratu zintugun, lana egiteko.**
Edurnek	**Edurnek aukeratu zintuen, lana egiteko.**
zuzendariek	**Zuzendariek aukeratu zintuzten, lana egiteko.**
amak	**Amak aukeratu zintuen, lana egiteko.**
nik	**Nik aukeratu zintudan, lana egiteko.**
guk	**Guk aukeratu zintugun, lana egiteko.**

ACTIVITY 9.15 ■ NOR-NORK FORMS AND ENGLISH EQUIVALENTS

Replace the present-tense auxiliary verbs (underlined) in the following sentences with past-tense auxiliaries. Practice the sentences aloud and provide the English equivalents.

1. **Nork ikusi <u>nau</u> tabernan?**
2. **Poliziek harrapatu <u>zaituzte</u> kalean.**
3. **Nik ez <u>zaitut</u> ulertzen.**

4. **Gorrotatzen nauzu?**
5. **Hiltzaileek hil naute, eta orain mamua** [ghost] **naiz.**
6. **Zuek ez nauzue ikusi zaramategian.**
7. **Entzun zaituen pertsona hilda dago.**
8. **Guk tronpeta jotzen ikusten zaitugula uste dute.**
9. **Ezin naute askatu, atxilotuta zeudelako.**

ACTIVITY 9.16 ■ PRACTICE WITH THE NEGATIVE

Answer the following questions in Euskara in the negative. Remember, if the question asks about "you" (**zintu**), you will answer with "me" (**nindu**). The possible direct objects in this exercise are: *me* and *you* (sing.).

Model:

Apaizak entzun al zintuen? Did the priest hear you?

Ez, ez ninduen entzun. No, he didn't hear me.

Cues:

1. **Sorgin honek gonbidatu al zintuen akelarrera?**
2. **Polizia hauek ekarriko zintuzten kartzelara?**
3. **Irakasleak bainatzen zintuen txikitan?**
4. **Antzina, guk gorrotatzen zintugun?**
5. **Alokatutako hegazkinako azafatak entzun ninduen?**
6. **Edurneren lagunek aukeratu al ninduten jolasteko?**
7. **Zuek aurkitu ninduzuen ohe azpian?**
8. **Zuk ikusi al ninduzun zinean?**

ACTIVITY 9.17 ■ COMPREHENSION / TRANSLATION

Give the English equivalents for the questions and answers in activity 9.16.

ACTIVITY 9.18 ■ PRACTICE WITH FIRST-, SECOND-, AND THIRD-PERSON DIRECT OBJECTS

Each model sentence that follows will contain an underlined object. Rewrite the sentence with the new object (provided in parentheses), making the necessary changes in the verb. The possible direct objects in this exercise are: *me, you* (singular), *he, she, it,* and *they.*

Model:

Amak <u>haurrak</u> eramaten zituen ikastolara. Mother used to take the children to school.

Cues:

1. **ni**
2. **zu**
3. **neska hori**
4. **ikasleak**

Model:

Poliziek <u>gizon bat</u> harrapatu zuten lapurretan. The police caught the man stealing.

Cues:

5. **zu**
6. **abokatu gaizto batzuk**
7. **ni**
8. **ekonomista behartsua**

Model:

Nik <u>zu</u> inoiz ez zintudan jo! I never hit you!

Cues:

9. **txakur hori**
10. **legegizon horiek**
11. **ordenadorea**
12. **zu**

Model:

Zuk ez zenituen patatak ukitu? Did you not touch the potatoes?

Cues:

13. **txintxarri arrosa hau**
14. **ni**
15. **kukijak**
16. **telebista**

With all these new verb forms mixed in with those we studied in chapter 7, your brain must be throbbing! Let's take a break with a short tale and practice our speaking skills based on a simple narrative.

Dialogue

Nire hamargarren urtebetetzean

1. **Nire hamargarren urtebetetzean, parkera joan nahi nuen jolastera.**
2. **Joan nintzen izeba maitagarri batekin.**
3. **Parkera heldu baino lehen, lapurreta gertatu zen gure aurrean.**
4. **Lapurra oso gaztea zen, eta kirol zapatak lapurtu zituen.**
5. **Askotan gaztetan gauza kirtenak egiten ditugu.**
6. **Beharbada, lapurraren gurasoak jatorrak ziren.**
7. **Baina uste dut bere haurtzaroan oso triste zegoela.**
8. **Izeba eta biok lekuko bakarrak ginen.**
9. **Detektibea heldu zenean, lapurraren datuak nahi zituen.**
10. **Izebak ezaugarriak asmatu zituen.**
11. **Detektibeak inoiz ez du lapur gazte hori aurkituko.**
12. **Bihotz handia zeukan nire izebak.**

■ Hitz eta esaldi berriak ■

lekuko	witness
lapurreta	holdup, robbery

lapurtu/lapurtzen	to rob, to hold up (a bank), robbed, held up
lapur	robber
gaztetan	in one's youth
problematsu	troublesome, full of problems
alai	happy
azkar	bright, smart
jakintsu	knowledgeable, full of knowledge
arazo	problem
latz	grave, serious
zapata	shoe (from the Spanish)
kirol zapata	trainers, jogging shoes, sports shoes
oinetako	shoe
ikerketa	investigation
ikasketa	studies
datuak	details, data, description (of a person)
asmatu/asmatzen	to invent, to pretend, to guess, invented, pretended, guessed
asmakizun	invention
penizilina	penicillin
ospetsu	famous
ikaraturik	panic-stricken
lotu/lotzen	to tie, to link, to join; tied, linked, joined
apuntatu/apuntatzen	to note, to jot down
alarmak jo/alarmak jotzen	to sound the alarm
etzan	to lie down
hil/hiltzen	to murder, to have someone killed, murdered, killed

atxilotu/atxilotzen	to arrest, arrest her!, arrested
atxilotuta egon	to be under arrest
atxilotuta nago	I am under arrest
askatu/askatzen	to free, to let go, to set free, freed, let go, set free
aukeratu/aukeratzen	to choose, choose!, chose, chosen
zuzendari	manager, director

ACTIVITY 9.19 ■ TELLING A STORY

Read and study the story **Nire hamargarren urtebetetzean** and its vocabulary. When you are ready, rewrite the story in your own words. You may need to use shorter sentences, but do employ the past tenses. Practice orally and take turns telling the story to your classmates.

ANSWERS

ENGLISH EQUIVALENT OF SINESGABEAREN HITZALDIA (THE DISBELIEVER'S LECTURE)

1. University professor Jon Newstubborn was speaking.
2. "In ancient times, many people believed in vampires.
3. I also believed, when I was little. Today, things are different.
4. Today, human beings know that vampires are a myth.
5. But cannibals are real beings.
6. Cannibals existed in ancient times,
7. and in some places in the world, they exist today as well."
8. "Let's go home," said Goxo. "The lecture is over."
9. Xurga the Vampire was angry.
10. His face turned red, and his forehead darkened.
11. "Why did he speak that blasphemy?

12. He said blasphemous things! And the people have accepted [his] lies!"
13. "Not here!" whispered Goxo.
14. "Calm down! At home, we will talk."
15. Goxo and Xurga went home.
16. In the dark streets, Xurga's voice was audible.
17. He was muttering. He wasn't happy.
18. A black cat was in the street, but when he heard Xurga's muttering,
19. he got scared and disappeared in the darkness.
20. Goxo tried to calm Xurga down.
21. "Relax, sweetheart. He is one person, nothing more.
22. His opinions are his own.
23. I am sure that many people continue to believe in vampires."
24. "How do you know? Where are the believers when I need them?"
25. "Well . . . it seems to me that the man you caught last night is a total believer!"
26. "Yes, that's right! You're right."
27. Xurga was a little happier.
28. "I sucked the man's blood, and suddenly he believed in vampires.
29. Thanks a lot, Goxo, dear. Now I know what I need to do.
30. I will catch more people, and I will suck more blood.
31. Thus I will show society the reality of vampires."
32. Very happily together they crossed the street.

ACTIVITY 9.3 ■ VERB PRACTICE

1. **sinesten du**
2. **sinesten dut**
3. **izaten dira or badira**
4. **esan du**
5. **esan du**
6. **dago**
7. **gorritu zaio**

8. esan du
9. esan ditu
10. xuxurlatu du

ACTIVITY 9.4 ■ IDENTIFYING BASIC VERBS (INFINITIVES)

1. izan
2. egon
3. ukan
4. izan
5. izan
6. egon
7. ukan
8. ukan
9. izan
10. ukan
11. izan
12. eduki
13. ukan
14. jakin
15. ukan
16. ukan

ACTIVITY 9.6 ■ WRITTEN SUBSTITUTION / TRANSFORMATION DRILL

1. Haiek ez zeukaten giza eskubiderik.
2. Nik ez neukan giza eskubiderik.
3. Zuk ez zeneukan giza eskubiderik.
4. Guk ez geneukan giza eskubiderik.
5. Zuek ez zeneukaten giza eskubiderik.
6. Gizarte kapitalista horrek ez zeukan giza eskubiderik.
7. Zuk guraso gorrak zeneuzkan.
8. Emakume txiki batek guraso gorrak zeuzkan.

9. **Haiek guraso gorrak zeuzkaten.**
10. **Nik guraso gorrak neuzkan.**
11. **Zuek guraso gorrak zeneuzkaten.**
12. **Guk guraso gorrak geneuzkan.**

ACTIVITY 9.7 ■ MORE PRACTICE WITH **EDUKI**

1. **Abokatu gizatsuak bi kotxe handi zeuzkan.**
2. **Abokatu gizatsuak lau adibide zeuzkan.**
3. **Abokatu gizatsuak emazte bat zeukan.**
4. **Gizajaleek amorruak zeuzkaten.**
5. **Gizajaleek gaur eguneko estolda-sarea zeukaten.**
6. **Zuk izozkitegi bat zeneukan.**
7. **Zuk hiru euli zeneuzkan.**
8. **Nik aire kutsatua neukan nire herrian.**
9. **Nik bi gozotegi neuzkan nire herrian.**
10. **Guk burdindegi bat geneukan garajean.**
11. **Guk hiru telebista geneuzkan garajean.**
12. **Zuek hilkutxako frigo batzuk zeneuzkaten.**
13. **Zuek funtzionatzen ez zuen ordenadore bat zeneukaten.**

ACTIVITY 9.8 ■ COMPREHENSION / TRANSLATION

1. The polite lawyer had two big cars.
2. The polite lawyer had four examples.
3. The polite lawyer had one wife.
4. The cannibals had rabies.
5. The cannibals had a modern sewer system.
6. You had an ice-cream parlor.
7. You had three flies.
8. I had polluted air in my town.
9. I had two candy stores in my town.
10. We had a hardware store in the garage.
11. We had three televisions in the garage.

12. You (pl.) had some coffin refrigerators.
13. You (pl.) had a computer that did not work.

ACTIVITY 9.9 ■ SENTENCE BUILDING WITH SUBORDINATION MARKER -(E)LA

Remember, we can alter the word order of the subordinated clause to move the affixed verb closer to **uste.**

1. **Antzina, egunetan, banpiroak baretsuak zirela uste zuten.**
2. **Eguzkitan, haiek ezer egiten ez zutela uste zuten.**
3. **Antzina jende askok banpiroengan sinesten zutela uste zuten.**
4. **Nik ere, txikitan, haiengan sinesten nuela uste zuten.**
5. **Zuk banpirorik inoiz ikusi ez zenuela uste zuten.**
6. **Nire amona gorrak kalea zeharkatu zuela uste zuten.**
7. **Normalki amona guztiz maitagarria zela uste zuten.**
8. **Amonaren sukaldean, oso pozik geundela uste zuten.**
9. **Antzinako gizarteetan, amona maitagarriak zeuzkatela uste zuten.**

ACTIVITY 9.10 ■ COMPREHENSION / TRANSLATION

1. In the old days, they believed that vampires were peaceful in the daytime.
2. They believed that they did not do anything in the sunshine.
3. They thought that in the old days a lot of people used to believe in vampires.
4. They thought that I, too, believed in them as a child.
5. They thought that you never saw any vampires.
6. They thought that my deaf grandmother crossed the street.
7. They thought that normally Grandma was completely lovable.
8. They thought that we used to be very happy in Grandma's kitchen.
9. They thought that they had lovable grandmothers in ancient societies.

ACTIVITY 9.13 ■ PRACTICE WITH FIRST- AND SECOND-PERSON OBJECTS

1. **zaitut**
2. **nauzu, nauzula**
3. **naute**
4. **zaituztet**
5. **zaituztete**
6. **nau**
7. **gaituzu**
8. **gaituzte**
9. **nauzuela**
10. **zaitudalako**

ACTIVITY 9.15 ■ NOR-NORK FORMS AND ENGLISH EQUIVALENTS

1. **ninduen**	Who saw me in the tavern?
2. **zintuzteten**	The police (pl.) caught you in the street.
3. **zintudan**	I did not understand you.
4. **ninduzun**	Did you hate me?
5. **ninduten**	The assassins had me killed, and now I'm a ghost.
6. **ninduzuen**	You (pl.) did not see me at the garbage dump.
7. **zintuen**	The person who heard you is dead.
8. **zintugula**	They think that we saw you playing the trumpet.
9. **ninduten**	They could not free me because they were under arrest.

ACTIVITY 9.16 ■ PRACTICE WITH THE NEGATIVE

1. **Sorgin honek gonbidatu al zintuen akelarrera?**
   Ez, sorgin honek ez ninduen gonbidatu akelarrera.
   Ez, sorgin horrek ez ninduen gonbidatu akelarrera.
2. **Polizia hauek ekarriko zintuzten kartzelara?**
   Ez, polizia hauek ez ninduten kartzelara ekarriko.
   Ez, polizia horiek ez ninduten kartzelara ekarriko.
3. **Irakasleak bainatzen zintuen txikitan?**
   Ez, irakasleak ez ninduen bainatzen txikitan.
4. **Antzina, guk gorrotatzen zintugun?**
   Ez, antzina zuek ez ninduzuen gorrotatzen.
5. **Alokatutako hegazkinako azafatak entzun ninduen?**
   Ez, alokatutako hegazkinako azafatak ez zintuen entzun.
6. **Edurneren lagunek aukeratu al ninduten jolasteko?**
   Ez, haiek ez zintuzten aukeratu jolasteko.
7. **Zuek aurkitu ninduzuen ohe azpian?**
   Ez, guk ez zintugun aurkitu ohe azpian.
8. **Zuk ikusi al ninduzun zinean?**
   Ez, nik ez zintudan ikusi zinean.

ACTIVITY 9.17 ■ COMPREHENSION / TRANSLATION

1. Did this witch invite you to the coven?
   No, this witch did not invite me to the coven. No, that witch did not invite me to the coven.
2. Did these policemen bring you to jail?
   No, these policemen did not bring me to jail. No, those policemen did not bring me to jail.
3. Did the teacher bathe you when you were little?
   No, the teacher did not bathe me when I was little.
4. In the old days, did we hate you?
   No, you (pl.) did not hate me in the old days.
5. Did the flight attendant from the chartered plane hear me?
   No, the flight attendant from the chartered plane did not hear you.

6. Did Edurne's friends choose me to play [with]?
   No, Edurne's friends did not choose you to play [with].
7. Did you (pl.) find me under the bed?
   No, we did not find you under the bed.
8. Did you see me at the movies?
   No, I did not see you at the movies.

ACTIVITY 9.18 ■ PRACTICE WITH FIRST-, SECOND-, AND THIRD-PERSON DIRECT OBJECTS

1. ni	**Amak ni eramaten ninduen ikastolara.** OR **Amak eramaten ninduen ikastolara.**
2. zu	**Amak eramaten zintuen ikastolara.**
3. neska hori	**Amak neska hori eramaten zuen ikastolara.**
4. ikasleak	**Amak ikasleak eramaten zituen ikastolara.**
5. zu	**Poliziek zu harrapatu zintuzten lapurretan.**
6. abokatu gaizto batzuk	**Poliziek abokatu gaizto batzuk harrapatu zituzten lapurretan.**
7. ni	**Poliziek ni harrapatu ninduten lapurretan.**
8. ekonomista behartsua	**Poliziek ekonomista behartsua harrapatu zuten lapurretan.**
9. txakur hori	**Nik inoiz ez nuen txakur hori jo.**
10 legegizon horiek	**Nik inoiz ez nituen legegizon horiek jo.**
11. ordenadorea	**Nik inoiz ez nuen ordenadorea jo.**
12. zu	**Nik inoiz ez zintudan jo.**
13. txintxarri arrosa hau	**Zuk ez zenuten txintxarri arrosa hau ukitu?**
14. ni	**Zuk ez ninduzun ukitu?**

15. kukijak	**Zuk ez zenituen kukijak ukitu?**
16. telebista	**Zuk ez zenuten telebista ukitu?**

ENGLISH EQUIVALENT OF **NIRE HAMARGARREN URTEBETETZEAN** (ON MY TENTH BIRTHDAY)

1. On my tenth birthday, I wanted to go to the park to play.
2. I went with a lovable aunt.
3. Before we arrived at the park, a robbery took place in front of us.
4. The robber was very young, and he stole jogging shoes.
5. Often in our youth we do stupid things.
6. Perhaps the robber's parents were decent people.
7. But I think he must have been very sad as a child.
8. My aunt and I were the only witnesses.
9. When the detective came, he wanted the robber's description.
10. My aunt invented the details.
11. The detective will never find that young robber.
12. My aunt had a big heart.

CHAPTER TEN

In the E-mail That I Received

Dialogue

Lehengusua atxilotu zuten!

1. GOXO: **Ai ene! Xurga! Nire lehengusua atxilotuta zegoen joan zen astean.**
2. **Ez dakit zer egin zuen, baina uste dut ezer egin ez zuela.**
3. XURGA: **Zein lehengusu? Otsogizona? Banpiroa? Zein?**
4. G: **Bau-Uau lehengusua.**
5. X: **A, bai. Otsogizona. Nork atxilotu zuen? Zer gertatu zen?**
6. G: **Beno, Arizonara joan zen oporretan.**
7. **Mendebalde Zaharra ikusi nahi zuen.**
8. X: **A, zer polita! Nik ere Mendebalde Zaharra ikusi nahi nuen txikitan!**
9. G: **Bai, bai. Bau-Uauri buruz hitz egiten ari gara, ez zuri buruz.**
10. X: **Noski. Barkatu. Zer gertatu zen Arizonan?**
11. G: **Zaldiak alokatu nahi zituen, baina ez zeukan dirurik.**
12. **Horregatik, banketxera joan zen dirua trukatzeko.**
13. **Euroak zeuzkan, ez dolarrik.**
14. **Baina banku-langileek ezin zuten dirua trukatu.**
15. X: **Ez esan! Zergatik ez?**
16. G: **Begira Bau-Uauk bidali duen posta elektronikoa.**
17. **<<Trukea egin behar zenuen Euskaditik irten baino lehen,>> esan zuten banku-langileek.**
18. **<<Diru asko trukatu genuen, baina dena gastatu dugu hemen,>> erantzun nuen.**
19. **Eta banku-langileek: <<Beno, bi aste edo beharko ditugu trukea egiteko.>>**

20. X: **Zer arraroa! Hango banketxeak oso ezberdinak dira!**
21. G: **Baietz uste dut. Azken finean, Bau-Uau galdetu zuen ea posiblea zen txekea idaztea.**
22. **Baina banku-langileek ezetz esan zuten, erbesteko txekea zelako.**
23. **Eta Bau-Uau guztiz haserre jarri zen.**
24. X: **Dudarik gabe!**
25. G: **Banku-langileak ikaraturik zeuden, Bau-Uau hain haserre jarri zelako.**
26. **Alarmak jo zituzten, eta laster etorri ziren poliziak.**
27. **<<Ni ere ikaraturik nengoen,>> esaten du gutunean.**
28. **<<Inoiz ez zenuen horrelako gauzarik ikusi!**
29. **Lurrean etzan behar izan nuen, eta eskuak jaso behar izan nituen.**
30. **Etzanda nengoen, eta oso zaila zen eskuak jasotzea egoera horretan.>>**
31. **Nabaritzen zen Bau-Uau ez zela lapurra, baina badaezpada ere poliziek atxilotu zuten!**
32. **Gero, askatu zuten. Begira:**
33. **<<Eta aireportu ondoan, guk truke-agentzia aurkitu genuen.**
34. **Dolarrekin, zaldiak alokatu genituen, eta pozik geunden, azken finean.>>**
35. X: **(burua mugitzen) Amerika . . . zer herri arraroa!**

Hitz eta esaldi berriak

trukatu/trukatzen	to exchange
truke egin	to make an exchange
txeke	check
erbesteko	foreign
dudarik gabe	without a doubt, undoubtedly
truke-agentzia	a currency exchange agency
herri	country; town, village

bart	last night
bestela	otherwise
bezala	as, like (conj.)
bezero	client
desagertarazi/desagertarazten	caused to disappear, to cause to disappear
deuseztatu/deuseztatzen	to destroy, destroy it! destroyed
erru	guilt
errugabe	innocent
errudun	guilty
kulpa	guilt, fault, blame
hoben	guilt
hobendun	guilty
keinu	gesture, wave
gorde/gordetzen	to keep
gorputzik gabeko	bodiless, disembodied
harrapatuta nago	I'm caught
hona	here (to here, indicates movement toward here)
ikusezin	invisible
kamarero	waiter
kopa bat	a drink
susmatu/susmatzen	to suspect
zoko	corner
txoko	corner
dirudi	seems, it seems (synthetic form of **iruditu**)
edozein	any, anyone, anybody
beste edozer	anything else
beste edozertaz	about something else (instrumental case)

eguneroko	daily, every day
erosketa	shopping, purchase (n.)
eskaini/eskaintzen	to offer, offer it!, offered
fruta	fruit
harategi	butcher shop, meat shop
konparatuta	compared (**egon**)
marka	brand name
janari marka	food brand name
primerako	excellent (adj.)
bakoitz	each
barazki	vegetable
seguraski	surely, certainly
zarata	noise
zuzenean	directly
sumindurik	indignant, angry, exasperated
lotsati	shy, timid
izerdi	sweat
izerditsu	sweaty
izerdi-usaindun	sweaty-smelling, smelling of sweat
usaindu	smelled, to smell
usain	odor, smell
bederen	at least
gutxienez	at least (with numbers or amounts)
emaile	donor, giver
odol-emaile	blood donor

Past tense of **ukan (nor-nork)**, first- and second-person-plural objects (**gintu / zintuzte**)

Let's begin with a comparison of the present- and past-tense forms we use when our direct object is "us":

Subject	Object	Main Verb	Present Auxiliary	Past Auxiliary
berak	**gu**	**ikusi**	**gaitu**	**gintuen**
haiek	**gu**	**ikusi**	**gaituzte**	**gintuzten**
zuk	**gu**	**ikusi**	**gaituzu**	**gintuzun**
zuek	**gu**	**ikusi**	**gaituzue**	**gintuzuen**

See the changes and similarities in the auxiliary verbs?

Changes

Instead of **gaitu,** the direct-object marker is **gintu.**

The past auxiliary carries the past-tense marker **-n-.**

Similarities

The order of direct object–subject is the same for both (**nor-nork**).

The subject markers are the same (none for **berak, te** for **haiek, zu** for **zuk,** and **zue** for **zuek**). Notice that just as **gaitu**- becomes **gaituz**- when the subject marker is **-te** (they), so **gintu**- becomes **gintuz**- when the subject is *they,* **gintuzte.**

ALSO NOTE: In **Batua** (Unified Basque) there is a bridging **-e-** between the direct-object marker **nindu** and the past-tense marker **-n** when **berak** is the subject. I'm sure they had a very good reason for doing this. Let's not worry about it now. Some things in language learning we just have to accept.

Now let's move on to the present- and past-tense forms we use when our direct object is you (pl.):

Subject	Object	Main Verb	Present Auxiliary	Past Auxiliary
berak	**zuek**	**ikusi**	**zaituzte**	**zintuzten**
haiek	**zuek**	**ikusi**	**zaituztete**	**zintuzteten**
nik	**zuek**	**ikusi**	**zaituztet**	**zintuztedan**
guk	**zuek**	**ikusi**	**zaituztegu**	**zintuztegun**

Once again, note the changes and the similarities in the auxiliary verbs.

Changes

Instead of **zaituzte,** the direct-object marker is **zintuzte.**

The past auxiliary carries the past-tense marker **-n**.

The subject marker for **nik (-t)** becomes **-da**- because it is now an infix (surrounded by other parts of the word).

Similarities

The order of direct object–subject is the same for both (**nor-nork**).

The other subject markers are the same (none for **berak, te** for **haiek, gu** for **guk**).

ALSO NOTE: We noted in chapter 9 that in **Batua** (Unified Basque) there is a bridging **-e**- between the singular, direct-object marker **zintu** and the past-tense marker **-n** when **berak** is the subject (**zintuen**). However, since **zintuzte** already ends in **e,** no extra bridging vowel is needed.

ACTIVITY 10.1 ■ SUBSTITUTION / TRANSFORMATION DRILL

Practice the following drills aloud several times before moving on to the written exercises.

Model:

Gurasoek eskolara eramaten gintuzten. Our parents used to take us to school.

Cues (subjects):

zuk	**Zuk eskolara eramaten gintuzun.**
Gorkak	**Gorkak eskolara eramaten gintuen.**
zuek	**Zuek eskolara eramaten gintuzuen.**
haiek	**Haiek eskolara eramaten gintuzten.**

Model:

Guk kalean ikusi ez zintuztegun. We did not see you (pl.) in the street.

Cues (subjects):

haiek	**Haiek ez zintuzteten kalean ikusi.**
nik	**Nik ez zintuztedan kalean ikusi.**
Edurnek	**Edurnek ez zintuzten kalean ikusi.**

guk	**Guk ez zintuztegun kalean ikusi.**

Model:

Haiek entzun gintuztela uste dut. I think they heard us.

Cues (subjects):

Edurnek	**Edurnek entzun gintuela uste dut.**
zuek	**Zuek entzun gintuzuela uste dut.**
Xurgak	**Xurgak entzun gintuela uste dut.**
zuk	**Zuk entzun gintuzula uste dut.**

ACTIVITY 10.2 ■ PRACTICE WITH CHANGING OBJECTS AND SUBJECTS

Fill in the blanks below with the proper past-tense form of the auxiliary verb. Normally in Euskara you do not include a pronoun to mark the object (as I have done here), but we'll use them so you'll know which form of the auxiliary to use. The Basque word in parentheses is is the direct object. You must also pay attention to the subject that I have underlined for you.

1. **Nik (zu) harrapatu ________________________, nire poltsatik dirua ateratzen ari zinenean.**
2. **Gurasoek (ni) ez ________________________ entzuten, txikia nintzenean.**
3. **Zuek (gu) ikusi ________________________ lekuko jator horrekin.**
4. **Banpiroak (ni) ez ________________________ hil, gose ez zelako.**
5. **Nik (txakurrak) zaintzen ________________________ gaztetan, dirua irabazteko.**
6. **Amak (ni) aurkitu ________________________, frigo ondoan, nire aurpegia txokolatez beteta.**
7. **Txikitan, zuen irakasleek (zuek) ondo ezagutzen ________________________?**
8. **Erraldoiak (gu) etxe gainean ipini ________________________!**
9. **Guk (zuek) unibertsitatera eraman ________________________ atzo.**

10. **Otsogizonek (ni) ez ______________ harrapatu, arin-arin korrika egin nuelako!**
11. **Zuek (lehengusua) ez ______________ besarkatu, bera igela baino itsusiagoa zelako.**
12. **Zuk (ni) inoiz ez ______________ jo, ni zu bezain indartsua nintzelako.**

ACTIVITY 10.3 ■ COMPREHENSION / TRANSLATION

Give English equivalents for the completed sentences in activity 10.2.

ACTIVITY 10.4 ■ TRANSFORMATIONS AND COMPREHENSION

Rewrite the following sentences in the distant past. I have underlined the verbs. Give English equivalents of your new sentences.

1. **Poliziek lapurra atxilotu dute.**
2. **Parkera joan nahi izan dut izebarekin.**
3. **Heldu baino lehen, lapurreta ikusi dugu gure aurrean.**
4. **Zuk ere lapurra ikusi duzu banketxe aurrean.**
5. **Izebak lapurraren datuak apuntatu ditu.**
6. **Ezin ditugu begiak ikusi.**
7. **Poliziek lau lekuko aurkitu dituzte banketxe aurrean.**
8. **Zure kirol zapatak oso politak dira, eta nik ikusi ditut lapurraren oinetan.**
9. **Zuk esan duzu ez zarela lapurra.**

ACTIVITY 10.5 ■ MAKING THE MOST OF OUR VOCABULARY

Every day, pick four different vocabulary words and write them on small cards. Carry the cards with you and insert the new vocabulary words into your conversation throughout the day. For example, if you choose **seguraski** as one of your words, then every time you want to say "Certainly," whip out your card and say "**Seguraski!**" Invent occasions to use your four words if necessary. The purpose of this activity is to get in the habit of thinking about your new words throughout each day. Also, by using the words, you will retain them much more quickly.

ACTIVITY 10.6 ■ AUXILIARIES FROM PAST TO PRESENT TENSE

Provide the present-tense form of the underlined auxiliary verb.

1. **Nork atxilotu zuen?**
2. **Mendebalde Zaharra ikusi nahi nuen.**
3. **Zaldiak alokatu nahi zituen.**
4. **Baina banku-langileek ezin zuten dirua trukatu.**
5. **Diru asko trukatu genuen.**
6. **Inoiz ez zenuen horrelako gauzarik ikusi.**
7. **Eskuak jaso behar izan nituen.**
8. **Zaldiak alokatu genituen.**

ACTIVITY 10.7 ■ MORE PRACTICE WITH NOR-NORK

Fill in the blanks below with the appropriate form of the past tense of the auxiliary verb. When necessary for clarity, the direct object is given in parentheses.

1. **Lekuko jator horiek (gu) hospitalera eraman ______________________.**
2. **Gizon garratzak (zu) mindu ______________________ bere hitz gaiztoekin.**
3. **Nik futbolari isilak zaindu ______________________.**
4. **Zure gerentea gizon gaiztoa da. Berak (ni) ukitu ______________________ komunean.**
5. **Erizain lotsatiek (gu) bainatu ______________________.**
6. **Idazkari izerdi-usaindunek (zu) eraman ______________________ dentistarengana.**
7. **Sorgin ilehoriak (gu) ikusi ______________________ akelarrean.**

8. Nik (zuek) ikusi ______________________.

9. Kalean zeuden, eta bat-batean, zuek (haiek) kotxez jo ______________________.

10. Mikelen emazte ohiak korrikalaria zauritu ______________________ pistolaz.

ACTIVITY 10.8 ■ COMPREHENSION / TRANSLATION

Give the English equivalents for the complete sentences in activity 10.7.

ACTIVITY 10.9 ■ DIRECTED TRANSLATION

Use the verb **ikusi** and the appropriate past-tense auxiliary (**nor-nork**) to write the following simple sentences.

1. I saw you.
2. You all saw her.
3. I did not see them.
4. We saw them.
5. We saw you.
6. You did not see us.
7. You all did not see me.
8. She saw you.
9. She saw him.
10. You saw me.
11. You did not see them.
12. They saw us.

■ Subordination marker -en in relative clauses ■

We have learned to use -**(e)n** to mark the subordinate clause when we are asking "Do you know . . . ?," when we are answering a question with "I don't know . . . ," and when we are posing indirect questions. Refresh your memory with the following examples.

Badakizu non dagoen nire kotxea?
Do you know where my car is?

Ez, ez dakit non dagoen.
No, I don't know where it is.

Noiz joango da Edurne merkatura?
When will Edurne go to the market?

Ez dakit noiz joango den.
I don't know when she'll go.

Zein margotakoa da presidentearen logela?
What color is the president's bedroom?

Ez dakit zein margotakoa den.
I don't know what color it is.

Notice in the following example that when the past-tense auxiliary is used, you cannot "see" the subordination marker -**(e)n** because the past tenses already end in -**n.**

Noiz joan zen Edurne zinera?	When did Edurne go to the movies?
Ez dakit noiz joan zen.	I don't know when she went.

ACTIVITY 10.10 ■ FROM PAST- TO PRESENT-TENSE AUXILIARIES

Change the following sentences to the recent past.

1. **Nork atxilotu zuen?**
2. **Zer gertatu zen?**
3. **Nori buruz hitz egiten ari ginen?**
4. **Zaldiak alokatu nahi zituen.**
5. **Ez zeukan dirurik.**
6. **Euroak zeuzkan.**

7. **Trukea egin behar zenuen Euskaditik irten baino lehen.**
8. **Diru asko trukatu genuen.**
9. **Txekea idaztea posiblea zen.**
10. **Zu ikaraturik zeundén.**

ACTIVITY 10.11 ■ DIRECTED TRANSLATION / SENTENCE BUILDING

Use the sentences you created in activity 10.10 as the basis for new sentences that begin with "I don't know . . ." **Ez dakit . . .** The English is provided below for each new sentence.

1. I don't know who has arrested him.
2. I don't know what has happened.
3. I don't know who we are talking about.
4. I don't know if he wants to rent the horses or not.
5. I don't know if he has any money or not.
6. I don't know whether he has Euros.
7. I don't know if you should make an exchange before leaving Euskadi.
8. I don't know if we exchanged a lot of money.
9. I don't know if it's possible to write a check.
10. I don't know if you are in a panic.

■ Subordination marker -en with indirect questions ■

XURGA: **Goxo, galdetu sendagileari non gorde duen odola.**
Goxo, ask the doctor where he keeps the blood.
GOXO: **Ez dut nahi galdetu hori.**
I don't want to ask that.
X: **Beno, galdetu berari nork gorde duen.**
Fine, ask him who keeps it.
G: **Ez. Ez diot galdetuko.**
No. I won't ask him.
X: **Bederen, galdetu berari nortzuk ziren odol-emaileak.**
At least ask him who the blood donors were.

G: **Zuk galdetu!**

You ask!

X: **Ezin diot galdetu ezer.**

I can't ask him anything.

G: **Zergatik ez?**

Why not?

X: **Bart kalean harrapatu nuelako, eta orain badaki banpiroa naizela.**

Because last night I caught him in the street, and now he knows I'm a vampire.

ACTIVITY 10.12 ■ INDIRECT QUESTIONS / DIRECTED TRANSLATION

First create the following indirect questions in Euskara, using the preceding sample sentences as models. Then take turns directing a fellow student to ask what you want to know of a third student. (The third student may respond "I don't know.")

1. Ask the doctor where he keeps the blood.
2. Ask the nurse where she keeps the medicine.
3. Ask the teacher where he keeps the paper.
4. Ask the teacher who keeps the paper.
5. Ask the teacher who keeps the chalk.
6. Ask Xurga where he keeps his coffin.
7. Ask Xurga where his house is.
8. Ask Xurga who the blood donors were.
9. Ask me when Bow-Wow was arrested. (distant past)

ACTIVITY 10.13 ■ FROM INDIRECT TO DIRECT QUESTIONS

Provide the direct question for each of the indirect questions you created in activity 10.12. Provide also their English equivalents.

■ Using -(e)n to mark relative clauses ■

Relative clauses are descriptive clauses related to a noun in the sentence. Without bogging down in grammatical descriptions, let's use examples to learn how to form these sentences.

Here are two simple sentences:

Liburua aireportuan erosi dut. I bought a book at the airport.
Liburua irakurri dut hegazkinean. I read the book on the airplane.

We are likely to shorten this in English to the following:

I read the book [that] I bought at the airport on the airplane.

In the above sentence, the relative (or descriptive) clause is "that I bought at the airport." Do you see how much information it gives us about the book? Okay, that's all a relative clause is. It contains information relative to the noun it refers to—in this case, the book.

Now let's put the two sentences together in Euskara. Here's a step-by-step method.

Step 1: Change the first sentence into a descriptive clause. (Here's where the subordination marker comes in.) We go from

Liburua aireportuan erosi dut.

to

aireportuan erosi dudan liburua

REMEMBER, **dudan** is what we get when we add the suffix -**n** to the verb **dut.**

When reading a relative clause, start with the noun (which has now moved to the right side of the phrase) and read backward.

1	**2**	**3**	**4**	**5**	**6**	**7**	**8**
the	book	[that]	I	bought	at	the	airport

aireportuan	**erosi**	**dudan**	**liburua**
8 76	**5**	**4 3 2**	**1**

The order of these relative clauses is like a reflection in a mirror, exactly the opposite in Basque from the English word order. Amazing, isn't it?

Step 2: Now use this clause to replace the word **liburua** in the second sentence, and you end up with

Aireportuan erosi dudan liburua irakurri dut hegazkinean.

I read the book [that] I bought at the airport on the plane.

Here's an example from our chapter text.

Bau-Uauk posta elektronikoa bidali du.

Bow-Wow has sent an e-mail.

Posta elektronikoa irakurri dut.

I have read the e-mail.

Step 1: Transform the first sentence into a relative clause.

Bau-Uauk posta elektronikoa bidali du.

This sentence becomes the clause:

Bau-Uauk bidali duen posta elektronikoa.

Step 2: Substitute the clause for the word it describes in the second sentence.

Bau-Uauk bidali duen posta elektronikoa irakurri dut.

I have read the e-mail that Bow-Wow sent.

ACTIVITY 10.14 ■ SENTENCE BUILDING WITH RELATIVE CLAUSES

Fuse the sentence pairs below by forming relative clauses. The first sentence should become the clause.

1. **Lapurra harrapatu dute.**
   Lapurrak aiztoz zauritu ninduen.
   (You write in Euskara: The thief they have captured wounded me with a knife.)
2. **Paperontzi berria erosi dugu.**
   Paperontzi berria deuseztatuko du txakurrak.
   (You write: The dog will destroy the new wastepaper basket that we have bought.)

3. **Kamareroa ikusi duzu.**
   Kamareroak dirua trukatuko du.
   (You write: The waiter that you have seen will exchange the money.)
4. **Mahaia txokoan jarri dute.**
   Mahaian liburuak ipiniko ditugu.
   (You write: We will put the books on the table that they have placed in the corner.)
5. **Bau-Uauk zaldia alokatu du.**
   Zaldiak ez du zaratarik egiten.
   (You write: The horse that Bow-Wow has rented does not make any noise.)

The following texts provide a review of the present-tense verbs and auxiliaries we have studied in this book. You should be able to read these texts without English equivalents. However, if you get stuck, English equivalents are provided at the end of the chapter.

Dialogue

Legegizonaren bezeroa (*Lehenengo zatia*)

GOIKOETXEA: **Ni legegizona naiz. Jose Goikoetxea. Bilbon bizi naiz, baina nire senitartea Amerikan dago. Nire semeak Nevadako unibertsitatean ikasten du.**

MAITE ZUBIRI: **Zer nahi duzu hemen? Hau nire taberna da. Taxistak, poliziak, ileapaintzaileak, erizainak, eta beste langileak hona datoz ardoa edatera. Legegizonak ez datoz. Politikariak ez datoz. Ez dakit zergatik zauden zu hemen.**

G: **Esango dizut zer nahi dudan. Badakizu, nire bezeroa sorgina dela?**

Z: **Ez, ez dakit ezer. Sorgina, ba? Benetako sorgina?**

G: **Bai, benetako sorgina. Bera Algortan bizi da. Oso sorgin polita dela uste dut. Momentu honetan kartzelan dago. Ez pentsa kartzelan geratuko denik! Ni oso legegizon ona naiz. Ona eta jatorra. Laster sorgina kartzelatik irtengo dela uste dut.**

Z: **Zer egin du sorginak? Zergatik dago kartzelan?**

G: Beno, sorgina taberna honetara etorri da lagun batekin. Laguna ere sorgina da. Haiek hona etorri dira kopa bat hartzera. Eserita egon dira han, mahai hartan, zokoan. Hitz egin dute elkarrekin eta ardo beltza edan dute. Kamarero bat haien mahaira joan da, eta kamareroak galdetu die, ea ardo gehiago nahi zuten.
Z: Eta zer esan diote kamareroari?
G: Baietz esan diote. Kamareroak haien basoak hartu ditu, ardo gehiago basoetan bota du, eta orduan basoak sorginei berriro eman dizkie.
Z: Ez dut deliturik ikusten.
G: Nik ere ez. Baina itxoin pixkat, ez dut bukatu.
Z: (erlojura begiratzen) Hitz egin arinago, mesedez. Bestela ez daukat astirik dena entzuteko.
G: Beno. Arinago. Bale. (pentsatzen du eta arinago hitz egiten hasten da) Bigarren ardoa edan eta gero, laguna desagertu da! Bat-batean, nire bezeroa bakarrik gelditu da mahaian. Lagunaren izena oihuka esan du, baina inork ez du erantzun. Guztiz urduri gelditu da, noski. Polizia bat tabernan zegoen, eta galdetu dio sorginari zer gertatu den. Bezeroak erantzun dio, laguna desagertu dela. Poliziak barre egin du. Sorgina haserretu da eta esan dio txerria zela. Orduan polizia haserretu da, eta berak sorgina harrapatu du eta kartzelara eraman du. Poliziak esan du, laguna desagertu bada, sorginak desagertarazi duela. Pertsona bat desagertzen denean, pertsona hori hilda dago. Horregatik poliziak esan du nire bezeroa hiltzailea dela.
(Jarraituko du)

Hitz eta esaldi berriak

langile	worker
politikari	politician
esperimentu	experiment
lapur	bank robber
lapurtu	to hold up (a bank)
atrakatu	to dock, to come alongside a dock
atrakaleku	dock, pier

problematsu	troublesome, full of problems
hiltzaile	killer, murderer
nigandik	from me
nerbiotsu	nervous
abagune	opportunity
esan iezaiguzu	tell us (command)
iezaiguzu	synthetic command form of **ukan** (**diguzu**)
aire	air

ACTIVITY 10.15 ■ COMPREHENSION / TRANSLATION

Underline the subordination markers (-[e]**n** and -[e]**la**) in the following sentences. Then give English equivalents for each.

1. **Ez dakit zergatik zauden zu hemen.**
2. **Esango dizut zer nahi dudan.**
3. **Oso sorgin polita dela uste dut.**
4. **Laster sorgina kartzelatik irtengo dela uste dut.**
5. **Kamareroak galdetu die, ea ardo gehiago nahi zuten.**
6. **Polizia bat tabernan zegoen, eta galdetu dio sorginari zer gertatu zen.**
7. **Bezeroak erantzun dio, laguna desagertu dela.**
8. **Sorgina haserretu da eta esan dio txerria dela.**
9. **Poliziak esan du, laguna desagertu bada, sorginak desagertarazi duela.**
10. **Horregatik poliziak esan du nire bezeroa hiltzailea dela.**

ACTIVITY 10.16 ■ MORE PRACTICE WITH SUBORDINATION MARKER -[E]N

Rewrite the pairs of sentences below into one sentence using a relative clause.

Model:

Gizon hori tabernara sartu da. That man has entered the tavern.

Legegizona da. He is a lawyer.

Response:

<u>Tabernara sartu den gizon hori</u> legegizona da. That man who has entered the tavern is a lawyer.

Cues:

1. **Mutilak Nevadan ikasten du.**
   Tabernariaren semea da.
   The boy who studies in Nevada is the tavernkeeper's son.
2. **Taxistak eta poliziak hona datoz.**
   Nire bezeroak dira.
   The taxi drivers and policemen who come here are my clients.
3. **Lagunek ardo beltza edan dute.**
   Nirekin hitz egin dute.
   The friends who drank red wine have talked with me.
4. **Kamareroa haien mahaira joan da.**
   Kamareroak galdera egin die.
   The waiter who went to their table asked them a question.
5. **Laguna tabernara etorri zen.**
   Laguna ere sorgina da.
   The friend who came to the tavern is also a witch.
6. **Sorgina banpiroaren etxe aurrean ikusi dugu.**
   Sorginak ez digu pozoirik salduko.
   The witch whom we saw in front of the vampire's house will not sell poison to us.

Another subordination marker: -[e]nik

Now that we know how to make statements about what we think, it's important to know also that some speakers use a different suffix when they express what they do not think. In other words, if the main clause is in the negative, they use **-(e)nik** instead of **-(e)la.** There are actually three subordination markers to use in Basque: -[e]**n**, -[e]**la,** and -[e]**nik.** Observe the following examples:

Ez dut uste erruduna denik.
I don't think she is guilty.

Ez duzu uste sorgina denik.
You don't think she's a witch.

Ez dugu uste banpirorik denik.
We don't believe that vampires exist.

Notice the difference between the following:

Banpiroak beldurgarriak direla uste dut.
I think [that] vampires are scary.
but
Ez dut uste sorginak beldurgarriak direnik.
I don't think [that] witches are scary.

Uste dugu erraldoiek esperimentuak egin zituztela laborategi hartan.
We think [that] giants made experiments in that laboratory.
but
Ez dugu uste esperimentu onak egin zituztenik.
We don't think [that] they made good experiments.

Notice that the first part of -**(e)nik** is -**(e)n.** This means it attaches to verbs in the same way that -**(e)n** does.

Badirudi lapurraren haurtzaroa problematsua zela.
It seems [that] the bank robber's childhood was full of problems.
but
Ez dirudi lapurraren haurtzaroa problematsua zenik.
It doesn't seem that the bank robber's childhood was full of problems.

ACTIVITY 10.17 ■ SENTENCE TRANSFORMATIONS WITH -(E)NIK

Write out the following sentences using "**Ez dut uste . . . [e]nik**" as in the model.

Model:

Santa Claus etorriko da.

Response:

Ez dut uste Santa Claus etorriko denik.

Cues:

1. **Xurga banpiro arriskutsua da.**
2. **Otsogizonek hortz kamutsak dauzkate.**
3. **Zuk apaletan liburu sorginduak jarri zenituen.**
4. **Arazo honetaz gogoratuko zara.**
5. **Kamareroa hiltzailea zen.**
6. **Bihar amari deituko diogu.**
7. **Pozoi asko daukagu.**
8. **Erraldoiek oinetako txikiak zeuzkaten.**

ACTIVITY 10.18 ■ COMPREHENSION / TRANSLATION

Give English equivalents for the complex sentences you created in activity 10.17.

Dialogue

Gogoratzen zer gertatzen ari zen?

G: **Horregatik poliziak esan du nire bezeroa hiltzailea dela.**

Z: **Beno, zer nahi duzu nigandik? Nik ez dakit ezer honi buruz.**

G: **Badakizu non bizi den kamareroa? Badakizu nola duen izena?**

Z: **Noski, badakit. Nire tabernan lan egiten du. Bere izena Uharte da. Merlin Uharte. Bidasoa kalean bizi da. Baina hona dator oraintxe bertan. Lan egin behar du gaur arratsaldean. (keinua egiten dio Uharteri) Aizu, Merlin! Etorri hona, mesedez!**

MERLIN: **Kaixo, Zubiri andrea. Zer daukazu?**

Z: **Gizon hau legegizona da. Bere bezeroa sorgina da. Gogoratzen duzu bi sorginei ardoa ematea?**

M: **Jende asko dator hona ardoa edatera. Sorginak emakumeak dira, ezta? Emakume asko dago tabernan egunero. Ez dut gogoratzen.**

G: **Baina, emakume hauek sorginak ziren. Ez ziren emakume normalak. Beltzez jantzita zeuden, eta haien azala guztiz orlegia zen. Gainera, oso sudur handiak zeuzkaten, eta txapela altu-altuak buruetan zituzten. Ez dirudi horrelako zerbait ahaztuko duzunik!**
M: **Aaaa! Orain gogoratzen dut. Bai, bai, hemen egon dira. Barkatu, hemen egon da. Emakume bat. Sorgin bat. Ez bi. (nerbiotsu)**
G: **(zerbait susmatzen du) Ez dut uste egia esaten duzunik! Oso nerbiotsu zaude. Beharbada poliziarekin hitz egin behar dugu!**
M: **(beldur) Ez, ez! Poliziarekin ez! Beno, arrazoia daukazu. Ez dizut egia esan. Gezurra esan dizut. Nik pozoia ipini dut baso batean.**
Z **eta** G: **(oihuka) Zergatik!!!???**
M: **Zure bezeroa oso sorgin ona da, baina bere laguna nire etsaia zen. Nik haiek ikusi ditudanean hemen, pentsatu dut hori nire abagunea zela etsaia desagertarazteko.**
G: **Orduan, zu hiltzailea zara! Uste nuen nire bezeroa errugabea zela, eta orain badakit errugabea dela!**
M: **Barkatu, jauna, baina ni ez naiz hiltzailea. Etsaia desagertarazi dudala esan dizut. Desagertu den sorgina ez dago hilda. Ikusezina da!**
G: **Ez badago hilda, zergatik ez du ezer esaten? Nire bezeroak deitu dio beste sorginari, baina desagertu den sorginak ez dio erantzun.**
M: **Badakit zergatik.**
Z ETA G: **Badakizu?! Esan iezaiguzu!!!**
M: **Nire etsaiak ez du ezer esan, arazoak sortu nahi izan dizkidalako. Eta orain arazoak dauzkat. (oihuka aireari) Hementxe zaude?!! Harrapatuta nago!! Esan zerbait!!!**
GORPUTZIK GABEKO AHOTSA: **(barrez) Ja, ja, ja! Berriro irabazi dut!!!**

■ Hitz eta esaldi berriak ■

beltzez jantzita	dressed in black
horrelako zerbait	something like that
desagertarazi	to make (something, someone) disappear

desagertarazteko	in order to make (her) disappear
abagune	opportunity
iezaiguzu	command form of the auxiliary verb
Esan iezaiguzu!	Tell us!

Past tense of jakin (to know)

With singular direct objects:

Present Tense	*Past Tense*
(**nik**) **dakit**	**nekien** (I knew it)
(**zuk**) **dakizu**	**zenekien** (you knew it)
(**guk**) **dakigu**	**genekien** (we knew it)
(**zuek**) **dakizue**	**zenekiten** (you all knew it)
(**berak**) **daki**	**zekien** (he/she/it knew it)
(**haiek**) **dakite**	**zekiten** (they knew it)

With plural direct objects

Present Tense	*Past Tense*
(**nik**) **dakizkit**	**nekizkien** (I knew them)
(**zuk**) **dakizkizu**	**zenekizkien** (you knew them)
(**guk**) **dakizkigu**	**genekizkien** (we knew them)
(**zuek**) **dakizkizue**	**zenekizkiten** (you all knew them)
(**berak**) **dakizki**	**zekizkien** (he/she/it knew them)
(**haiek**) **dakizkite**	**zekizkiten** (they knew them)

Notice that the past-tense subject markers for **jakin** are the same as those for **ukan.** Once again, the past-tense forms end in **-n.** The marker for the plural object is the same as it was in the present tense: **-zki-.** You can still see the **-ki-** of **jakin** in the stem of the past tense. And remember, the objects used with **jakin** refer to data, addresses, phone numbers, details, and so on, but not to people. We use the verb **ezagutu** for knowing people.

Here's another way to look at the preterite of **jakin** that may help you remember these forms more easily.

Subject	Singular Object	Plural Object
nik	**nekien**	**nekizkien**
berak	**zekien**	**zekizkien**
haiek	**zekiten**	**zekizkiten**
guk	**genekien**	**genekizkien**
zuk	**zenekien**	**zenekizkien**
zuek	**zenekiten**	**zenekizkiten**

ACTIVITY 10.19 ■ SUBSTITUTION / TRANSFORMATION DRILLS

In the first drill you can practice how **ba** is often prefixed to the forms of **jakin** for affirmative emphasis.

Model:

Banekien egia zela. I knew it was the truth.

Cues:

berak	**Bazekien egia zela.**
haiek	**Bazekiten egia zela.**
guk	**Bagenekien egia zela.**
zuk	**Bazenekien egia zela.**
zuek	**Bazenekiten egia zela.**
nik	**Banekien egia zela.**

Model:

Guk ez genekizkien erantzunak. We did not know the answers.

Cues:

zuk	**Zuk ez zenekizkien erantzunak.**
haiek	**Haiek ez zekizkiten erantzunak.**
berak	**Berak ez zekizkien erantzunak.**
nik	**Nik ez nekizkien erantzunak.**
zuek	**Zuek ez zenekizkiten erantzunak.**
guk	**Guk ez genekizkien erantzunak.**

Model:

Ez nekien nork egin zuen. I didn't know who did it.

Cues:

berak	**Ez zekien nork egin zuen.**
haiek	**Ez zekiten nork egin zuen.**
guk	**Ez genekien nork egin zuen.**
zuk	**Ez zenekien nork egin zuen.**
zuek	**Ez zenekiten nork egin zuen.**
nik	**Ez nekien nork egin zuen.**

ACTIVITY 10.20 ■ PRACTICE WITH JAKIN

Rewrite the sentences below (don't answer them!), using the past tense of the verb **jakin.** Then give English equivalents for your past-tense sentences.

1. **Ez dakit zergatik zauden zu hemen.**
2. **Badakizu non bizi den kamareroa?**
3. **Sorginek desagertzen dakite.**
4. **Guk ez dakigu zer gertatu zen tabernan.**
5. **Badakite haiek nolako bezeroak datozen tabernara?**
6. **Zuek ez dakizue nortzuk diren Maiteren lagunak.**
7. **Bezeroen izenak dakizkit!**
8. **Baina guk ez dakizkigu haien helbideak.**

ANSWERS

ENGLISH EQUIVALENT OF LEHENGUSUA ATXILOTU ZUTEN! (THEY ARRESTED MY COUSIN!)

1. GOXO: Oh, my! Xurga! My cousin was under arrest last week.
2. I don't know what he did, but I think he didn't do anything.
3. XURGA: Which cousin? The werewolf? The vampire? Which one?
4. G: Cousin Bow-Wow.

5. X: Oh, yes. The werewolf. Who arrested him? What happened?
6. G: Well, he went to Arizona on vacation.
7. He wanted to see the Old West.
8. X: Oh, how beautiful! When I was little I wanted to see the Old West, too!
9. G: Yes, yes. We're talking about Bow-Wow, not about you.
10. X: Of course. Excuse me. What happened in Arizona?
11. G: He wanted to rent horses, but he didn't have any money.
12. So he went to the bank to make an exchange.
13. He had euros, not dollars.
14. But the bank clerks could not exchange the money.
15. X: You don't say! Why not?
16. G: Look at the e-mail that Bow-Wow has sent.
17. The clerks said, "You should have made the exchange before leaving Euskadi."
18. I replied, "We exchanged a lot of money, but we have spent it all here."
19. And the clerks said: "Well, we will need about two weeks to make the exchange."
20. X: How unusual! The banks over there are very different!
21. G: I think so. In the end, Bow-Wow asked if it was possible to write a check.
22. But the clerks said no, because it was a foreign check.
23. And Bow-Wow got totally angry.
24. X: Without a doubt!
25. G: The clerks were in a panic because Bow-Wow got so angry.
26. They sounded the alarm (lit.: alarms), and soon the police came.
27. In the letter he says, "I was also in a panic.
28. You never saw such a thing!
29. I had to lie down on the ground, and I had to put my hands up.
30. I was lying down, and it was very difficult to lift my hands in that situation."
31. It became obvious that Bow-Wow was not a thief, but just in case the police arrested him!

32. Later, they let him go. Look:
33. "And next to the airport, we found a currency-exchange agency.
34. With dollars, we rented the horses, and we were finally happy."
35. x: (shaking his head) America . . . what a strange country!

ACTIVITY 10.2 ■ PRACTICE WITH CHANGING OBJECTS AND SUBJECTS

1. **zintudan**
2. **ninduten**
3. **gintuzuen**
4. **ninduen**
5. **nituen**
6. **ninduen**
7. **zintuzteten**
8. **gintuen**
9. **zintuztegun**
10. **ninduten**
11. **zenuten**
12. **ninduzun**

ACTIVITY 10.3 ■ ENGLISH EQUIVALENTS

1. I caught you when you were taking money out of my purse.
2. [My] parents did not [habitually] listen to me when I was little.
3. You (pl.) saw us with that upstanding witness.
4. The vampire did not kill me because it was not hungry.
5. I used to take care of dogs when I was young in order to earn money.
6. Mother found me next to the refrigerator, my face full of chocolate.
7. As a child [when you were small], did your (pl.) teachers understand you (know you, pl.) well?
8. The giant put us on top of the house!
9. We took you (pl.) to the university yesterday.
10. The werewolves did not catch me because I ran very, very fast!

11. You (pl.) did not hug [your] cousin because he was uglier than a frog.
12. You never hit me because I was as strong as you [were].

ACTIVITY 10.4 ■ TRANSFORMATIONS AND COMPREHENSION

1. **Poliziek lapurra atxilotu zuten.**
   The police arrested the bank robber.
2. **Parkera joan nahi izan nuen izebarekin.**
   I wanted to go the park with [my] aunt.
3. **Heldu baino lehen, lapurreta ikusi genuen gure aurrean.**
   Before we arrived, we saw a robbery in front of us (before our eyes).
4. **Zuk ere lapurra ikusi zenuen banketxe aurrean.**
   You also saw the robber in front of the bank.
5. **Izebak lapurraren datuak apuntatu zituen.**
   My aunt made note of the robber's physical characteristics.
6. **Ezin genituen begiak ikusi.**
   We could not see the eyes (his eyes).
7. **Poliziek lau lekuko aurkitu zituzten banketxe aurrean.**
   The police found four witnesses in front of the bank.
8. **Zure kirol zapatak oso politak dira, eta nik ikusi nituen lapurraren oinetan.**
   Your jogging shoes are very pretty, and I saw them on the robber's feet.
9. **Zuk esan zenuen ez zarela lapurra.**
   You said that you are not the thief.

ACTIVITY 10.6 ■ AUXILIARIES FROM PAST TO PRESENT TENSE

1. **Nork atxilotu du?**
2. **Mendebalde Zaharra ikusi nahi dut.**
3. **Zaldiak alokatu nahi ditu.**
4. **Baina banku-langileek ezin dute dirua trukatu.**
5. **Diru asko trukatu dugu.**
6. **Inoiz ez duzu horrelako gauzarik ikusi.**

7. **Eskuak jaso behar izan ditut.**
8. **Zaldiak alokatu ditugu.**

ACTIVITY 10.7 ■ MORE PRACTICE WITH NOR-NORK

1. **Lekuko jator horiek (gu) ospitalera eraman gintuzten.**
2. **Gizon garratzak (zu) mindu zintuen bere hitz gaiztoekin.**
3. **Nik futbolari isilak zaindu nituen.**
4. **Zure gerentea gizon gaiztoa da. Berak (ni) ukitu ninduen komunean.**
5. **Erizain lotsatiek (gu) bainatu gintuzten.**
6. **Idazkari izerdi-usaindunek (zu) eraman zintuzten dentistarengana.**
7. **Sorgin ilehoriak (gu) ikusi gintuen akelarrean.**
8. **Nik (zuek) ikusi zintuztedan.**
9. **Kalean zeuden, eta bat-batean, zuek (haiek) kotxez jo zenituzten.**
10. **Mikelen emazte ohiak korrikalaria zauritu zuen pistolaz.**

ACTIVITY 10.8 ■ COMPREHENSION / TRANSLATION

1. Those decent witnesses took us to the hospital.
2. The bitter man hurt you with his evil words.
3. I took care of the silent soccer players.
4. Your manager is a bad man. He touched me in the bathroom (toilet).
5. The shy nurses bathed us.
6. The sweaty-smelling secretaries took you to the dentist.
7. The blond witch saw us at the coven.
8. I saw you (pl.).
9. They were in the street, and suddenly you (pl.) hit them with the car.
10. Mikel's ex-wife wounded the runner with a pistol.

ACTIVITY 10.9 ■ DIRECTED TRANSLATION

1. I saw you.	**Ikusi zintudan.**
2. You all saw her.	**Ikusi zenuten.**
3. I did not see them.	**Ez nituen ikusi.**

4. We saw them.	**Ikusi genituen.**
5. We saw you.	**Ikusi zintugun.**
6. You did not see us.	**Ez gintuzun ikusi.**
7. You all did not see me.	**Ez ninduzuen ikusi.**
8. She saw you.	**Ikusi zintuen.**
9. She saw him.	**Ikusi zuen.**
10. You saw me.	**Ikusi ninduzun.**
11. You did not see them.	**Ez zenituen ikusi.**
12. They saw us.	**Ikusi gintuzten.**

ACTIVITY 10.10 ■ FROM PAST- TO PRESENT-TENSE AUXILIARIES

1. **Nork atxilotu du?**
2. **Zer gertatu da?**
3. **Nori buruz hitz egiten ari gara?**
4. **Zaldiak alokatu nahi ditu.**
5. **Ez dauka dirurik.**
6. **Euroak dauzka.**
7. **Trukea egin behar duzu Euskaditik irten baino lehen.**
8. **Diru asko trukatu dugu.**
9. **Txekea idaztea posiblea da.**
10. **Zu ikaraturik zaude.**

ACTIVITY 10.11 ■ DIRECTED TRANSLATION / SENTENCE BUILDING

1. I don't know who has arrested him.
   Ez dakit nork atxilotu duen.
2. I don't know what has happened.
   Ez dakit zer gertatu den.
3. I don't know who we are talking about.
   Ez dakit nori buruz hitz egiten ari garen.
4. I don't know if he wanted to rent the horses or not.
   Ez dakit zaldiak alokatu nahi dituen ala ez.

5. I don't know if he has any money or not.
Ez dakit dirurik daukan ala ez.
6. I don't know whether he has Euros.
Ez dakit euroak dauzkan.
7. I don't know if you should make an exchange before leaving Euskadi.
Ez dakit trukea egin behar duzun Euskaditik irten baino lehen.
8. I don't know if we exchanged a lot of money.
Ez dakit diru asko trukatu dugun.
9. I don't know if it's possible to write a check.
Ez dakit txekea idaztea posiblea den.
10. I don't know if you are in a panic.
Ez dakit zu ikaraturik zauden.

ACTIVITY 10.12 ■ INDIRECT QUESTIONS / DIRECTED TRANSLATION

1. Ask the doctor where he keeps the blood.
Galdetu sendagileari non gorde duen odola.
2. Ask the nurse where she keeps the medicine.
Galdetu erizainari non gorde duen medizina.
3. Ask the teacher where he keeps the paper.
Galdetu irakasleari non gorde duen papera.
4. Ask the teacher who keeps the paper.
Galdetu irakasleari nork gorde duen papera.
5. Ask the teacher who keeps the chalk.
Galdetu irakasleari nork gorde duen klariona.
6. Ask Xurga where he keeps his coffin.
Galdetu Xurgari non gorde duen hilkutxa.
7. Ask Xurga where his house is.
Galdetu Xurgari non dagoen bere etxea.
8. Ask Xurga who the blood donors were.
Galdetu Xurgari nortzuk ziren odol-emaileak.
9. Ask me when Bow-Wow was arrested. (distant past)
Galdetu niri noiz zegoen atxilotuta Bau-Uau.

Galdetu niri noiz atxilotu zuten haiek Bau-Uau. (Ask me when they arrested Bow-Wow.)

ACTIVITY 10.13 ■ FROM INDIRECT TO DIRECT QUESTIONS

1. **Non gorde duzu odola?** Where do you keep the blood?
2. **Non gorde duzu medizina?** Where do you keep the medicine?
3. **Non gorde duzu papera?** Where do you keep the paper?
4. **Nork gorde du papera?** Who keeps the paper?
5. **Nork gorde du klariona?** Who keeps the chalk?
6. **Non gorde duzu hilkutxa?** Where do you keep [your] coffin?
7. **Non dago zure etxea?** Where is your house?
8. **Nortzuk ziren odol-emaileak?** Who were the blood donors?
9. **Noiz atxilotuta zegoen Bau-Uau? Noiz atxilotu zuten Bau-Uau?** When did they arrest Bow-Wow?

ACTIVITY 10.14 ■ SENTENCE BUILDING WITH RELATIVE CLAUSES

1. **Harrapatu duten lapurrak aiztoz zauritu ninduen.**
2. **Erosi dugun paperontzi berria deuseztatuko du txakurrak.**
3. **Ikusi duzun kamareroak dirua trukatuko du.**
4. **Txokoan jarri duten mahaian liburuak ipiniko ditugu.**
5. **Bau-Uauk alokatu duen zaldiak ez du zaratarik egiten.**

ENGLISH EQUIVALENT OF LEGEGIZONAREN BEZEROA (LEHENENGO ZATIA). (THE LAWYER'S CLIENT [FIRST PART])

GOIKOETXEA: I am a lawyer. Jose Goikoetxea. I live in Bilbao, but my family is in America. My son studies at the University of Nevada.
MAITE ZUBIRI: What do you want here? This is my tavern. Taxi drivers, policemen, hairdressers, nurses, and other workers come here to drink wine. Lawyers do not come. Politicians do not come. I don't know why you are here.
G: I'll tell you what I want. Do you know that my client is a witch?
Z: No, I don't know anything. A witch, huh? A real witch?

G: Yes, a real witch. She lives in Algorta. I think that she's a very pretty witch. At this moment she's in jail. Don't think that she will remain in jail! I am a very good lawyer. Good and decent. I believe that the witch will soon be out of prison.

Z: What has the witch done? Why is she in jail?

G: Well, the witch came to this tavern with a friend. The friend is also a witch. They came here to have a glass of wine. They were sitting there, at that table in the corner. They talked to each other and they drank red wine. A waiter went to their table, and the waiter asked them if they wanted more wine.

Z: And what did they say to the waiter?

G: They said yes. The waiter took their glasses, poured more wine in the glasses, and then gave the glasses back to the witches.

Z: I don't see any crime.

G: Me neither. But wait a bit, I haven't finished.

Z: (looking at her watch) Talk faster, please. Otherwise I don't have time to hear it all.

G: Fine. Faster. Okay. (he thinks and begins speaking more quickly) After drinking the second glass of wine, the friend disappeared! All of a sudden, my client was alone at the table. She shouted her friend's name, but nobody answered. She was very worried, of course. A policeman was in the tavern, and he asked the witch what happened. My client replied that her friend had disappeared. The policeman laughed. The witch got mad and told him he was a pig. Then the policeman got mad, and he arrested the witch and took her to jail. The policeman said that if the friend disappeared, the witch made her disappear. When a person disappears, that person is dead. That's why the policeman said that my client is a murderer. (*To be continued*)

ACTIVITY 10.15 ■ COMPREHENSION / TRANSLATION

1. **Ez dakit zergatik zaude<u>n</u> zu hemen.**
   I don't know why you are here.
2. **Esango dizut zer nahi duda<u>n</u>.**
   I will tell you what I want.

3. **Oso sorgin polita dela uste dut.**
I think [that] she is a very pretty witch.
4. **Laster sorgina kartzelatik irtengo dela uste dut.**
I think that soon the witch will leave the jail [will get out of jail].
5. **Kamareroak galdetu die, ea ardo gehiago nahi zuten.**
The waiter asked them whether they wanted more wine or not.
6. **Polizia bat tabernan zegoen, eta galdetu dio sorginari zer gertatu zen.**
A policeman was in the tavern, and he asked the witch what happened.
7. **Bezeroak erantzun dio, laguna desagertu dela.**
The client responded [to him] that the friend has disappeared.
8. **Sorgina haserretu da eta esan dio txerria dela.**
The witch got angry and told him that he is a pig.
9. **Poliziak esan du, laguna desagertu bada, sorginak desagertarazi duela.**
The policeman said that if the friend disappeared, the witch made him disappear.
10. **Horregatik poliziak esan du nire bezeroa hiltzailea dela.**
For that reason, the policeman said that my client is a murderer.

ACTIVITY 10.16 ■ MORE PRACTICE WITH SUBORDINATION MARKER -(E)N

1. **Nevadan ikasten duen mutila tabernariaren semea da.**

NOTE: The ergative of **mutilak** will be lost in this transition, because it becomes the subject of the verb **da. Mutilak** becomes **mutila.**

2. **Hona datozen taxistak eta poliziak nire bezeroak dira.**
3. **Ardo beltza edan duten lagunek nirekin hitz egin dute.**
4. **Haien mahaira joan den kamareroak galdera egin die.**
5. **Tabernara etorri zen laguna ere sorgina da.**
6. **Banpiroaren etxe aurrean ikusi dugun sorginak ez digu pozoirik salduko.**

ACTIVITY 10.17 ■ SENTENCE TRANSFORMATIONS WITH -(E)NIK

1. **Ez dut uste Xurga banpiro arriskutsua denik.**
2. **Ez dut uste otsogizonek hortz kamutsak dauzkatenik.**
3. **Ez dut uste zuk apaletan liburu sorginduak jarri zenituenik.**
4. **Ez dut uste arazo honetaz gogoratuko zarenik.**
5. **Ez dut uste kamarereoa hiltzailea zenik.**
6. **Ez dut uste bihar amari deituko diogunik.**
7. **Ez dut uste pozoi asko daukagunik.**
8. **Ez dut uste erraldoiek oinetako txikiak zeuzkatenik.**

ACTIVITY 10.18 ■ COMPREHENSION / TRANSLATION

1. I do not think that Xurga is a dangerous vampire.
2. I do not think that werewolves have dull teeth.
3. I do not think that you placed enchanted books on the shelves.
4. I do not think that you will remember (about) this problem.
5. I do not think that the waiter was a murderer.
6. I do not think that we will call Mother tomorrow.
7. I do not think that we have a lot of poison.
8. I do not think that the giants had little shoes.

ENGLISH EQUIVALENT OF **GOGORATZEN ZER GERTATZEN ARI ZEN?** (REMEMBER WHAT WAS HAPPENING?)

G: That's why the policeman said my client is a murderer.

Z: Well, what do you want from me? I don't know anything about this.

G: Do you know where the waiter lives? Do you know his name?

Z: Of course I know. He works in my tavern. His name is Uharte. Merlin Uharte. He lives on Bidasoa Street. But here he comes right now. He has to work this afternoon. (gesturing at Uharte) Hey, Merlin! Come here, please!

MERLIN: Hi, Ms. Zubiri. What's wrong?

Z: This man is a lawyer. His client is a witch. Do you remember giving wine to two witches?

M: A lot of people come here to drink wine. The witches are women, right? There are a lot of women in the tavern every day. I don't remember.
G: But these women were witches. They weren't normal women. They were dressed in black, and their skin was all green. Furthermore, they have very big noses, and they had very tall hats on their heads. It doesn't seem that you would forget something like that!
M: Ohhhhh! Now I remember. Yes, yes, they were here. Excuse me, she was here. One woman. One witch. Not two. (nervously)
G: (suspecting something) I don't think that you are telling the truth! You are very nervous. Perhaps we should talk with the police!
M: (frightened) No, no! Not with the police! Fine, you're right. I haven't told you the truth. I told you a lie. I put poison in one glass.
Z ETA G: (screaming) Why!!!???
M: Your client is a very good witch, but her friend was my enemy. When I saw them here, I thought that was my opportunity to make my enemy disappear.
G: Then you're the murderer! I believed my client was innocent and now I know that she's innocent!
M: Excuse me, sir, but I am not a murderer. I told you that I made my enemy disappear. The witch who has disappeared is not dead. She's invisible!
G: If she isn't dead, why doesn't she say anything? My client called out to the other witch, but the witch who disappeared did not answer her.
M: I know why.
Z ETA G: You know?! Tell us!
M: My enemy didn't say anything because she wanted to create problems for me. And now I have problems. (shouting into the air) Are you right here?!! I'm caught!! Say something!!!
A BODILESS VOICE: (laughing) Ha, ha, ha! I've won again!!!

ACTIVITY 10.20 ■ PRACTICE WITH JAKIN

1. **Ez nekien zergatik zauden zu hemen.**
   I did not know why you are here.
2. **Bazenekien non bizi den kamareroa?**
   Did you know where the waiter lives?

3. **Sorginek desagertzen zekiten.**
   The witches knew how to disappear.
4. **Guk ez genekien zer gertatu zen tabernan.**
   We did not know what happened in the tavern.
5. **Bazekiten haiek nolako bezeroak datozen tabernara?**
   Did they know how the clients come to the bar?
6. **Zuek ez zenekiten nortzuk diren Maiteren lagunak.**
   You (pl.) did not know who Maite's friends are.
7. **Bezeroen izenak nekizkien!**
   I knew the clients' names!
8. **Baina guk ez genekizkien haien helbideak.**
   But we did not know their addresses.

Glossary

A!	Oh!
abagune	opportunity
abendu	December
abenduan	in December
aberats	rich
abere	animal
abeslari	singer
abestu	sang, sung, to sing
abokatu	lawyer
abuztu	August
abuztuan	in August
adar	horn, antler
adibide	example
adibidez	for example
adierazi	explained, to explain
adimentsu	intelligent, smart (adj.)
adina	as many as
aditz	verb
adjektibo	adjective
ados	agreement
Ados zaude?	Are you in agreement? Do you agree?
aerobic egin (du)	to do aerobics
afaldu (du)	ate supper, to eat supper
afari	supper
afeitatzeko makina	razor [from Spanish *afeitar,* to shave]
agertu	appeared, to appear
agiri	document

agiriak	documents
-ago	added to adjectives or adverbs to form the comparative, more
agurtu	greeted, said good-bye, to greet, to say hi, to say good-bye
ahal	can
ahal izan	could, was able, to be able
aharrausi	yawn
aharrausi egin	yawned, to yawn
ahate	duck
ahate plastiko	rubber duck
ahaztu	forgot, forgotten, to forget
ahizpa	sister [speaker is a woman; woman's sister]
aho	mouth
ahots	voice
ahots korda	vocal cord
ahul	weak (adj.)
Ai ene!	My goodness!
aire	air
aireportu	airport
aireratu	took off, taken, off, to take off, to get in the air (a plane)
aizto	knife
Aizu!	Hey!
akelarre	witches' coven, gathering of witches
aktore	actor
al	question marker, not translated
ala	or
alai	happy
alarmak jo	sounded the alarm, to sound the alarm
albistegi	newscast
aldatu	changed, to change
aldizkari	magazine, periodical

alemanieraz	German
alfer	lazy (adj.)
alkandora	shirt
alokairu	rent
alokatu	rented, to rent
alokatutako hegaldi	chartered flight
altu	tall (adj.)
altzari	furnishing, piece of furniture
altzariak	furnishings, furniture
ama	mother
amaiera	the ending, sign-off (television)
Amara	a neighborhood in Donosti
amarekin	with Mother, with [his, her] mother
amatxi	grandmother
amets	dream
ametsei buruz	about dreams
amona	grandmother
amorru	rabies
amuma	grandmother
anaia	brother [speaker is a man; man's brother]
anbulatorio	medical clinic
animatuta	excited
antolatu	prepared, organized, to make ready, to get ready, to prepare, to organize
antropologia	anthropology
antzerki	play (theater)
antzina	long ago, in ancient times
apaindu	decorated, fixed one's hair, to decorate, to fix or dress (hair)
apaiz	priest
apal	humble; shelf
apalategi	shelving unit, shelf, bookcase
apiril	April

apirilean	in April
apuntatu	noted, jotted down, to note, to jot down
arau	rule
arazo	problem
arbel	blackboard
arbol	tree [from Spanish; see **zuhaitz**]
ardi	sheep
ardo	wine
ardotegi	wine store
are . . . ago	even . . . -er, even more so
argal	thin (adj.)
argazki	photograph
argazkidenda	photography shop
argazki makina	camera
argi	light
argitsu	full of light, well lit
-ari dagokionez	as far as . . . is concerned
arin-arin	very quickly
arkatz	pencil
arlo	subject
armairu	closet, armoire, cabinet
armiarma	spider
arrain	fish
arraindegi	fish market
Arraioa!	Darn!
arrakasta	success
arrano	eagle
arrantzale	fisherman
arraro	rare, unusual, strange
arratsalde	afternoon
arratsaldean	in the afternoon
arratsaldeko	P.M. (until about 8 P.M.)
Arratsalde on!	Good afternoon!

arrautza	egg
arrazoi	right, reason
arrazoia daukazu	you're right (you have reason)
arreba	sister [speaker is a man, man's sister]
arriskutsu	dangerous
arropa	clothes, clothing, laundry
arrosa argia	light pink
artikulu	article
askatu	freed, let go, set free, to free, to let go, to set free
asko	a lot, many
askotan	often
askoz ere	much, very much [used in comparisons]
asmakizun	invention
asmatu	invented, pretended, guessed, to invent, to pretend, to guess
asmo	intention
asmoa daukat	I have the intention, I intend
aspergarri	boring (adj.)
aspirina	aspirin
aspirinarik	any aspirin
astearte	Tuesday
asteazken	Wednesday
astegun	weekday
astelehen	Monday
astero	every week
asti	time
astronauta	astronaut
ate	door
atera (da)	went out, to go out
atera (du)	took, to take (a photo)
aterki	umbrella
atrakaleku	dock, pier
atrakatu	to dock, to come alongside a dock

atsegin	pleasant
atxilotu	arrested, to arrest
atxilotuta egon	to be under arrest
Atxilotuta nago.	I am under arrest.
atzapar	claw
atzaparkatu	clawed, to claw, to rip with claws
atzean	behind
atzeratu	backward, mentally slow; backed up, to back up
atzerritar	foreigner
atzo	yesterday
aukeratu	chose, chosen, selected, to choose, to select
aulki	chair
Aupa!	Hi!
aurkezpena	the sign-on (television), the presentation
aurkitu	found, to find
aurpegi	face
aurrean	in front of, before, facing
aurreratu	advanced, moved forward, to advance, to move forward
ausartu	dared, to dare
Auskalo!	Who knows?!
Australiako	from Australia
autobus	bus
autobusez	by bus
auzo	neighborhood
Axola dizu erretzen badut?	Do you mind if I smoke?
azafata	flight attendant
azal	skin
azaro	November
azaroan	in November
azeri	fox
azkar	quickly, fast; bright, smart

azkar-azkar very quickly, very fast
azkenean at last
azken urteetan in the last few years
azoka open-air market
azpian beneath, under
azterketa exam, test
azukre sugar

badaezpada ere just in case
badago there is [emphatic form]
badaude there are [emphatic form]
Bagoaz! We're going!
bai yes
bai, horixe that's exactly right, that's it
baietz esateko in order to say yes, saying yes
baina but
bainatu bathed, to bathe
baino than
baino lehen before
bainugela bathroom
bainuko toailak bath towels
bainuontzi bathtub
baizik but rather
bakarrik alone (use with **egon**)
bakarti lonely
bakoitz each
bakoitzean in each
balet-dantzari ballet dancer
balkoi balcony
bana one each, one for each
banpiro vampire
banpiroaren the vampire's (poss.)
banpiroen bila joan to go in search of vampires

barazki	vegetable
baretasun	calmness, tranquillity
baretsu	calm, sedate
baretu	calmed down, to calm down, to quiet down, to be still
barik	without, instead of
barkatu	forgive [me], pardon [me], excuse [me]; forgave, forgiven, to forgive
barre egin	laughed, to laugh
barregarri	funny
barrez	laughing, laughingly
barru	within
barruan	inside
bart	last night
baserri	farm, farmhouse
baso	drinking glass
bat	one
bat-batean	suddenly, all of a sudden
batekin	with one
batere ez	not at all
batzuetan	sometimes
batzuk	some
bazara	if you are
bazkaldu	lunched, had lunch, to have lunch
bazter	corner
bederatzietan	at nine o'clock
bederen	at least
begi	eye
begira	look
begiratu	looked at, examined, to look at, to examine [used with **dio** forms, **nor-nori-nork**]
behar	need
beharbada	maybe, perhaps

behar izan	needed, to need, must, to have to
behi	cow
behin	once
beisbol	baseball
bekoki	forehead
belarri	ear
belarritakoak	earrings
beldur	afraid
beldurgarri	scary, frightening
beldurrezko	scary, frightening; horror (movies)
beltz	black; often used as a pet's name (Blackie)
beltzaran	brunet, brunette
benetako	real
benetakotasun	reality
beno	well, okay, fine
bera	he/she/it
berandu	late
berarentzat	for him, for her
berari	for him/for her, to him/to her
berde	green (see **orlegi**)
berdin	same, it's all the same; equals [in arithmetic problems]
Berdin zait.	It's all the same to me.
bere	his
berezi	special
bereziki	especially
bero	warm
bero-bero	very warm
bero egin	it was warm, to be warm (to make warm) (talking about the weather)
bero egon	to be warm, to feel warm [a person]
berogailu	heater
bero nago	I'm warm (I don't feel cold)

berri	new
berriena	the newest one
berriro	again
bertan	right there [often appears without **hantxe**]
bertara	right there ("go in there"; directional, from **bertan**)
besaulki	armchair
beso	arm
beste	another, other, as many as
besteak	the others
beste bat	another one
beste batzuk	some others
beste edozer	anything else
beste edozertaz	about something else (instrumental case)
bestela	otherwise
beste pertsona batzuk	some other people
besterik ez	nothing more, that's all
beteta (-[e]z beteta)	full (adv.) [plus instrumental -**{e}z** attached to noun]
beti	always
bezain	as . . . as . . .
bezainbat	as many as
bezala	as, like (conj.)
bezero	client
biak	both [lit.: the two]
bibotedun	mustached, having a mustache
bidaia	trip, voyage
bidaia egin	took a trip, traveled, to take a trip, to travel
bidali	sent, to send
bidaltzen	sending
bide	path
bideo	videotape
bideo-zinta	videotape
bider	times (multiplication)
bidezko	just, equitable, rightful, right

bigarren	second
bigun	soft
bigundu	softened, to soften, to get soft
bigunegi	too soft
bihar	tomorrow
bihotz	heart
bihotza	sweetheart [as a term of endearment]
bihozgogor	hard-hearted, cruel, mean
bihurtu	turned into, to turn into (something)
bila	in search (of)
bilatu	looked for, to look for
bilera	meeting
bilete	ticket
biluzi	bare, naked
biok (. . . eta biok)	we two, . . . and I
birao	blasphemy
biraoti	blasphemous
bitartean	meanwhile, in the meantime
bizi (da)	lives
bizi izan	lived, to live
bizikleta	bicycle
bizikletaz	by bicycle
bizimodu	lifestyle
bizirik	alive
bizkar	back
bizkor	energetic
biztanle	citizen
blasfemia	blasphemy
blusa	blouse
bokadilo	sandwich
bolaluma	ballpoint pen
bortxagarri	violent
bortxakeria	violence

bortxakeriari buruz	about violence [**bortxakeri** + **ari buruz**]
bostetan	at five o'clock
bost minutu edo	about five minutes
bota	threw, thrown, to throw; **bota** bag, a form of leather canteen
botere	power
boteretsu	powerful
botika	medicine
botikin	medicine chest
botila	bottle
botoi	button
botoitu	buttoned, to button (up)
brasildar	Brazilian
Brasileko	from Brazil
Britainia Handia	Great Britain
bueltatu (da)	returned, to return
bukatu	finished, to finish
bular	chest
bulego	office
bulegoan	in the office
bulegoko	office (adj.)
bulegoko mahaian	on the office desk
burdindegi	hardware store
buru	head
burugogor	stubborn, hard-headed [lit.: hard head]
buruko	pillow
burukomin	headache
burusoil	bald (adj.)
buzoi	letter box, mailbox

da	is
dago	he is/she is/it is
dantzatoki	dance hall

dastatu	to taste
datuak	details, data, description (of a person)
daukala uste dut	I think [that] she has
daukat	I have
dauzka	she has [more than one thing]
deitu	called, to call
deitzen	call(s)
delako	because he is [**da** + **lako**]
delitu	crime
dena	everything
denak	all
denbora	time
denbora-makina	time machine
denda	store, shop
denok	we all, everyone
dentista	dentist
deprimituta (dago)	depressed
desagertarazi	caused to disappear, to cause to disappear
desagertu	disappeared, to disappear
desberdin	different
desberdintasun	difference
desfalku	embezzlement
deskribapen	description
deskribatu	described, to describe
detektibe	detective
deuseztatu	destroyed, to destroy, destroy it!
diagrama	diagram
dibortziatu	divorced, to divorce, to get a divorce
dibortziatuta dago	he's/she's divorced
dira	(they) are
diru	money
dirua trukatu	to make change, to exchange currency
dirudi	seems, it seems (synthetic form of **iruditu**)

dirurik	any money, no money
diska	record (also **disko**)
diska konpaktu	compact disk
disko	record or disk of music
disko salduenen zerrenda	the charts (of best-selling music)
dokumental	documentary
dolar	dollar
donostiar	native of Donosti
dotore	elegant, smart-looking
droga	drug
drogasaltzaile	drug dealer, seller of drugs
dudarik gabe	without a doubt, undoubtedly
dutxatu	showered, to shower
edalontzi	drinking glass
edan	drank, drunk, to drink
edari	beverage, drink
Ederki!	Very well (done)! Great! Excellent!
edo	or, about
edonon	everywhere, anywhere
edozein	any, anyone, anybody
edozer	anything
Edurne	a woman's name
egarri	thirsty [used without a marker, with **izan**]
-egi	added to adjectives or adverbs to express excessivity, too much
egia	truth
egia esan	told the truth, to tell the truth
egin	made, did, done, to make, to do
egitarau	television schedule, syllabus
egoera	situation, status
egoera zibil	marital status [lit.: civil status]

egongela	living room
Eguberri	Christmas (day)
eguerdi	noon
egun	day
egunero	every day
eguneroko	daily, every day
egunkari	newspaper, daily
Egun on!	Good day! Good morning!
eguraldi	weather
eguraldiaren berri	the weather report
eguzki	sun
eguzkia egin	to shine (the sun), to be sunny
eguzkia hartu	to sunbathe [lit.: to take the sun]
eguzkitako krema	suntan lotion
ekain	June
ekainean	in June
ekarri	brought, to bring
ekialde	east
ekialdean	in the east, on the east
ekonomiko	economic
ekonomista	economist
eleberri	novel
elefante	elephant
eliza	church
elkar	each other
elkarrekin	with each other, together
elkarrizketa	interview, conversation
elkarte	association
elkartu	got together, to get together
elur	snow
elur-bola	snowball
elurretako erraketak	snowshoes
elurrezko	made of snow

emagaldu	prostitute [lit.: lost woman]
emaile	donor, giver
emakume	woman
eman	gave, given, to give
emazte	wife
emazte ohi	ex-wife
eme	female
engainatu	deceived, tricked, to deceive, to trick
enparantza	square, town square
enplegatu	employee
enplegu	employment
enpresari	businessman
entsalada	salad
entzun	listen, listened, to listen
Epa!	Hey!
erabili	used, employed, to use, to employ
eragin	influence
erakusketa	exhibit
erakutsi	showed, to show
eraman	took, carried, to take (somewhere), to carry
erantzun	answered, to answer; answer (n.)
eraztun	ring (n.)
erbesteko	foreign
erdi	half; town center, downtown
erdialde	center, downtown
ere	also
ere bai	also, as well
ere ez	either, not . . . either
erizain	nurse
erloju	watch, clock
erosi	bought, purchased, to buy, to purchase
erosketa	shopping, purchase (n.)
eroso	comfortable

erraldoi	giant (n.)
erratz	broom
errauts	ash [lit.: burn dust]
erraza	easy
erre	smoked, to smoke (a cigarette); burned, to burn
errebelatu	developed, to develop (film)
errebista	magazine
erregela	ruler (for taking measurements)
erreportaje	report in a newspaper
erromantiko	romantic
erromantizismo	romanticism
erru	guilt
errudun	guilty
errugabe	innocent
Errusiako	from Russia
errusiar	Russian
errusieraz	in the Russian language
esaidazu	tell me
esaldi	phrase
esan	said, told, to say, to tell, say it, speak up
esan iezaiguzu	tell us (command)
eseki	hanged, hung, to hang, to hang up, to hang out
esekitzen	hanging (v.)
eseri	sat, seated, to sit, to sit down
eserita	seated, sitting down
eskailera	staircase
eskaini	offered, to offer, offer it!
eskema	diagram
eskola	school
Eskozia	Scotland
Eskoziako whiski	Scotch whisky
esku	hand
eskubaloi	handball

eskubide	right
eskuinalde	the right side
eskuinetara	to the right
eskumutur	wrist
eskumuturreko	bracelet
Esnatu!	Wake up!
esnatuta	awake
Esnatuta zaude?	Are you awake?
esne	milk
Esne-bide	Milky Way
esnesaltzaile	milkman (or woman), a person who sells milk
Espainia	Spain
Espainiako	from Spain
esperimentu	experiment
estalita	covered, overcast, cloudy (sky)
estalki	lid, cover
estanko	a store, often very small, where tobacco and stamps are sold
Estatu Batuak	United States
estolda	sewer
estolda-sare	sewer system
estropadak	rowing, regatta
eta	and
eta abar	et cetera, and so on
eta gero	after
etsai	enemy
etxe	house
etxean	in the house, at home
etxekoandre	housewife
etxekolan	homework, housework
etxera	home, to [my] house
etzan	to lie down
etzanda	lying down

euli	fly (insect)
euri	rain
euria egin	rained, to rain
euritako	umbrella
euro	Euro (money)
Euskadi	Euskadi
Euskadiko	(person) from Euskadi
euskaldun	Basque person [lit.: possessor of Euskara]
euskara	Basque language
ez	no, not [when negating a verb]
ezabatu	erased, to erase
ezagun	well known
ezagutu	knew, met, to know, to be acquainted with, to meet
ez ahaztu	don't forget
ezaugarri	characteristic
ez badira	if they are not
ez da?	isn't it?
Ez da egia.	It isn't true [it isn't the truth].
ez da gelditzen	there isn't any left, we've run out
Ez dakit.	I don't know.
Ez daukat astirik.	I don't have time.
ezer ez, ez . . . ezer	anything, nothing
ez esan	don't say it, don't tell; you don't say
ezetz esateko	saying no, in order to say no
ezezagun	stranger
ezin	cannot, can't, to be unable
ezin izan	couldn't, to be unable
ez inori	to no one
ezkerralde	the left side
ezkerretara	to the left
ezkondu	to get married, to marry
ezkonduta	married
ezkongaia naiz	I'm single [lit.: I'm material for marriage]

ezkutatu	hid, hidden, to hide
ez naiz	I am not
ezpain	lip
ezpainetako	for the lips
ezpainetako lapitz	lipstick (pencil for the lips)
ez ukitu	don't touch
fabrika	factory
falta da	is missing, isn't here
famatu	famous
familia	family
farmazia	pharmacy
ferry	ferry [big enough to carry cars]
fidatu	trusted; to trust, to have confidence
fikzio	fiction
fikziozko	fictional
film	film, movie
filosofo	philosopher
fin	fine
footing egin (du)	go jogging, to jog
frantsesez	French language
Frantzia	France
Frantziako	from France
fresko	cool
frogatu	to test, to try
frontoi	fronton, handball court
fruta	fruit
funtzionario	official, functionary, civil servant
funtzionatu	worked, functioned, to work, function
futbol	soccer
futbol amerikar	American football
futbolari	soccer player, football player

gabe	without
gaileta	cookie [from Spanish *galleta*]
gailu	machine
gainean	on top of
gainera	furthermore, in addition
gaitz	sickness, illness
gaixo	poor thing
gaixorik	sick
gaizki	bad, badly (adv.)
gaizto	bad guy
galaxia	galaxy
galdera	question
galdetu	asked, questioned, to ask a question, to question
galdu (du)	lost, to lose
galduta	lost
gamelu	camel
ganibet	razor, clasp knife
gara	we are
garagardo	beer
garai hartan	at that time, in those days
garbi	clean (adj.)
garbitu (du)	cleaned, to clean
garbizapi	cleaning rag
garesti	expensive
garrantzitsu	important
garrasi egin	to scream, to shout
garrasika	scream
garratz	bitter
-garren	suffix denoting an ordinal number
gasolina	gasoline
gasolindegi	gas station, petrol station
gatz	salt

gau	night
gauean	at night
gaueko	P.M. (until midnight)
gauerdi	midnight
gauetan	in the evenings
gaur	today
gaur egun	today
gaur eguneko	of today, modern
gaur goizean	this morning
gaurko	today's, of today
gauza	thing
gauza bera	same thing
gazta	cheese
gazte	young
gaztelera	Spanish
gaztelu	castle
gaztetan	in one's youth
gehi	plus (in addition)
gehiago	more
gehiegi	too much, too many
gela	room
gela guztietara	to all the rooms
gelditu	stopped, arranged to meet, remained, to stop, to arrange to meet, to remain
geldituko gara	we'll arrange to meet
gelditzen zait	I've still got . . . , I have [something] left [lit.: remains to me]
geltoki	station [trains, buses]
geografia	geography
geratu (da)	remained, stayed, to remain, to stay
gerente	manager
gerla	war
gerlazko filmeak	war movies

gero	later
gerra	war [from Spanish *guerra*]
gerrazko filmeak	war movies
gertatu	happened, to happen
gezur	lie, falsehood
gida	guide
gidatu (du)	drove, driven, to drive
giltz(a)	key
gitarra	guitar
gitarra-uhal	guitar strap
giza eskubideak	human rights
gizajale	man-eating (animal), cannibal
gizaki	human, human being
gizakume	person, man, male, baby boy
gizalege	courtesy, manners [lit.: social law]
gizarte	society
gizarte kapitalista	capitalist society
gizarte-laguntza	social work
gizatsu	courteous, polite
gizon	man
globo	balloon
goaz	we go, we're going
Goazen!	Let's go! [command form of the verb **joan,** to go]
Goazen hemendik!	Let's get out of here!
gogo	desire
gogoa daukat	I have a desire
gogoko	favorite
gogokoen	most favorite
gogor	hard
Gogoratzen?	Remember?
gogortu	hardened, to get hard, to harden
goibel	depressed, sad
goiz	early (adv.); morning (n.)

goizean	in the morning
goizeko	A.M., in the morning
goizero	every morning
gona	skirt
gonbidapen	invitation
gonbidatu	invited, to invite
gonbidatuentzat soilik	by invitation only (only for invited people)
gor	deaf
gorde	to keep
gorputz	body
gorputzeko	physical
gorputzik gabeko	bodiless, disembodied
gorri	red
gorritu	blushed, to redden, to turn red, to blush
gorrotatu	hated, to hate
gorroto	hatred
gosaldu (du)	breakfasted, (had) breakfast, to have breakfast
gosari	breakfast
gose	hungry [used without a marker, with **izan**]
Gosea daukat.	I'm hungry. [lit.: I have hunger]
Goseak nago.	I'm hungry.
Gose naiz.	I'm hungry.
goxo	delicious, sweet
gozotegi	candy store, sweets shop
grafiko	graph
gramatikalki	grammatically
Greziako	from Greece
greziar	Greek
gripe	influenza, flu
gris	gray
Gros	a neighborhood in Donosti
Groseko hotelean	in a hotel in Gros [lit.: of **Gros**]
gu	we

gurasoak	parents
gure etxeetako ura	the water from our houses
guretzat	for us
guri	for us, to us
gurutze	cross
gustatu	pleased, to please
gustatzen	pleases, pleasing
gustora	with pleasure, gladly
gutun	letter, missive
gutunazal	envelope (letter skin)
gutunontzi	mailbox
gutxi	few, a little bit
gutxiago	less, fewer
gutxienez	at least [with numbers or amounts]
gutxi gorabehera	more or less
gutxitan	seldom
guztiak	all
guztiz	completely
haiei	for them, to them
haiek	they
haien	their (poss.)
haientzat	for them
haietan	in those over there, on those over there
hain	so (**ez da hain merkea** = it's not so cheap)
haina	as many as
hainbat	as many as
hainbeste	so much, so many
haitzulo	cave (also **kobazulo**)
haize	breeze, wind
hala ere	however
hala eta guztiz ere	however
hala hola	sort of

hamaiketako	eleven o'clock snack
han	there, over there [farther away than **hor**]
handi	big (adj.)
handik	from there
hangoak	the people from there, the ones from there
hanka	leg
hantxe bertan	right there
haragi	meat
haragitegi	meat market
haran	valley
harategi	butcher shop, meat shop
harrapatu	caught, to catch
harrapatuta nago	I'm caught
harri	stone
harrituta	surprised
hartan	on that (over there), in that/over there
hartara	to that (over there)
hartatik	from that (over there)
hartu (du)	took, taken, to take
hartz	bear
haserre	angry
hasi	began, begun, to begin
hasieran	at first, in the beginning
hasperen	sigh
hasten	begin(s)
hau	this
hauek	these
hauekin	with these
hauetan	in these, on these
haur	child
haurtzaro	childhood
hauts	dust, ash
hega	wing [in compound words]

hegaldi	flight (on a plane)
hegaz	flying (by wing)
hegaz egin	flew, flown, to fly
hegazkin	plane, airplane
hegazkinez	by plane
hego	wing (of an animal); southern [used in compound words]
hegoalde	south
hegoaldean	in the south, on the south
Hego Amerika	South America
helatu	ice cream [from Spanish *helado*]
heldu	arrived, to arrive
hemen	here
hemendik	from here
hemengoak	people from here, the ones from here
hemeretzigarren	nineteenth
hemezortzigarren	eighteenth
herensuge	dragon
heriotza	death
herri	country, town, village
herri kirolak	national sports
herri musika	folk music
hezur	bone
hil	died, murdered, killed, to die, to murder
hilabete	month
hilabetero	every month
hilik	dead (adv.)
hilkutxa	coffin
hilkutxan	in a coffin
hilkutxara sartu (da)	to get into the coffin
hiltzaile	killer, murderer
hiltzea	killing
hipopotamo	hippopotamus

hiribide	avenue
hirugarren	third
hiruretan	at three o'clock
hitz	word
hitzaldi	lecture
hitz egin	talked, to talk
hitz eta esaldi sorginduak	enchanted words and phrases
hitzik gabe	without words
hizkuntz	language
hiztegi	dictionary, vocabulary list
hobe	better
hobeki	better
hoben	guilt
hobendun	guilty
hoberen	best
hobeto	better
hona	here (to here, indicates movement toward here)
honako hau	as follows [lit.: this of this]
hondartza	beach
hondartzari buruz	about the beach
honetan	on this, in this
honetatik	from this
hor	there [away from the speaker]
hori	that; yellow
Hori!	That's right!
horiek	those
horietan	in those, on those
horixe bera	just that
horma	wall
hormako apalean	wall shelf
horregatik	for that reason
horrela	in that way, therefore, thus

horrelako	like that
horrelako gauzak	things like that
horretan	on that, in that
horretara	to that
hortz	tooth
hortzetako zepilo	toothbrush
hortz klinika	dental clinic
hortzore	toothpaste
hotel	hotel
hotz	cold
hunkigarri	moving, touching [emotionally]
hura	that over there [farther away than **hori**]
hurrengo	next
ia	almost
ia-ia	almost
ibai	river
ibai ondoko bidea	the path beside the river
ibaira	to the river
ibilbide	course, path
ibilbidea marraztu	to chart a course (nautical)
ibili	walked, to walk
ibiltzen hasi da	he/she started walking
idatzi	wrote, written, to write
idatzita	written
idazle	writer
idazpaper	notepaper
idazteko paper	writing paper [**papera,** no double **-r**]
ideia	idea
idi-probak	weight-pulling contests involving oxen
Idoia	a woman's name
iezaiguzu	synthetic command form of **ukan** (**diguzu**)
igande	Sunday

igandean	on Sunday
igel	frog
igeri egin	swam, swum, to swim
igeriketa	swimming
igerileku	swimming pool
igogailu	elevator, lift
igon	climbed, went up, to climb, to ascend, to go up
igual	perhaps
ihes egin	to escape
ikaragarri	frightening, terrifying
ikaraturik	panic-stricken
ikasgai	lesson
ikasgela	classroom
ikasi	studied, to study
ikasketa	studies
ikaskide	classmate
ikasle	student
ikerketa	investigation
ikusezin	invisible
ikusgura	curious, eager to see
ikusi	saw, seen, looked at, to see, to look at
ilargi	moon
ile	hair
ileapaintzaile	hairdresser
ilegorri	redhead
ilehori	blond, blonde
iletsu	hairy
ilun	dark
ilunalde	sunset, nightfall, dusk
ilunaldean	at sunset
ilundu	it got dark, to darken, to get dark
ilun-ilun	very dark
ilustrazio	illustration

indartsu	strong (adj.)
infartu bat	a heart attack
Infartu bat izango du.	He'll have a heart attack.
ingelesez	English
inoiz	ever
inoiz ez	never
inon ez	nowhere, not anywhere
inor	someone
inor ez	no one
inora ez	nowhere, not (to) anywhere
inorekin ez	with no one, not with anyone
inori	to someone
inprimagailu	printer
interesgarri	interesting
internet	Internet
Ipar Amerika	North America
iparralde	north
iparraldean	in the north, on the north
ipuin	story
ipurdi	bottom, buttocks
irabazi	earned, won, to earn, to win
irabiatu	shaken, beaten, mixed, stirred, to shake, to beat (eggs), to mix, to stir
irail	September
irailean	in September
irakasle	teacher
irakurri (du)	read, to read
iratxo	goblin, elf
ireki	opened, to open
irekita	open
irekita dago	it's open
iritsi (da)	arrived, to arrive
iritzi	opinion [don't confuse with **iritsi,** to arrive]

irrati	radio
irribarrez	smiling
irristaketa	skating
irten	left, to leave
irudi	picture, image, painting
iruditu	seemed [**nor-nori,** works like **gustatu**], to seem
iruditzen zait	it seems to me
isildu	to be quiet, to fall silent
isilik	be quiet, shut up
isil-isilik	very quietly
ispilu	mirror
italieraz	Italian
itsaso	sea
itsasontzi	ship
itsusi	ugly (adj.)
Itxaso	a girl's name, from **itsaso** (sea)
itxaso	sea (also, **itsaso**)
itxi	closed, to close
itxita	closed (adv.)
itxita dago	it's closed
itxoin	waited, to wait, wait!
itzali (du)	turned off, to turn off
itzuli	translated, to translate
itzultzaile	translator
izaki	being
izan	was, to be
izar	star
izeba	aunt
izen	name
izenlagun	adjective
izerdi	sweat
izerditsu	sweaty
izerditu	sweated, to sweat

izerdi-usaindun	sweaty-smelling, smelling of sweat
izotz	ice
izozkailu	refrigerator, freezer
izozki	ice cream
izozkitegi	ice cream parlor
izugarri	frightening; (colloquially) very much, a lot

jaiak	festivals, fiestas, parties
jaialdi	festival
jaiki	got up, stood up, to get up, to stand up
Jainkoa	God
jaio	born, to be born
jaio nintzen	I was born
jaiotzeko momentuan	at the moment of birth
jakina	of course
jakinarazi	reported, made known, to report, to make known
jakingura	curious, eager to know
jakintsu	knowledgeable, full of knowledge
jan (du)	ate, eaten, to eat
janari	food
janari marka	food brand name
jangela	dining room
jangelako mahai	a dining room table
jantzi (da)	dressed, got dressed, to get dressed
jarraitu	continued, followed, to continue, to follow
jarri	put, placed, to put, to place
jarri mahaia	to set the table
jaso	received, lifted, to receive, to lift
jatetxe	restaurant
jator	fine, decent, upstanding, nice (people)
Jaungoikoa	God
jazz	jazz
je, je	hee-hee

jende people [always sing. in Basque]
jendez beteta full of people
jenio genius
jertse sweater
jirafa giraffe
jo hit, played, to hit, to play (a musical instrument)
joan went, gone, to go
joan zen astean last week
joateko gogoa daukat I have a desire to go, I want to go
jokaera conjugation
jokatu conjugated, to conjugate (v.)
joko game
jolastu played, to play
Jon John [the *J* in Jon is pronounced like a *Y*]
Jose Jose, a man's name [in Basque, no diacritical is used]
Joseren Jose's
josi (josten) sewed, sewn, to sew
jo ta ke ardently, fervently, with gusto [lit.: hit and smoke]
juxtu-juxtuan on the dot, exactly (on time)

kabiar caviar
kable cable
kafe coffee
kafea hartu to have coffee, to drink coffee
kafesne café au lait; half coffee, half milk
kaiola cage
kaixo hi, hello
kaka shit
Kaka zaharra! Crap! Damn it!
kale street
kalefazio heating [from Spanish *calefacción*]
kalera outside, to the street
kalkulu calculus (math)

kamarero	waiter
kamioi	truck
kamomila	chamomile (tea)
kamustu	dulled, blunted, to dull (an edge), to blunt (a point)
kamuts	blunt, dull (point, knife)
kanal	channel
kanpaina	campaign
kanpo	outside
kanpoan	outside
kanpora	outside, to the outdoors
kanposantu	cemetery [lit.: holy ground]
kanpotar	outsider, stranger, foreigner
kantaldi	concert
karrete	roll of film
kartak	playing cards
kartazal	envelope
kartoi	box, cardboard box
kartzela	jail, prison
kasete	cassette tape
kasu	case
kasu horretan	in that case
katarro	cold (illness)
katilu	cup
katilu bat te	cup of tea
katilu handi	bowl
katu	cat
kazeta	newspaper, daily news
kazetari	journalist
ke	smoke
keinu	gesture, wave
ken	minus [in subtraction]
kendu	took, taken, removed, subtracted, to take (off, from), to remove, to subtract

kimika	chemistry
kirol	sport
kirolari	athlete
kiroldegi	sports complex [lit.: sport place]
kiroldenda	sports store
kirol zapata	trainers, jogging shoes, sports shoes
Kitto!	That's that! That's all! Nothing else!
klarion	chalk
klase	class
klasiko	classic, classical
kleenex	tissues
klinika	clinic
koaderno	notebook
kobazulo	cave
kobazuloan	in a cave
koilara	spoon
kokaina	cocaine
kolonia	eau de cologne
kolore	color
komisaldegi	police station
komun	toilet, bathroom
komuneko paper	toilet paper
komunikabideak	mass media
konforme	agreed
konketa	bathroom sink, washbasin
konparatu	to compare
konparatuta	compared (**egon**)
konpresa	sanitary napkin
kontakizun	narrative
kontatu	counted, to count; reported, told (**kontatu nuen**), to report, to tell
kontrako	opposite, antonym
kontu	bill (for services)

konturatu	realized, noticed, to realize, to notice
kontutan eduki	to keep in mind
kontuz-kontuz	very carefully
kontzertu	concert
kopa	wineglass
kopa bat	a drink
kopeta	forehead
koro	chorus
korrika egin	run!, ran, run, to run
kosk egin	bit, bitten, to bite
kotxe	car
kreditu	credit
kredituz	on credit
krema	lotion
krisi	crisis
kristal	glass
kristalezko	made of glass
kronika	report in a newspaper
kulpa	guilt
kultura	culture
kultur etxea	the cultural center [lit.: culture house]
kupel	barrel
kutsatu	polluted, to pollute
kutxa	bank
kutxila	razor blade

labana	knife
laborategi	laboratory
laburmetrai	short (film)
laburpen	abbreviation
lagun	friend
lagundu	to help
lagundu (da)	to become friends

lagunengatik	because of friends
lagun min	dear friend
laguntza	help
lanbide	profession
lan egin (du)	to work
lanegun	workday
langile	worker
lanpara	lamp
lanpetuta	busy
lanpostu	job, position
lapitz	pencil
lapur	thief, robber, bank robber
lapurreta	holdup, robbery
lapurretan	in the act of stealing
lapurtu	stole, stolen, to steal
lar	too [used in front of adj. or adv.]
laranja	orange
laranjazko	orange, made of oranges
larri	upset
larunbat	Saturday
larunbatetan	on Saturdays
lasai	relaxed, calm, Relax!
laster	soon
lasterketak	races
lata	can (of preserved food)
latz	grave, serious; rough (surface or skin)
laugarren	fourth
Laurak eta laurden dira.	It's a quarter past four.
laurden	quarter
lauretan	at four o'clock
-la uste dut	I think that [*that* is often omitted in English]
Lau t'erdiak dira.	It's half past four.

lege	law
legegizon	lawyer
lehenago	earlier
lehendakari	president (of the Basque Country)
lehenengo	first
lehengusin	cousin (female)
lehengusu	cousin (male)
lehoi	lion
lehortu	dried (off), to dry off
leiho	window
leihotik	through the window
leize	cave
leku	location, place
leku askotara	to a lot of places (indefinite pl.)
lekuko	witness
lepo	neck
lepoko	collar (for a dog)
letagin	fang
letxuga	lettuce
leun	gentle (breeze), soft (clothes), smooth (surface), calm (sea)
leundu	smoothed out, to smooth (something), to smooth out
liburu	book
liburutegi	library
lirain	graceful
lisatu	ironed, pressed, to iron, to press (with an iron)
literatura	literature
lodi	thick, fat
logela	bedroom [lit.: sleeping room]
logura	sleepy
lohi	mud
lohitsu	muddy

Londres	London
Londreskoa	the person from London
lorategi	garden
lorazain	gardener
lore	flower
lorontzi	flowerpot
lotan	asleep, sleeping (adv.)
loteria	lottery ticket
lotsagabe	shameless, without shame
lotsati	shy, timid
lotsatu	to feel embarrassed
lotsatuta	embarrassed
lotu	tied, linked, joined, to tie, to link, to join
lozio	lotion
luma	feather
lur	floor, ground, earth
Lur	Earth
lur jota (dago)	depressed
lurpeko	underground
Lurra	the Earth
lurrean	on the floor
luze	long
luzemetrai	feature-length (film)
magia	magic
magiko	magical
mahai	table, desk
mahaian	on the desk
mahaizapi	tablecloth
maiatz	May
maiatzean	in May
maitagarri	fairy [lit.: lovable one]
maitasun	love

maitasunezko film	love story, romantic movie
Maite	Darling, a woman's name
maitemindu	fell in love, fallen in love, to fall in love
Maiteminduta nago.	I am in love. [adverbial form with **egon**]
Maitemindu naiz!	I've fallen in love!
makila	stick
makila batez	with a stick
makilaje	makeup
makilatu (du)	to put on makeup
makina	machine
makinaz idatzi	typed, to type
maleta	suitcase
mapa	map
margo	crayon, color
margotu (du)	colored, to color
marka	brand name
marko	picture frame
marmar	muttering (the sound)
marmar egin	to mutter
marmarka	muttering (way of speaking)
marmarka ari	to mutter
marrazki	drawing
marrazki bizidun	cartoon (animated)
marraztu (du)	drew, drawn, to draw
marroi	brown
martxo	March
martxoan	in March
matematika	mathematics, math
mediku	doctor
medizina	medication, medicine
mekanikari	mechanic
mende	century
mendebalde	west

mendebaldean	in the west
mendebaldeko film	western (movie)
mendi	mountain
mendiko	mountain (adj.), of the mountain
menpeko	subordinate
menpeko perpaus	subordinate clause
merienda	late-afternoon snack
merkatu	market
merke	cheap, inexpensive
mesedez	please
mila esker	thanks, a million thanks [lit.: a thousand thanks]
min	pain; dear, close (with **lagun,** friend)
mindu	hurt (one's feelings), to hurt (one's feelings)
minduta	hurt (feelings)
mingain	tongue
minutu	minute (unit of time)
misteriotsu	mysterious
mito	myth
mitologia	mythology
moko	beak
momentu	moment
more	purple
motxila	backpack, rucksack
motz	short
moztu	cut, shortened, to cut, to shorten
mugitu	moved, shaken, to move, to shake back and forth
mundu	world
murmurikatu	murmured, whispered, to murmur, to whisper
mus	a Basque card game that involves bluffing
museo	museum
musikadenda	music store
mutil	boy
mutur	muzzle, snout

nago	I am
nahastu	mixed up, confused, to mix, to mix together, to mix up, to be confused
nahastuta	confused, mixed up
nahi	want, wants
nahiago	preferred, preference, to prefer
nahi izan	wanted, to want
nahiko	rather, quite
nahikoa	enough [**nahiko** as an adj.]
naiz	am, I am, I'm
Naroa	a woman's name
nazioarteko	international
neba	brother [speaker is a woman; woman's brother]
negarrez	crying, weeping
nekatuta	tired
nerbiotsu	nervous
neska	girl
neuk	I [emphatic form]
ni	I
nigandik	from me
nintzen	past tense of **naiz**
nire	my
nire iritziz	in my opinion
nire ordez	instead of me
Nire txanda da.	It's my turn.
niretzat	for me
niri	to me, for me
noa	I'm going, I go
noalako	because I go
nobela	novel
noiz edo noiz	someday
Nola?	How?
Non?	Where?

Non bizi dira?	Where do they live?
Nondik?	From where?
Nongoak dira?	Where are they from?
Nongoa zara?	Where are you from?
Nor?	Who? [with **izan** and **egon** {to be}]
Nora?	Where? To where?
Norekin?	With whom?
Noren?	Whose?
norena	whose
Norengana?	To whom? To whose house?
Norengandik?	From whom?
norentzat	for whom
Nori buruz?	About whom?
normal	normal (adj.)
normalki	normally (adv.)
Nortzuk?	Who? (pl.)
noski	of course
nostalgia	nostalgia
odol	blood
odol-emaile	blood donor
odolez beteta	full of blood
odolxurgatzaile	bloodsucker
ogi	bread
ogitarteko	sandwich [lit.: between bread]
ohe	bed
ohea egin	to make the bed
ohean	in bed, in the bed
oheratu (da)	to go to bed
ohi	usually
ohitura	custom
ohiz kanpoko	unusually (outside of the usual)
oih	past, ex

oihan	forest
oihanera	to the forest
oihu egin	to shout
oihuka	shouting
oilo	chicken
oin	foot
oinetako	shoe
oinez	on foot
oker	evil, wrong, mistaken
okerrago	worse
okindegi	bakery, bread store (from **ogi,** bread)
Olatz	a woman's name
Olentzero	a Basque folk figure associated with Christmas
olio	oil
omen da	I hear that it is, they say that
on	good
onartu	to accept, to welcome
Ondarreta	a neighborhood in Donosti
ondo	well, fine
ondoan	next to, beside
ondoen	best
onen	best
ongi	well, fine
ontsa	well, fine
opari	gift
opera	opera
opor	vacation, holiday
oporretan	on vacation, on holiday
oporretan egon	to be on vacation
orain	now
orain dela urte asko	years ago, many years ago
oraintxe bertan	right now
ordaindu	paid, to pay (for)

ordenadore computer
ordez instead of, in place of (poss. + **ordez**)
ordezkari substitute, representative, delegate
ordezkatu replaced, substituted, represented, to replace, to substitute, to represent
ordu hour, time
orduan then, at that time
ordu berean at the same time
ordu-orduan right on time
ordutegi schedule
orlegi green (adj.)
orrazi comb
orraztu (du) to comb
orri bat a sheet of paper
osaba uncle
oso very; complete, whole
oso ondo very good [lit.: very well]
ospatu celebrated, to celebrate
ospetsu famous
ospitale hospital
ostatu hotel
ostegun Thursday
ostiral Friday
ostiraletan on Fridays
otsail February
otsailean in February
otso wolf
otsogizon werewolf

pairu patience
pairugabe impatient
pairu handiko gizona a very patient man [lit.: a man of great patience]
panpina doll

papera	paper, role (in a movie or play)
paperontzi	wastepaper basket
parke	park
partidu	game, match (sports)
pasagune	passage
pasaporte	passport
pasatu	passed, to pass
pasealeku	walkway, street
paseoa eman	took a walk, to take a walk
pasta	paste
pastelak	pastries
pastilak	pills
patata	potato
patatak	potato chips
pazientzia	patience
pelikula	film [from Spanish]
penizilina	penicillin
pentsamendu	thought
pentsatu	thought, to think
pentsio	lodging house [from Spanish *pensión*]
perpaus	clause, phrase
perretxiko	mushroom
pertsona	person
petrol	gasoline, petrol
petrolio	petroleum
pezeta	peseta [a former Spanish currency]
piano	piano
pilak	batteries
pilota	ball
pinguino	penguin
pintatu (du)	painted, to paint
pintza	clothespin
pistola	gun

pisu	flat, apartment, floor, story
pixa egin	peed, to pee
pixkanaka-pixkanaka	little by little
pixkat	a little bit
pixoihal	diaper, nappy
piztu (du)	turned on, to turn on (a light, etc.)
planeta	planet
planetan	on the planet
plastiko	plastic
plater	plate (to eat off of)
pobre	poor
poliki	slowly
poliki-poliki	very slowly
polikiroldegi	municipal sports center
polit	pretty, handsome (adj.)
politika	politics
politikari	politician
polizi film	police movie, detective movie
poltsa	bag, purse
porrot	failure
portu	port
posible	possible
posta elektroniko	e-mail
postal	postcard
postari	postman (or woman)
postetxe	post office
pote	glass of wine
pote bat hartu	to have a glass of wine
poteoa	bar-hopping
pottoka	mountain pony found in the Pyrenees
pottolo	chubby (adj.)
poxpoluak	matches
pozik	happy

pozoi	poison
prakak	pants, trousers
presaka	in a hurry
preserbatibo	condom
presidente	president
prest	ready
prestatu	fixed, prepared, to fix, to prepare, to make ready
primerako	excellent (adj.)
Primeran!	Excellent! Great! Terrific!
probatu	tested, tried, to test, to try
problema	problem
problematsu	troublesome, full of problems
produktu	product
programa	program
prostituzio	prostitution
psikiatra	psychiatrist
puru	cigar
puskatu	to break (into pieces)
-ri buruz	about
rock	rock and roll
sagar	apple
sagardo	hard cider, alcoholic cider
sagu	mouse
saguzahar	bat [the flying mammal]
saio	program [on radio or television]
saldu	sell
salerosketa	buying and selling, dealing
saltzaile	salesperson
sardexka	fork
sarkasmo	sarcasm
sarkasmoz beteta	full of sarcasm

sartu (da)	entered, got into, to enter, to get into
sartu (du)	put in, inserted, to put in, to insert
saski	basket
saskibaloi	basketball (the ball and the sport)
satelite	satellite
segitu	continued, to continue
segundu	second (unit of time)
seguraski	surely, certainly
seilu	postage stamp
seme	son
senar ohi	ex-husband
sendagai	medicine
sendagile	doctor (medical)
sendo	robust (adj.)
senitarte	family
sentibera	sensitive
sentitu	felt, to feel, to be sorry
sentsu	sense
serio	serious
setati	stubborn
setatiago	more stubborn
sexy	sexy
sinatu	sign [it]
sinesgabe	disbeliever, nonbeliever
sinesle	believer
sinesten	believe(s) [present participle from **sinetsi**]
sinetsi	believed, to believe
sinonimo	synonym
sobera	too [used in front of adj. or adv.]
sofa	sofa
soineko	dress
soldata	salary
sonanbulu	sleepwalker

sorgin	witch
sorgindu	enchanted [by witchcraft], to enchant
sortu	created, to create
su	fire
sudur	nose
sudurzulo	nostril [lit.: nose hole]
Suedia	Sweden
Suediako	from Sweden
suediar	Swede, Swedish person
suge	snake
suhiltzaile	fireman [lit.: fire + killer]
sukalde	kitchen
sumindurik	indignant, angry, exasperated
sumingarri	exasperating, infuriating (adj.)
suomiera	Finnish language
supermerkatu	supermarket
susmagarri	suspicious
susmatu	to suspect
sutegi	fireplace
tabako	tobacco
taberna	tavern, bar
taberna horretara	to that tavern
talde	group, band
tampax	Tampax™ [pronounced TAM-PASS]
tarteka	intermittently
taula	chart
taxista	taxi driver
te	tea
telebista	television
telefono gida	phone book
telenobela	soap opera
telesaio	television series

tenperatura	temperature
tentel	silly, foolish
t'erdiak	half past (the hour)
terraza	terrace
tigre	tiger
tipula	onion
tiritak	Band-Aids, plasters
titi	breast
toaila	towel
toki	place, location
tolestu	folded, to fold
tomate	tomato
topo egin	bumped into, to bump into
Tori!	Take it! (idiomatic)
tragedia	tragedy
trakets	clumsy, awkward
Transilbania	Transylvania
transmititu	transmitted, broadcast, to transmit, to broadcast
tren	train
tripa	stomach, belly
tripako min	a stomachache
triste	sad
tronpeta	trumpet
tronpeta jo	played the trumpet (**jo nuen**), to play the trumpet
trukatu	to exchange
truke-agentzia	a currency exchange agency
truke egin	exchanged, to make an exchange
turismo	tourism
txabola	hut, shack, outhouse
txakur	dog
txakurrentzat	for dogs [destinative case]
txanda	turn

txanpoi	coin
txapel	beret
txar	bad
txarrago	worse
txarren	worst
txartel	card
txarto	bad, badly (adv.)
txartoago	worse (adv.)
txartoen	worst (adv.)
txeke	check
Txema	short for Jose Mari, a man's name
txerri	pig
txiki	short, small
txikitako	from childhood, childhood (as an adj.)
txikitan	as a child, when [I was] little
txinera	Chinese language
txintxarri	baby rattle
txiskero	lighter (for cigarettes)
txoko	corner
txokolatezko	chocolate, made of chocolate
txokolatinak	chocolate bars
txoriburu	silly person [lit.: bird head]
txosten	report, paper (academic)
txukundu	tidied, cleaned, to tidy (up), to clean
Txupalomutxo	a Basque spelling of the Spanish phrase meaning "Sucksalot"

ubel	purple, violet; bruise
udaletxe	town hall
udaletxe aurrean	in front of the town hall
ukatu	denied, to deny
ukitu	touched, to touch

ulertezin	incomprehensible
ulertu	understood, to understand
unibertsitate	university
untxi	rabbit
untxia baino handiagoa	bigger than the rabbit
ur	water
ura	the water [the **-r-** is not doubled]
urdin	blue
urdin argi	light blue
urdin ilun	dark blue
urduri	worried
urez beteta	full of water
urre	gold
urrea	the gold
urrezko	made of gold
urri	October
urrian	in October
urruti	far, distant
urrutiko aginte	remote-control device
ur-sistema	water system
ur-sistema beretik	from the same water system
urtarril	January
urtarrilean	in January
urte	year
urtu	to melt
usain	odor, smell
usaindu	smelled, to smell
uste	think, believe
uste dut	I think
utzi	left, to set aside, to leave, to allow
uztail	July
uztailean	in July

webgune	Web site
whiski	whiskey
xaboi	soap
xaboitsu	soapy
xake	chess
xakejoko	chess game
xanpu	shampoo
xarmagarri	charming
Xurga	Sucky [derived from the verb **xurgatu,** to suck]
Xurga eta biok	Xurga and I [lit.: Xurga and the two of us]
Xurgarekin	with Xurga
xurgatu	sucked, to suck
zabaldu	to hang out to dry (laundry); to widen; to open (books)
zabor	garbage
zabortegi	garbage dump
zahar	old
zahartu	grew old, aged, to grow old, to age
zail	difficult
zaindu	cared for, took care of, to care for, to take care of
zaldi	horse
zapata	shoe [from the Spanish]
zapi	scarf
zara	you are, you're (sing.)
zarata	noise
zarete	you (pl.) are
zati	piece; divided by (division)
zatitu	chopped, to chop [into pieces], to cut up
zaude	you are
Zaunka	Barky
zaunka egin	barked, to bark

zauritu	wounded, injured, to wound, to injure
zebra	zebra
zeharkatu	crossed, to cross
zehazki	exactly
Zein?	Which?
Zein koloretakoa da?	What color is it?
zen	past tense of **da**
Zenbat?	How much? How many?
zepilo	brush
Zer?	What?
zerbait	something
Zer daukazu?	What's the matter? [lit.: What do you have?]
Zergatik?	Why?
Zergatik ez?	Why not?
Zer gehiago?	What else?
Zer gertatu da?	What happened?
Zeri buruz?	About what?
Zer ordutan?	At what time?
Zer ordutara?	Until what time?
Zer ordutatik?	From what time?
zerrenda	list
Zertara?	Why? For what purpose?
Zertarako?	Why? For what purpose?
zeru	sky, heaven
zeruko urdin	sky blue
zientifiko	scientific
zigarro	cigarette
zikin	dirty
zikindu	soiled, polluted, to soil, to dirty, to pollute
zinta	tape
zintzo	good, faithful, decent, honest, upstanding, sincere
ziren	past tense of **dira**
ziur	sure, certain

ziur nago	I'm sure, I'm sure of it
ziztatu	stung, bit, bitten, to sting [insects], to bite [snakes]
zoko	corner
zooparke	zoo
zopa	soup
zoriontsu	happy, full of happiness
zoritxarrez	unfortunately
zoroetxe	mental hospital, insane asylum
zorrotz	sharp
zorroztu	sharpened, to sharpen, sharpen it!
zortzietan	at eight o'clock
zu	you (sing.)
zubi	bridge
zuei	to you (pl.), for you (pl.)
zuek	you (pl.), you all
zuen	past tense of **du**, your (pl. poss.)
zuentzat	for you (pl.)
zuhaitz	tree
zulo	hole
zulotsu	rough (road), full of holes
zumo	juice
zuretzat	for you
zuri	white; to you, for you
zurito	small glass of beer
zuritu/zuritzen	peeled, to peel [lit.: to whiten]
zutik	standing up, standing
zuzendari	manager, director
zuzenean	directly

Index for Aurrera! *Volumes 1 and 2*